KB205481

어서 와, 공공신학은 처음이지?

세움북스 는 기독교 가치관으로 교회와 성도를 건강하게 세우는 바른 책을 만들어 갑니다.

내일을 위한 신학 시리즈 1

어서 와, 공공신학은 처음이지?

일상과 신앙을 이어 주는 공공신학 입문서

초판 1쇄 인쇄 2022년 12월 30일
초판 3쇄 발행 2025년 3월 10일

지은이 | 황경철
펴낸이 | 강인구

펴낸곳 | 세움북스
등   록 | 제2014-000144호
주   소 | 서울시 종로구 대학로 19 한국기독교회관 1010호
전   화 | 02-3144-3500
이메일 | holy@daum.net

교   정 | 이윤경
그   림 | 심효섭
디자인 | 참디자인

ISBN 979-11-91715-62-0 (03230)

* 이 책은 신저작권법에 의하여 국내에서 보호를 받는 저작물입니다.
  출판사의 협의 없는 무단 전재와 무단 복제를 엄격히 금합니다.
* 책값은 뒤표지에 있습니다.
* 잘못된 책은 교환하여 드립니다.

선(先)독자로 섬겨주신 분들
강경모 고강훈 고수용 김기수 김요셉 오한근 이동렬 이재훈

내일을 위한 신학 시리즈 1

어서 와,
공공신학은
처음이지?

"일상과 신앙을 이어 주는 공공신학 입문서"

황경철 지음

세움북스

PUBLIC THEOLOGY

추천사

이 책은 단순히 자신의 생각을 나누는 책이 아닙니다. '공공신학'이라는 복음의 총체적인 의미를 회복하려는 의도를 담은 탁상공론도 아닙니다. 오히려 오랜 기간 캠퍼스 사역자로서의 치열한 삶을 살아가며 고민해 왔던 답을 찾고자 노력한 저자가 이룬 결실이라 말하는 것이 적절할 듯합니다. 주제가 그렇듯 내용은 결코 가볍지 않습니다. 아브라함 카이퍼(Abraham Kuyper)로 시작하여 주제와 연관된 다양한 현대 신학자의 주장을 잘 정리하며 마지막에는 자신의 개인적 의견을 조심스럽게 피력하고 있습니다. 제한된 지면 안에서 핵심 요소들을 잘 정리하여 독자들로 하여금 씹을 수 있는 크기로 그들의 주장을 잘 전달하고 있습니다.

그러하기에 이 책은 마치 좋은 재료로 만들어진 요리와도 같습니다. 모든 요리가 그렇듯 그것을 요리하는 요리사가 중요합니다. 저자는 한마디로 노련한 요리사입니다. 사역을 하면서 수많은 젊은이를 만났고, 그들이 던진 실제적 질문들을 기억하며 그들에게 꼭 필요한 답을 주고자 노력하고 있기에 그렇습니다. 세상에 속하지는 않았으나(not of the world) 세상으로 보내심을 받은(sent into the world) 이들이 지닐 수밖에 없는 갈등으로 인한 '허기'를 특별한 방법으로 채워 줄 멋지고 맛난 요리로 여러분을 초대합니다.

● 박성민 목사 (한국 CCC 대표)

기독교 신앙으로 사는 현실은 선교적 임무를 수행하는 일을 넘어섭니다. 신자는 성육신으로 드러난 하나님의 역사 속 개입을 자신의 실존 속에 이어 가야 합니다. 즉, 예수님의 오심이 시간과 공간, 인생과 역사라는 콘텍스트(context)에 들어오심이었듯이, 각 신자도 자기에게 주어진 현실이라는 콘텍스트 속으로 들어가야 하고 그것을 온몸으로 받아들여야 합니다.

주일과 예배라는 구별된 행위만으로 기독교 신앙의 의미를 충만히 담을 수는 없습니다. 예배는 모두에게 주어진 일상이라는 조건 속에서 기독교 신앙을 구체화하는 데로 이어집니다. 창조와 부활의 증거는 세속의 질서 속 주어진 정황 가운데 한 인격의 신자 된 고백으로 드러나야 합니다. 여기서 하나님이 지으신 인간의 진정한 정체성이 확인됩니다. 말과 행동에 분별과 넉넉함, 위로와 공감, 기쁨과 명예가 담깁니다.

반복되는 일상의 온갖 상황 속에서 하나님을 아는 자와 모르는 자를 구별 짓는 것은 상벌 같은 것이 아니라, 진정한 인간애입니다. 용서와 회복과 나눔과 함께함이 신자가 있는 곳에 있습니다. 그렇게 자기 자리를 구별하게 될 때, 생명과 진리를 하나님께서 채우시고 우리는 함께 기뻐할 수 있습니다.

● 박영선 목사 (남포교회 원로)

저자의 원고를 읽으면서, 저는 환자를 진단하고 처방을 내리는 의사를 떠올렸습니다. 한국 교회는 이전에도 환자였고, 지금은 이전 어느 때보다도 중한 환자입니다. 이런 우리를 위해서 주님께서는 의사로 오셨다고 말씀하셨습니다. 오늘도 우리를 치료하기를 원하시는 주님께서, 저자를 통해서 우리에게 꼭 필요한 처방전을 주셨다는 생각을 했습니다.

저자는 복음이 우리 각자를 새롭게 하며, 모든 관계(가족, 직장, 친척, 이웃)를 새롭게 한다는 점에 주목하고 있습니다. 나아가 정치, 경제, 사회, 문화, 교육, 예술 등 모든 영역에서 하나님의 주권이 드러나도록 해야 한다는 점을 강조합니다. 그리고 우리 그리스도인은 자신이 서있는 그곳에서 하나님만이 하나님이심을 드러내는 성도의 삶을 살도록 호소합니다.

이 책의 남다른 장점은 저자가 신학자라기보다 현장 사역자로서의 간명한 필체로 설명한다는 점입니다. 특별히 그리스도인으로서 세상의 문화를 어떻게 대응해야 할지를 복음주의 관점에서 적절하게 소개하고, 해결책을 모색합니다. 오늘도 그리스도의 사람으로 살기를 원하는 모든 성도들, 특히 지도자들이 먼저 이 책을 읽고 건강해지고 행복해지기를 기도합니다.

● 박은조 목사 (글로벌 문도 하우스 원장, 아프간 중국 선교회 이사장)

현재 한국 교회의 목회적·사역적 현황에 민감한 그리스도인이나 지도자라면, 누구도 지적하지 않을 수 없는 사안 가운데 하나가 복음의 공적 본질과 성격에 대한 외면이나 기피일 것입니다. 이런 안타까운 현실에 직면하여 어떻게 하면 복음의 참된 역동성과 총체성을 이 세상 가운데 펼쳐 보일 수 있을까 고심한 책이 황경철 목사에 의해 선보이게 되었습니다.

공공신학에 생소한 이들이라도 유익을 얻도록 꾸며진 이 책 『어서 와, 공공신학은 처음이지?』는 세 가지 면에서 특유의 강점을 지니고 있습니다. 첫째, 공공신학에 대한 입문서로서의 역할을 효과적으로 잘 감당하고 있습니다. 어떤 책이든 입문서라면, 주제가 무엇(What)이고, 이런 주제가 왜(Why) 중요하며, 어떻게(How) 주제를 실천/구현할 수 있는지 밝혀 주어야 합니다. 이런 각도에서 볼 때 『어서 와, 공공신학은 처음이지?』는 매우 훌륭한 입문서 노릇을 하고 있습니다. 이 책을 읽다 보면 What ⇨ Why ⇨ How의 흐름에 따라 공공신학의 정체를 제대로 파악할 수 있기 때문입니다.

둘째, 저자는 공공신학의 핵심 아이디어와 주된 논점을 매우 효과적으로 전달하고 있는 면에서 원활한 커뮤니케이션이 돋보이는 작품입니다. 어렵고 딱딱하며 고답적인 신학적 주제를 일반 그리스도인들도 쉽게 이해할 수 있도록 풀어서 설명하고 있습니다. 개인의 경험과 고뇌가 여기저기 녹아나 있어 읽는 이로 하여금 자연스레 공감과 유대감을 촉발하게 만듭니다. 책자의 여러 곳에 등장하는 도표나 그림은 추상적이고 미묘한 개념을 이해시키는 데 적절한 방편이 되고 있습니다.

셋째, 이 책 『어서 와, 공공신학은 처음이지?』는 이원론적이고 편협한 영성의 그리스도인들로 하여금 복음의 총체적 삶과 개혁신학적 주권 사상을 채택하도록 설득합니다. 저자는 우리나라 그리스도인들의 신앙적 성향과 색깔을 빠삭히 알고 있을 뿐만 아니라 그들을 어떤 방향과 목표로 이끌어야 할지에 대해서도 숙지하고 있습니다. 그들의 현 상태를 접촉점으로 하여 대화를 시작하고, 복음이 지향하는 하나님 나라의 총체적 생활 영역으로 한 걸음씩 인도합니다. 독자들은 책을 읽는 가운데 그 단계를 밟아 가면서, 자기도 모르는 사이에 하나님의 전 포괄적 주권 사상에 설득이 될 것입니다. 이 또한 이 책자의 엄청난 강점입니다.

이 책자를 통하여, 우리 삶의 모든 영역에서 주님의 영광을 드러내고 주님의 주권적 통치에 즐겨 순종하는 이들이 더 많아지기를 소망합니다.

● 송인규 교수 (前 합동신학대학원 조직신학)

우리가 경험하는 최고 최대의 은혜는 구원입니다. 그러나 구원의 은혜를 입은 직후 우리는 큰 질문을 직면하게 됩니다. '구원받은 자로서 나는 어떻게 살 것인가?' 곧 우리의 가정과 일터에서 어떻게 일상을 사느냐 하는 문제입니다. 우리는 이것을 공공신학의 과제라고 일컫습니다.

저자 황경철 목사님은 평신도로 살아본 경험을 통해 이 문제에 대한 성경적이고 신학적인 해답을 시도합니다. 오늘의 한국 교회는 신앙과 삶이 분리된 딜레마에 직면해 있습니다. 이 문제가 해결되지 않으면 한국 교회는 "세상의 소금이 되라" "세상의 빛이 되라"는 명령에 응답할 수 없습니다. 그러므로 이 책은 한국 교회의 내일을 내다보는 창과 같은 책일 수 있습니다. 저는 이 책을 모든 목회자들이 먼저 읽고 평신도들에게 그들의 일상의 자리에서의 승리로 견인해 주었으면 하는 바람이 있습니다. 그런가 하면 뜻있는 모든 평신도 지도자들이 읽고 스스로의 삶의 마당에 적용해 주시기를 기도해 마지않습니다. 그리하여 우리가 그리스도의 공적인 종임을 증명해 주었으면 합니다.

비록 한 사람이라도 더 진지한 그리스도인이 일어나 공적인 마당에서 종의 삶을 살기 시작할 때, 세상은 복음이 우리 모두의 뉴스임을 깨우치게 될 것입니다. 그리고 우리는 비로소 세상의 소금이요, 빛인 것을 증언하게 될 것입니다. 그때 저자가 쓴 이 책의 희망이 우리 역사의 희망이 될 줄로 믿습니다. 그래서 기쁨으로 이 책을 추천합니다.

● 이동원 목사 (지구촌목회리더십센터 대표)

21세기 들어 한국 교회 내에도 공공신학 혹은 공적 신학(public theology)에 대한 논의가 곳곳에서 전개되는 것을 보게 됩니다. 만시지탄(晚時之歎)의 감이 있으나 기뻐하고 환영할 일이라고 생각합니다. 공공 신학하면 근본주의적이거나 보수적인 이들 가운데는 자유주의 신학 아니냐고 의혹의 눈길을 보내기 마련입니다. 그러나 공공신학은 복음이 개인 영혼의 구원과 교회 공동체의 세워 감만 목표로 하지 아니하고, 그리스도인들이 세상에 들어가서 제 영역 가운데서 하나님 나라의 원칙대로 살아 내는 것에 관한 이야기이기 때문에, 그 내용은 당연히 성경에 토대를 두고 있습니다. 더욱이 역사를 통해서 보더라도 아우구스티누스, 칼빈, 카이퍼와 바빙크와 같은 신칼빈주의자들, 영국의 윌버포스와 같은 이들도 공공신학을 주창하고 실천했다고 하는 좋은 실례들이 있습니다.

오늘날 이렇게도 핫 이슈로 다루어지고 있는 중요한 주제인 공공신학에 대한 논의를 일반 독자들이 이해할 수 있도록 황경철 목사님께서 귀한 입문서를 써서 출간하게 된 것을 진심으로 환영하고 본서를 추천하는 바입니다. 2022년 6월에 황 목사님의 박사 논문 심사 시에 저도 외부 심사 위원으로 참여했었기에 황 목사님이 학문적으로 결실한 공공신학에 대한 논의들도 익숙히 알고 있습니다. 또한, 오랫동안 CCC 간사로서 대학 현장에서 젊은 세대들에게 복음을 전하고, 그들이 어떻게 세상을 살아야 할지에 대해 더불어 고민해 온 긴 세월이 있기에 본서에 담긴 공공신학에 대한 논의들은 임상적이고 적실성을 가지고 있습니다. 자신이 박사 논문에서 심층적으로 분석하고 평가했던 제임스 스미스(James Smith)와 데이비드 반드루넨(David VanDrunen)의 공공신학에 대한 입장도 본서에 녹아 있으니, 학술적으로도 튼실한 근거를 가지고 있다고 할 것입니다. 세상의 소금과 빛이 되라고 하신 주님의 명령에 따라 주님 오실 때까지 이세상 한가운데서 그리스도인들이 어떻게 살아야 하는지를 고뇌하고 고민하는 수많은 동료 신자들에게 본서를 진지하게 읽어 보라고 권하면서 추천의 글을 마치고자 합니다.

● 이상웅 교수 (총신대학교 신학대학원 조직신학)

개혁파적 공공신학 소개를 치하합니다. 황경철 박사님은 공공신학 문제, 특히 공공신학에 대한 스미스 교수와 반드루넨 교수의 견해를 비교하여 다루는 귀한 박사 학위 논문을 써서 심사 위원들로부터 큰 칭찬을 받으면서 학위를 받으셨으니 이 분야의 전문가십니다. 그런데 일반인들도 잘 이해할 수 있게 공공신학에 대한 소개서를 써 주셨습니다. 이 책은 개혁신학의 입장에서 공공신학을 어떻게 작업해야 하는가를 염두에 둔 귀한 저술입니다. 한국의 모든 그리스도인들이 이 책을 읽고서 공공신학을 이해하는 정도가 아니라, 각자의 위치에서 공공신학의 작업들을 할 수 있기 바랍니다. 이 책은 그 일을 위한 준비를 갖추도록 하는 가장 좋은 책입니다.

황 박사님은 많은 사람들에게 CCC의 유능한 간사님으로, 합동신학대학원대학교를 졸업한 귀한 목사님으로 각인되어 있습니다. 그와 동시에 M. Div. 과정을 할 때 미국 웨스트민스터 신학교에 교환 학생으로 보낸 기간에 아주 좋은 석사 학위 논문과 박사 학위 논문을 쓰셔서 CCC 간사님으로 왕성하게 활동하면서도 연구하는 학자로서의 자질을 잘 드러내셨습니다. 이제 이 책으로 작가로서의 황 박사님이 등장하게 되었습니다. 이 책을 통해 작가로서의 황 박사님을 잘 누려 보시고, 앞으로도 귀한 작업을 해 주시기를 기대해 주십시오.

● 이승구 교수 (합동신학대학원대학교 조직신학)

시대적 상황마다 복음적인 응답으로 생겨나는 새로운 명칭들이 있습니다. 이 시대에 '공공신학'이라는 용어가 등장하는 것은, 복음이 모든 세상에 적용되어야 하는 '공적 진리'임을 간과하고 '교회 안의 신학' 혹은 '신자들만의 신학'

에 머무르고 있는 것에 대한 반성에서 나온 것임에 틀림없습니다. '교회의 정치 참여가 옳은 것이냐?'라고 묻는 질문은 사실 매우 잘못된 질문입니다. 복음이 공적 진리임을 확신하고 복음으로 살아가는 성도들의 삶 그 자체가 이미 정치 참여이며, 가장 훌륭한 사회 참여이기 때문입니다. 삶의 모든 영역에서 그리스도의 주권이 나타나기를 소망했던 아브라함 카이퍼는 목사직을 내려놓고 정치가로서 하나님께 자신을 드렸지만 모든 목회자가 그렇게 해야 한다는 모델을 보여 준 것은 아닙니다. 그것은 그 시대 화란의 역사적 상황 속에서 하나님께서 특별히 그를 그렇게 부르신 것뿐입니다. 그러나 그가 설파한 영역 주권의 원리는 칼빈주의 신학 체계의 핵심 원리로 오늘날까지 성경적 공공신학의 중요한 기초가 되었습니다.

하나님 나라의 신학은 복음의 공적 진리임을 포함하며, 모든 교회와 성도들은 공공선을 추구하는 삶을 살아야 합니다. 황경철 목사의 『어서 와, 공공신학은 처음이지?』라는 책은 공공신학을 복음으로 잘 풀어내는데 크게 기여하였습니다. 또한 영향력을 끼친 인물들을 비롯하여 참고해야 할 여러 신학적·성경적 관점을 잘 정리하여 매우 쉬운 언어로 소개하였습니다. 따라서 복음과 상황을 공공신학으로 잘 연결하는 데 성공한 책이라고 말할 수 있습니다. 이 책은 시대의 조류에 휩쓸리며 방황하는 많은 청년들에게 방향이 되는 귀한 책입니다. 특별히 교회에 대한 회의에 젖어 있는 많은 청년들이 이 책을 통해 교회를 넘어 하나님 나라를 바라보고, 복음이 이 세상 속에 가장 확실한 공적 진리임을 확신할 수 있게 되기를 바라며 기대합니다.

● 이재훈 목사 (온누리교회 담임)

"모든 민족으로 제자를 삼으라"(마 28:19)는 주님의 명령은 온 교회가 감당해야 할 가장 큰 사명입니다. 이러한 사명은 이웃과 지역사회를 향한 섬김과 봉사로 나타나야 합니다. 그럴 때 세상은 교회를 통해 참된 빛과 소망을 보게 될 것입니다. 안타깝게도 그동안 한국 교회는 이러한 공적 책임을 등한했고, 결과적으로 사회로부터 많은 공격과 비난을 받기에 이르렀습니다. 한국 교회의 이러한 과제 앞에 황경철 목사님의 『어서 와, 공공신학은 처음이지?』는 세 가지 면에서 훌륭한 도움을 제공합니다.

첫째, 성도들이 이원론적 삶을 극복하도록 '하나님 나라와 복음'에 대한 성경적 이해를 열어 줍니다. 둘째, 그리스도인으로서 세상의 문화를 어떻게 바라볼지 신학적으로 안전하게 안내합니다. 셋째, 어려운 신학적 개념을 쉽게 파악하도록 성도들의 친절한 길잡이가 됩니다.

오랫동안 캠퍼스 현장의 사역자이자, 조직신학자로서 우리 시대에 적실한 '공공신학 입문서'를 출간한 것에 감사하며, 기쁜 마음으로 일독을 추천합니다. 이 책을 통해 이 땅의 많은 성도가 일상에서 하나님 나라를 경험하고, 교회의 영광이 드러나기를 소망합니다.

● 주승중 목사 (주안장로교회 담임)

성도들에게 구체적으로 하나하나 짚어 가며 일대일 양육처럼 주제별로 길을 터주는 귀한 글이 책으로 엮어짐에 큰 감사를 드립니다. 저자는 현장에서 항상 젊은이들에게 들리는 언어로 복음을 가르쳐 온 사역자입니다. 교회 밖에 있는 영혼들에게 설명했던 주제들이 성도들을 위해서 더욱 깊이 있게 나누어진 글이라 생각됩니다.

공공신학으로 바라본 그의 고백들이 일상에서 한계를 많이 느끼며 신앙생활 하는 많은 분들에게 도움이 되기를 기도합니다. 마음을 다하여 써 내려간 글을 통해 저자의 마음이 다시 한번 느껴집니다. 그의 수고에 박수를 보냅니다.

● 홍민기 목사 (라이트하우스무브먼트 대표, 브리지임팩트사역원 이사장)

차례

프롤로그

20년 넘게 캠퍼스 사역자로 살아오며 대학생들과 졸업생들에게 다양한 질문을 받았습니다. 캠퍼스에서 열심히 복음을 전하고 성경을 가르치는 동안 세상에서는 많은 일이 있었습니다. 가슴 아픈 세월호 사건, 촛불 시위와 대통령 탄핵, 검찰 개혁을 놓고 한쪽은 광화문으로 한쪽은 서초동으로 모였습니다. 청년 중에는 어떤 입장을 취해야 할지 물어 왔습니다. 저는 기도하자, 전도하자고만 했습니다. 솔직히 저도 어찌할 바를 몰랐습니다. 그래서 이 상황에서 제가 할 수 있는 것에 집중하려고 했던 것 같습니다. 대한항공 땅콩 회항사건으로 직장 내 갑질 문제가 불거졌습니다. 그 무렵 "나도 성적 피해를 입었다"는 미투(me too) 운동이 빠르게 확산되었습니다. 정치계, 문학계, 영화와 연극계, 체육계, 그리고 종교계까지 걷잡을 수 없었지요. 동성애와 페미니즘이 이슈화되면서 차별금지법에 대한 얘기도 뜨거웠습니다. 기독교인 안에서도 차별금지법 철폐를 주장하는 측과 차별은 어떤 것도 없애야 한다는 측이 팽팽히 맞서기도 했습니다.

이러한 정치, 사회, 문화적 소용돌이 속에서 저는 생각했습니다. 청년들과 부지런히 성경을 공부하고, 밤늦도록 기도회를 하고, 며칠씩 수련회를 갑니다. 저뿐 아니라 이 땅의 많은 청년 사역자들이 그렇게 열심히 말씀을 전하고 가르칩니다. 그런데 세상에 비쳐진 저의 모습은, 교회와 기독교의 모습은 어떤지 돌아봅니다. 마치 거센 소용돌이 한가운데 선 '태풍의 눈'만 같았습니다. 그리고 미안했습니다. 한 명의 스승으로, 전도자로, 목회자로서 청년들이 씨름하는 고민에 대해 외면하는 듯한 저의 모습을 지울 수가 없었습니다. 청년들이, 성도들이 자신이 부딪히는 일상의 문제를 어떻게 바라보아야 할지 저는 알려 주지 못했습니다. 저는 스스로 변명거리를 찾았습니다. '나도 청년 때 회심해서 복음 전도자로만 지금껏 달려왔잖아.' 저의 열심을 내세우기도 했습니다. '나도 최선을 다했어. 수년간 출퇴근 시간도 없이 캠퍼스를 지켰다고.' 그리고 다른 사람에게 핑계를 돌리기도 했습니다. '목사님이나 간사님, 어느 누구도 이런 건 내게 가르쳐 주지 않으셨다고!'

이러한 고민을 안고 틈틈이 책을 읽고 공부하며 깨닫게 되었습니다. 역사 속 믿음의 선배들은 시대의 질문 앞에 성경적 대답을 찾고자 연구하고 토론했습니다. 혼란스러운 질문에 명료한 답은 아니더라도 그리스도인으로서 어떻게 바라보아야 할지 가르쳤습니다. 고트(Goth)족의 침략으로 로마 제국이 붕괴되고 국민들이 혼란스러워하자 아우구스티누스(Augustinus)는 《하나님의 도성》으로 대답을 시도하였습니다. 종교개혁자 루터는 "오직 믿음으로 의롭게 된다(롬 1:17)는 이신칭의(以信稱義)" 교리만 선언하지 않았습니다. 펜을 들어 《독일 기독교 귀족에게 고함》을 씀으로써 교황체제의 문제점을 지적하였고, 혁명에서 무력 사용을 금지하도록 당부하였습니다. 영국의 정치가 윌리엄 윌버포스(William Wilberforce)는 회심 후에 노예제도 폐지에 힘썼습니다. 마침내 1833년 7월 26일, 노예제 폐지 소식을 병상에서 듣고 사흘 뒤 기쁨 가운데 눈을 감았습니다. 마틴 루터 킹(Martin Luther King) 목사의 유명한 연설을 기억하실 것입니다. "나에게는 꿈이 있습니다. 나의 네 자녀들이 피부색이 아니라 인격에 따라 평가받는 그런 나라에 살게 되는 날이 오리라는 꿈입니다." 비록 그는 암살당했지만, 흑인들은 투표권을 얻었습니다. 네덜란드의 신학자이자 수상인 아브라함 카이퍼(Abraham Kuyper)는 기독교는 우리의 영혼만 구원하는 사적(私的)인 것이 아니라고 했습니다. 대신에 피조세계 전체를 변혁시키는 《삶의 체계로서의 기독교》를 강조하였습니다.

"질문은 위대한 스승이다"라는 격언처럼 저는 캠퍼스 현장과 목회 현장에서 이러한 질문들 듣고서 여러분들을 찾아갔습니다. 가깝게는 신학교 교수님을 비롯하여 졸업한 제자들, 교사, 변호사, 비정규직 근로자, NGO 단체, 장애인 복지재단, CEO, 목회자, 그리고 중고등학생들에게 물었습니다. 이 책은 어쩌면 그들에게 묻고, 받아적고, 고민하고, 정리한 결과물입니다. 이 고민이 원동력이 되어 이 주제로 박사 논문도 쓰게 되었습니다.[1] 이 책은 목회자나 신학생만을 대상으로 쓴 것이 아닙니다. 가능한 우리 시대의 청년과 성도들이 쉽게 이해하도록 심혈을 기울였습니다. 아무리 훌륭한 내용이라도 청중에게 들려지지 않으면 유익을 줄 수 없음을 개인적으로 10년의 영아부 사역을 통해 깊이 깨달았습니다. 각 장마다 토의 질문을 넣어 독서 나눔과 소그룹 토의에 활용하도록 기획하였습니다.

성경은 복음이 우리의 영혼만 구원했다고 하지 않습니다. 거듭난 그리

---

1 황경철, "제임스 스미스와 반드루넨의 공적신학 비교 연구" (수원: 합동신학대학원, 박사학위논문, 2022).

스도인은 시간이 걸리겠지만, 부부관계, 자녀와의 관계, 이웃과 직장 내 관계가 새로워집니다. 복음의 총체성입니다. 예수님을 만나면 세상을 바라보는 가치관이 달라집니다. 내 속에 내주하시는 그분의 심정과 시선으로 인생을 바라보는 까닭입니다. 이전에 애지중지했던 것이 시시해지는가 하면, 이전에 무시했던 이들을 존귀히 여기게 됩니다. 왜 그럴까요? 삶의 주인이 달라졌기 때문입니다(살전 1:9). 세상을 보는 눈이 달라졌기 때문입니다(행 9:18). 복음의 광활함이요, 부요함입니다. 이것이 성경이 말하는 복음의 무게요, 범위요, 능력입니다(엡 3:18,19). 저의 간절한 소망은 이 책을 통해 많은 분이 이 복음의 부요함을 맛보고, 일상에서 드러내는 것입니다. 그래서 주님의 몸 된 교회가 주님의 기대를 따라 만물 안에서 만물을 충만하게 하는 세상의 소망이자, 영광의 현장이 되길 소망합니다(엡 1:23).

Chapter 1

복음,
하나님 나라,
공공신학

1. 복음, 하나님 나라, 공공신학

제법 쌀쌀한 2016년 12월, 어느 겨울 오후였습니다. 저는 예비역 형제와 성경공부를 하기 위해 캠퍼스 학생회관 커피숍에 앉아 있었습니다. 학생을 기다리며 오늘 가르칠 교재를 눈으로 훑어보았습니다.

'예수님을 믿을 때, 우리는 세 가지 새로운 것을 얻는다. 새로운 관계, 새로운 생명, 새로운 체험. 비록 죄를 지어도 하나님과 관계는 끊어지지 않지. 다만 교제가 끊어질 뿐이고, 끊어진 교제를 다시 회복하려면 죄를 고백하고 회개해야 하는데, 회개의 3요소는 ⋯.'

지난 15년 동안 수십 번도 더 가르친 내용이라 크게 어려울 것도 준비할 것도 없었습니다. 걱정이 있다면 오기로 한 학생이 약속을 펑크 내는 것뿐인데 다행히 1학년은 아니라 바람맞을 일은 없겠거니 생각하며 커피잔을 두 손으로 감싸 쥐었고 캐러멜 마끼아또의 달콤함을 코끝으로 즐기며 한

모금을 삼켰습니다. 하루 종일 학생들을 만난 피곤함인지, 겨울바람의 차가움 때문인지 따뜻함은 금세 온몸으로 퍼지는 것만 같았습니다.

"우~~웅! 우~~웅!"

갑자기 울리는 스마트폰 진동 소리에

'혹시 이 녀석이 못오나? 내가 기도로 준비했어야 했는데…!'

걱정하는 마음으로 스마트폰을 들여다보니 제 걱정이 무색하게 스마트폰에 찍힌 이름은 몇 년 전에 졸업한 공공[1]이었습니다. 명절 때마다 안부 전화도 주고, 취직했다고 매월 정기 후원도 하는 고마운 제자였습니다.

"오, 공공아! 그래 어쩐 일이냐?"
"간사님, 저희 그래도 가 봐야 하는 거 아닙니까?"
"응? 갑자기 어딜 가?"
"광화문요."

뉴스에서는 탄핵을 위한 촛불집회를 연일 보도하고 있었던 터라 저는 무슨 말을 하려는지 짐작이 갔습니다.

---

1 이 책에 언급된 '공공이'는 난해하고 추상적인 '공공신학' 개념을 독자에게 가능한 쉽게 전달하기 위해 저자가 설정한 가상 인물임을 밝힙니다.

"간사님은 다녀오셨죠?"

"응, 그게…"

"직장에 있는 분들은 벌써 한 번씩은 다 다녀오신 거 같아요. 페북에 사진도 올리고."

"그럼 너도 다녀오면 되잖아."

"아니, 교회 목사님은 이럴 때일수록 나라와 위정자를 위해 더 기도해야 한다고 말씀하셔서요. 지난 주에는 로마서 13장으로 설교하셨는데, 왠지 가면 안 될 것 같기도 하고, 주변 분위기는 가야 할 것 같고…."

그 사이에 성경공부하기로 한 학생이 와서 서 있었습니다. 저는 눈으로 밝게 인사하고, 왼손으로 앉으라는 시늉을 했습니다.

"그래서 어떡할 건데?"

"그래서 간사님께 여쭤보려고 전화드린 겁니다."

"공공아, 간사님 이제 순모임 시작해야 돼. 벌써 와서 기다리고 있다. 나중에 또 전화하자. 미안."

│ 청년들의 질문, 사역자의 고민 │

성경공부를 핑계로 전화를 끊었지만 마음은 편칠 않았습니다. 얼마나 고민이 되었으면 졸업하고도 일부러 전화까지 했을까? 시간이 없다고 둘러댔지만 정확히 말하면 해줄 말이 없었습니다. 그 일이 있은 지 6년이 되어 가는데도 성경공부의 기억보다 도움을 주지 못한 미안함, 사역자로서의 고민, 저의 한계에 대한 부끄러움, 이런 복잡한 감정들이 지금도 또렷합니다.

이 이야기는 제가 공공신학에 관심을 갖도록 촉진시켜 준 청년들의 수많은 질문 중 하나에 불과합니다. 갑질과 미투, 동성애와 페미니즘, 검찰개혁, 그루밍 성범죄, 태극기 집회, 기후위기, 우크라이나 전쟁, 세월호 사건, 송파 세 모녀 사건, 장애인 이동권 보장 등등.

저는 캠퍼스 선교단체 사역자로서, 교회의 목회자로서 부지런히 복음을 전하고 가르칩니다. 예수님은 우리가 생명을 얻되 더 풍성히 얻도록 하기 위해 오셨습니다(요 10:10). 예수님 안에서 우리는 영생을 얻습니다. 이 생명은 단순한 생명의 연장이 아닙니다. 하나님과 누리는 생생하고 친밀한 교제입니다. 과거와 현재와 미래의 모든 죄를 용서받은 자유함입니다. 하나님의 자녀가 된 기쁨입니다. 이 생명과 기쁨은 우리 안에 가두어 둘 수 없습니다. 가족과 이웃과 사회로 흘러갑니다. 변화를 초래합니다. 하나님 나라의 실현입니다.

그러나 현장에서 학생들, 졸업생들과 부딪히며 해결되지 않은 깊은 고민이 있습니다. 캠퍼스 선교사로 살아온 지 20년이 지난 지금, 내가 전한 복음이 학생들과 성도들의 삶에서 얼마나 풍성하게 역동하고 있는가? 복음의 능력이 그들의 삶뿐 아니라 가족과 이웃과 직장에서의 관계를 새롭게 하고 있는가? 큐티나 교회 봉사나 개인 경건도 중요하지만, 세상과 소통하며 의미 있는 영향을 미치고 있는가? 이러한 고민이 저를 공공신학에 대한 관심으로 이끌었습니다. 무엇이 문제일까요? 어디서부터 문제일까요?

| 복음과 공공신학 |

"황 목사님, 공공신학? 그게 뭡니까?"

공공신학으로 박사학위를 마치고 가까운 목사님께 논문집을 드릴 때 받았던 질문입니다.

때로는 우려 섞인 목소리로 이렇게 묻는 분도 계셨습니다.

"황 간사님, 공공신학 그거 민중신학이나 사회복음 이런 거 아닙니까?"

그러한 질문들이 솔직히 불편하지는 않았습니다. 저 역시 그런 선입견이 있었기 때문입니다. 그래서 오히려 공공신학을 더 쉽고 분명하게 전달해야겠다는 마음이 들었습니다. 이 책을 쓰게 된 것도 마찬가지 이유입니다.

죄로 인한 전적 부패, 복음으로 인한 총체적 회복

첫 사람 아담의 범죄로 인류는 전적 부패와 총체적 타락을 맞게 되었습니다. 이 타락이 어째서 총체적인지 세 가지 측면에서 설명해 보겠습니다. 첫째, 아담과 하와가 죽음을 맞게 되었습니다(창 2:19). 이 죽음에는 몸과 영혼이 분리되는 신체적 죽음도 있지만(창 5:5), 하나님과 교제가 상실되는 영적 죽음도 포함됩니다(창 3:8). 나아가 하나님과 관계가 영원히 끊어져 지옥에 처하는 영원한 죽음도 수반합니다(롬 6:23). 이 죄는 우리의 영혼만 오염시킨 것이 아니라 지성과 감정과 의지까지 부패하고 오염시켰습니다. 이것을 가리켜 신학자들은 '전적부패(total depravity)'라고 부릅니다. 이쯤 설명을 들으면 이런 의문이 듭니다.

"아니, 불순종하여 선악과를 따 먹은 건 아담인데, 왜 나까지 죽는다는 거야? 원죄, 이거 연좌제 아냐?"

그런 생각이 충분히 들 수 있습니다. 그러나 하나님은 아담 언약을 체결하실 때, 아담 개인이 아니라 인류의 대표자로서 체결하신 것입니다(창 2:15-17, 참고 롬 5:17). 이 '대표성의 원리' 때문에 모든 사람은 아담 안에서 죄인이고, 죽음을 면치 못합니다(롬 3:23). 동시에 이 대표성의 원리 덕분에 우리는 마지막 아담인 예수님을 믿기만 하면 영생을 얻습니다(고전 15:45). 그분의 완전한 순종과 의가 오직 믿음으로 우리에게 주어지는 것입니다.

둘째, 아담과 하와의 관계도 망가졌습니다. 죄는 하나님과 우리의 수직적 관계만 망가뜨린 것이 아닙니다. 이웃과의 수평적 관계도 깨뜨린 것입니다. 먹지 말라 한 나무의 열매를 왜 먹었느냐는 하나님의 질문에 아담이 뭐라고 답합니까? 하나님이 짝지어 주신 이 여자 때문에 따 먹었다고 말합니다. 책임을 아내에게 떠넘깁니다(창 3:12). 죄는 하나님과의 관계는 물론 이웃과의 관계를 단절시킵니다.

셋째, 피조계 전체가 저주를 받았습니다. 땅은 가시덤불과 엉겅퀴를 내게 되었습니다(창 3:18). 타락 전에도 노동은 있었습니다. 다만 그 성격이 다릅니다. 아담과 하와는 하나님과 친교를 누리며 에덴동산을 경작하였습니다(창 2:15). 기쁨 가운데 하나님의 문화명령을 수행한 것이지요(창 1:28). 그러나 상황이 달라졌습니다. 땅은 저주를 받아 가시와 엉겅퀴를 내고, 인간은 땀을 흘려야 소산을 먹을 수 있게 되었습니다. 비참한 죄의 결과입니다. 이처럼 죄는 하나님과 이웃과 피조계 전체에 타락을 가져왔습니다. 전적 부패요, 전적 타락입니다.

그런데 소망이 있습니다. 모든 것이 끝난 듯한 절망의 순간에 하나님은 복된 소식을 주십니다. 복음입니다. "내가 너로 여자와 원수가 되게 하고 네 후손도 여자의 후손과 원수가 되게 하리니 여자의 후손은 네 머리를 상하게 할 것이요 너는 그의 발꿈치를 상하게 할 것이니라"(창 3:15)[2]. 여러분이 아는 대로 뱀은 사탄 마귀를 가리키고, 여자의 후손은 예수님을 말합니다. 하나님은 인간을 위해 6일간 심혈을 기울여 지구를 조성하셨습니다. 그리고 하나님을 대신하여 온 땅을 다스리도록 대리통치권을 주셨습니다. 나아가 창조주이신 하나님께서 피조물에 불과한 인간에게 찾아와 생명언약을 체결해 주셨습니다.[3] 심지어 그 언약을 파기하고 불순종한 죄인에게 생명의 복음을 예비하셨습니다. 그 복음은 무엇입니까? 바로 예수

---

2 성경에 나타난 최초의 복음이라고 해서 "원시 복음"(protoevangelium)이라고 합니다. 체결한 언약을 깨뜨리고 범죄한 인간에게 하나님이 준비하신 것은 예수 그리스도(여자의 후손)의 복음이었습니다. 아담과 하와가 죄로 인한 수치심을 가리도록 하나님은 가죽옷을 지어 입히셨습니다(창 3:21). 물론 이 가죽옷은 우리의 죄를 사하기 위해 십자가에 달리신 어린양 예수님을 미리 내다 봅니다(요 1:29, 히 9:22).

3 신학자들은 "선악을 알게 하는 나무의 열매는 먹지 말라 네가 먹는 날에는 반드시 죽으리라 하시니라"(창 2:17)을 아담의 순종의 행위에 따라 생명과 죽음이 결정된다는 의미에서 행위언약이라고 부릅니다. 동시에 아담이 하나님의 명령을 순종했더라면 죽는 대신 영원한 생명을 얻게 될 것이라는 의미에서 생명언약이라고도 합니다.

그리스도의 복음입니다(막 1:1, 롬 1:2).

　성경은 첫 사람 아담과 마지막 아담 예수님을 의도적으로 대비시킵니다. 아담 안에서 모든 사람이 죄인이지만, 예수님 안에서 모든 사람은 의인입니다(롬 5:19, 고후 5:21). 아담 안에서 모든 사람은 죽었지만, 예수님 안에서 모든 사람은 생명으로 왕 노릇 합니다(롬 5:17). 아담 안에서 전적으로 부패한 인간은 예수님 안에서 전적인 회복의 구원을 얻습니다. 아담 안에서 총체적으로 저주받은 피조계는(창 3:18, 롬 8:22) 예수님 안에서 만물이 새롭게 됩니다. 새로워진 피조물은 재림 때 완성될 새 하늘과 새 땅을 바라봅니다(롬 8:21, 계 21:1). 제가 말하고 싶은 요점은 이것입니다. 타락의 범위와 구원의 범위는 정확히 일치합니다. 전적으로 타락한 인류와 피조계는 예수님 안에서 전적으로 회복되었고, 완성을 향해 나아갑니다. 이것이 복음의 부요함입니다. 이것이 복음의 총체성입니다!

　바울은 로마서에서 이 복음의 총체성을 "피조물까지도 하나님의 아들들이 나타나기를 고대한다"라고 묘사합니다(롬 8:19). 사도행전은 초대 교회에 나타난 복음의 역사를 이렇게 보도합니다. "하나님을 찬미하며 또 온 백성에게 칭송을 받으니 주께서 구원받는 사람을 날마다 더하게 하시니라"(행 2:47). 성도들은 사도들에게 하나님 말씀으로 가르침을 받으며 교제하고 기도하였습니다. 그 교제의 깊이는 단순한 친교 수준이 아닙니다. 서로 물건을 통용하고, 서로의 필요를 따라 자신의 것을 나누었습니다. 복음은 그들의 경제 개념, 거래 활동, 이웃 관계까지 영향을 미쳤습니다. 그래서 온 백성에게 지탄과 비난을 받은 것이 아니라 온 백성에게 칭송을 받았습니다.

데살로니가교회의 상황은 어떻습니까? 바울은 그들에게 임한 복음이 말로만 임한 것이 아니라, 능력과 성령과 큰 확신으로 임하였다고 하나님께 감사합니다(살전 1:2, 5). 구체적으로 어떤 일이 일어난 것일까요? 데살로니가 성도들은 '마게도냐와 아가야'(현재의 그리스 지역)에 모든 믿는 자의 본이 되었습니다. 어떻게 한 도시의 성도들의 신앙이 거대한 마게도냐 반도 전체에 영향을 미쳤을까요? 복음의 능력입니다. 그들 인생의 주인이 우상에서 살아 계시고 참되신 하나님으로 바뀌었습니다. 그들의 소망이 바뀌었습니다. 허탄한 탐욕이 아니라 죽은 자를 살리시고 장래 노하심에서 건지시며, 다시 오실 예수님께로 확정되었습니다. 제가 얘기하고 싶은 초점은 한 가지입니다. 복음은 개인의 심령만 변화시키지 않습니다. 복음은 믿는 무리를 게토화⁴하거나 고립시키지 않습니다. 복음은 개인과 이웃과 도시와 나라에 총체적인 영향을 미칩니다. 그러므로 복음이 미치는 범위는 사적(私的)인 것이 아니라 공공적(公共的)이라는 것입니다. 이것이 공공신학이 주목하는 내용입니다.

복음의 총체성을 드러내는 공공신학

네덜란드의 신학교 총장이자 수상을 지낸 아브라함 카이퍼는 이렇게 말했습니다. "인간 존재의 전 영역 중에서 만물의 주권자이신 그리스도께서 '내 것이라'고 주장하지 않으시는 곳은 단 한 치도 없다." 저는 이 말을 들을 때마다 가슴이 너무 뛰어 견디기 힘들 지경입니다! 이것을 카이퍼의

---

4 '게토화'란 특정 민족이나 집단이 사회에서 고립되어 살아가는 것을 말합니다. 거주제한을 목적으로 유대인들끼리 모여 사는 구역을 '게토'라고 부르는 데서 유래하였습니다.

"영역 주권론"이라고 부릅니다. 정치, 경제, 사회, 문화, 교육, 예술, 교회, 가정 모든 영역에서 하나님의 통치와 주권을 드러내야 한다는 것이지요. 이것은 카이퍼가 전혀 새롭게 주장한 내용이 아닙니다. 예수님이 가르쳐 주신 기도를 고스란히 전달한 것입니다. "나라가 임하시오며 뜻이 하늘에서 이루어진 것같이 땅에서도 이루어지이다"(마 6:10). 우리가 예수님을 믿을 때, 우리 영혼은 구원을 받습니다. 아그립바 왕 앞에서 당당히 간증한 바울의 고백이 무엇입니까? 어둠에서 빛으로, 사탄의 권세에서 하나님께로 돌아오게 된 것입니다(행 26:18). 그러나 복음은 거기에서 멈추지 않습니다. 복음은 부부관계를 새롭게 합니다(골 3:18, 19). 복음은 부모와 자녀 관계를 새롭게 합니다(골 3:20, 21). 복음은 주인과 노예의 관계를 변화시킵니다(골 3:22, 4:1). 단순히 노예제도를 개선하거나 철폐하는 것을 넘어서 노예를 형제로 대하고 사랑하는 지점까지 나아갑니다(몬 1:16).

많은 사람이 한국 교회 쇠퇴의 원인을 진단합니다. 여러 가지가 있겠지만 빠지지 않는 공통적인 원인이 있습니다. 바로 "이원론적 삶"입니다.[5] 교회당에서의 삶과 직장에서의 삶이 다릅니다. 교회를 열심히 섬기시는 장로님이 대학에 출근해서 진화론을 가르칩니다. 제가 아는 분은 직장 상사가 분식회계[6]를 지시해서 그리스도인으로서 마음이 불편했다고 합니다. 그런데 그 상사가 안수집사님이었다는 사실을 우연히 알고는 너무 힘

---

5 이만열, "한국 교회와 역사의식", 《기독교는 사회에 무엇을 줄 수 있는가》, 김진홍 외 (서울: 대장간, 1990), 83. 이원론적 삶이란 교회 일과 세상 일, 성과 속을 구분하여 영적인 것은 선하고, 육체적인 것은 악하다고 보는 삶입니다. 성경적 세계관은 모든 일이 하나님의 일이므로 주께 하듯 하라고 함으로써 이원론에 반대합니다.
6 기업이 재정 상태나 경영 실적을 실제보다 좋게 보이게 할 목적으로 부당한 방법으로 자산이나 이익을 부풀려 계산하는 회계를 말합니다.

들었다고 합니다. 존경받고 신뢰받아야 할 성직자가 성희롱, 재정 횡령에 얽혀 지탄을 받습니다. 마틴 마티(Martin Marty)는 "우리는 역사상 처음으로 기독교가 사적 영역에 갇힌 채 공적 영역에 대해 말하는 것을 중단하는 시대에 살고 있다"라고 말합니다.[7]

무엇이 문제일까요? 이원론적 삶입니다. 믿음과 행함이 분리되었습니다. 교회당과 직장, 주일과 주중이 이원화되었습니다. 예수님은 십자가를 통해 만물을 새롭게 하셨습니다. 바울은 골로새 성도들에게 예수님의 보혈로 우리가 죄 사함을 받았다고 가르칩니다(골 1:14). 동시에 바울은 예수님의 보혈로 만물이 회복되었다고 선언합니다. "그의 십자가의 피로 화평을 이루사 만물 곧 땅에 있는 것들이나 하늘에 있는 것들이 그로 말미암아 자기와 화목하게 되기를 기뻐하심이라"(골 1:20). 복음은 개인을 구원할 뿐 아니라, 만물을 새롭게 합니다. 그 중심에 십자가가 우뚝 서 있습니다. 그러므로 그 예수님을 머리로 모신 교회는 어떠해야 할까요? "교회는 그의 몸이니 만물 안에서 만물을 충만하게 하시는 이의 충만함이니라"(엡 1:23). 죄에 종노릇하던 우리가 만물을 충만하게 하는 영광의 도구가 된 것입니다. 아담의 불순종으로 실패한 문화명령을 마지막 아담인 예수님 안에서 수행할 자격과 능력을 신자는 획득한 것입니다.

그런데 현실은 어떻습니까? 만물을 회복시킨 풍성한 복음은 고작 죽은 뒤 천국이나 데려다 주는 보장성 보험으로 전락하였습니다. 너무나 빈약하고 가난한 복음이 되고 말았습니다. 우리의 '지정의'(知情意) 전 인격을 총

---

7   Martin Marty, *The Modern Schism: Three Paths to the Secular* (New York: Harper & Row, 1969), 40.

괄갱신한 능력의 복음은 기껏 외로움이나 달래는 사적인 영역으로 후퇴하였습니다. 기억하십시오. 타락의 범위가 전포괄적인 것처럼, 구원의 범위도 전포괄적인 것입니다. 아래의 그림을 보십시오.

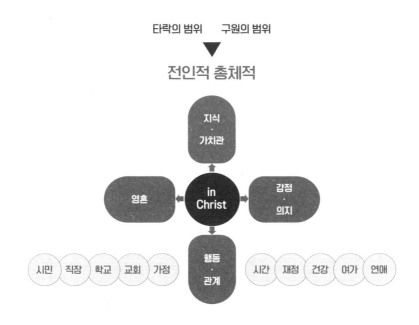

여러분이 믿는 복음은 영혼뿐 아니라 여러분의 감정과 의지에도 작용하고 있습니까? 하나님이 기뻐하시는 것을 기뻐하고, 하나님이 미워하시는 것을 거부합니까? 주님의 생각과 마음을 따라 의에 주리고 목말라합니까? 혹시 주님(Lord)을 믿는다고 하면서 나의 기분, 나의 시간, 나의 재정, 나의 여가, 나의 연애, 나의 직장을 고집하지는 않나요? 그래서 주님을 교회당이나 마음 한 편에만 가둬 두고 있지는 않나요? 필요할 때만 자신의 긴급한 소원을 들어달라고 기도했다가 다시 램프 속으로 들여보내는 '지니'처럼 말입니다. 주님은 진정 온 땅의 주인이시고, 내 모든 것의 주인이십니다. 이것이 성경이 가르치는 복음의 참된 의미요, 능력이요, 범위입니다.

프란시스 쉐퍼(Francis Shaeffer)의 지도로 우리 시대 훌륭한 기독교 세계관 학자로 평가받는 낸시 피어시(Nancy Pearcey)는 《완전한 진리》에서 회심한 미술 교사의 고백을 이렇게 인용합니다. "제 삶 전체가 하나님과의 관계를 반영하기를 바랍니다. 제 신앙과 예술이 별개의 방으로 나뉘는 것을 원치 않습니다."[8] 저는 여러분이 믿는 복음이 삶의 전 영역에서 작용하는 복음의 부요함을 누렸으면 좋겠습니다.

미국 웨스트민스터 신학교의 총장인 피터 릴백(Peter A. Lillback)이 한 대담에서 싱클레어 퍼거슨(Sinclair B. Ferguson)에게 이런 질문을 던졌습니다.[9]

"퍼거슨 박사님, 개혁주의가 오늘날 세속 문화에 기여하는 가장 큰 공헌은 무엇이라고 생각하십니까? 왜 우리는 개혁신학이 필요다고 생각하십니까?"

싱클레어 퍼거슨은 잠시 생각하다가 흥분된 어조로 이렇게 대답했습니다.

"왜냐하면 개혁신학은 복음을 총체적이고 아름답게 표현하기 때문이죠. 그래서 개혁신학은 우리의 신앙뿐 아니라 세상과 역사를 바라볼 수 있는 광활한 관점(massive vision)을 제공합니다."

---

8 낸시 피어시, 《완전한 진리》, 홍병룡 옮김 (서울: 복있는 사람, 2008), 73.
9 세속문화에 기여하는 개혁주의 신학, 팀 켈러와 싱클레어 퍼거슨, https://youtu.be/p8pSvSGPv-g.

복음은 종교적 감정이나 개인적 영역으로 후퇴될 수 없습니다. 복음은 공적이요, 우주적인 것이기 때문입니다. 이것을 강조하는 것이 공공신학의 과제입니다. "공공신학(public theology)"이라는 용어가 처음 나온 것은 1970년대입니다.[10] 그렇다고 그 내용이 이때에 처음 등장한 것은 아닙니다. 독일 나치의 학살과 만행, 남미의 민주화 시위, 남아공의 인종차별 등에 대한 신학적 응답을 교회가 제시하는 과정에서 발전되었다고 할 수 있습니다. 그러면서 역사 속 종교개혁자들은 '교회와 국가'의 관계를 어떻게 설정했는지 추적했습니다. 문화의 세속화가 가속화되면서 '교회와 문화'의 관계에도 관심을 기울이게 된 것입니다.[11]

지금 우리가 사는 시대는 다원주의와 포스트모던 시대입니다. 이 시대의 가장 큰 특징은 객관적이고 절대적인 진리를 거부한다는 것입니다. 안타깝게도 복음은 이러한 정황에서 급격히 사사화(privatization, 私事化)[12]되는 듯합니다. 기독교가 개인적 취향이나 감정적 위로의 방편, 혹은 '그들(그리스도인들)만의 리그'로 전락한 실정입니다. 그런데 그것이 하나님께서 이 세상에 복음을 주시고, 교회를 세우신 목적일까요? 오히려 세상이 교회를 향해 공공선(common good)과 공적 책임을 요구하고 있습니다. 어쩌면 교회에 대한 비난은 이러한 요청에 반응하지 않는 교회에 대한 실망의 다른 표

---

10 김창환 《공공신학과 교회》 (서울: 대한기독교서회, 2021), 20. Public theology는 공적신학, 혹은 공공신학으로도 번역되는데, 이 책에서는 흔히 통용되는 "공공신학"으로 통일하였습니다.

11 이와 관련해서는 리처드 니버, 《그리스도와 문화》, 홍병룡 역 (서울: IVP, 2007)를 참조 바랍니다.

12 privatization란 원래 민영화(民營化), 사유화(私有化)라는 뜻으로 토지, 철도, 공항, 통신 등을 국가나 공공기관에서 운영하지 않고, 개인이 운영한다는 의미입니다. 같은 맥락에서 신앙도 공적인 영역에서 전혀 작동하지 못하고 개인의 사적인 감정과 사고와 결정에만 머물게 될 때, 사사화(私事化, privatization)라고 표현하는 것입니다.

정일지도 모릅니다. 다행히도 최근 20~30년 동안 교회 안에서도 이에 대한 자성의 목소리가 높아졌습니다. 기독교 세계관 교육이 보급되고, 기윤실 운동[13]이 전개되었습니다. 복음의 공공성이 강조되고, 일터 신학이 대두되었습니다. 직장과 공공의 영역에서 성경적 가치와 하나님의 주권이 구현되어야 한다는 목소리가 높아지게 된 것입니다.

　요컨대, 공공신학은 또 하나의 현대 신학의 갈래가 아니라고 저는 감히 말씀드리고 싶습니다. 오히려 성경이 말하는 복음의 진정한 의미와 능력을 온전히 회복하려는 시도입니다. 그래서 이승구 교수는 공공신학을 다음과 같이 정의합니다. "온 세상에 대한 하나님의 주권과 통치를 증언하는 교회의 신학이다."[14] 그것은 새로운 주장이 아니라 성경이 가르치는 바입니다. 복음이 침투하고 새롭게 하는 영역은 우리의 아주 은밀한 욕구로부터 온 우주의 운명까지 이르기 때문입니다.[15] 이 광활한 범위가 '공적 영역'(public sphere)이고, 하나님 나라는 이 광활한 공적 영역을 회복하고 다스리시며 충만하게 하시는 만유의 주 하나님을 선포합니다(고전 15:28).

13　기독교윤리실천운동의 줄임말로 하나님의 말씀인 성경과 정통적 기독교 신앙을 기본이념으로, 복음에 합당한 윤리적 삶을 살아가는 정직한 그리스도인, 신뢰받는 교회가 되도록 섬기며, 정의롭고 평화로운 사회를 만드는 것을 사명으로 삼고 있는 시민단체입니다. 1987년 손봉호 교수를 중심으로 창립되어 현재 정병오 등 4명이 공동대표로 섬기고 있습니다.
14　이승구, 《광장의 신학》(수원: 합신대학원출판부, 2010), 41.
15　미로슬라브 볼프, 《행동하는 기독교》, 김명희 역 (서울: IVP, 2017), 25.

하나님 나라와 공공신학

공공신학은 하나님 나라의 백성으로서 그리스도인으로서 이 땅에서 어떻게 살아야 하는지를 다룹니다. 그리스도인이 공공신학을 실천하는 운동선수라면, 하나님 나라는 그들이 마음껏 뛰는 운동장이라고 할 수 있습니다. 왜냐하면 그리스도인은 하나님 나라의 백성이기 때문입니다. 이것이 공공신학을 소개하면서 제가 하나님 나라를 함께 설명하는 이유입니다.

성경은 하나님 나라(the kingdom of God, 막 1:15)를 천국(the kingdom of heaven, 마 13:11)이라고도 부릅니다. 그래서 우리는 천국(天國) 하면 하늘에 있는 어떤 장소라는 이미지가 강합니다. 그 결과 천국(혹은 하나님 나라)에 대한 비성경적 오해가 있음을 목회 현장에서 발견하곤 합니다. 천국을 죽은 다음에 비로소 가는 천당 정도로 생각하는 것이지요. 이것은 절반은 맞고, 절반은 틀렸습니다. 신자는 죽어서 천국에 간다는 점에서 절반은 맞습니다. 한편, 신자는 반드시 죽어야만 천국에 가는 것이 아니라는 점에서 절반은 틀렸습니다. 예수님을 믿는 즉시로 지금 여기서(here and now) 천국을 경험할 수 있기 때문입니다. 우리는 천국에 대한 성경적 이해를 확립할 필요가 있습니다. 이유는 천국에 대한 오해가 한국 교회 안에 적지 않게 퍼져 있기 때문입니다. 안타깝게도 그러한 오해는 이원론적 삶을 강화합니다. 그리스도인은 유혹과 고생이 많은 이 세상에서 어떤 의미 있는 일을 이루려고 노력할 필요가 없다는 생각에 사로잡힙니다. 이 세상은 빨리 건너서 지나가야 할 곳이지, 영원한 가치가 있는 어떤 일을 한다는 것이 불가능하다고 생각합니다.[16] 이처럼 하나님 나라에 대한 올바른 이해는 공공신학과 직결됩니다. 저는 세 가지 측면에서 하나님 나라에 대한 성경적 관점을 제시함으로 오해를 교정하고자 합니다.

천국은 죽어야만 가는 곳이 아니다. 지금 여기서 누릴 수 있다
[하나님 나라의 현재성]

> 높은 산이 거친 들이 초막이나 궁궐이나
> 내 주 예수 모신 곳이 그 어디나 하늘나라

교회를 다니시는 분이라면 한 번쯤은 불러보거나 들어보셨을 것입니다. 찬송가 438장 3절의 가사입니다. 가사의 고백과 같이 성도는 지금 처한 곳이 높은 산이든 거친 들이든 천국을 누립니다. 반지하에 살아도, 취업에 번번이 낙방해도, 원치 않는 사고를 당해도, 심지어 사랑하는 사람을 잃어도 하늘나라를 누릴 수 있는 것이 신자의 특권입니다. 왜 그럴까요? 예수님을 그 마음에 주인으로 모셨기 때문입니다. 예수님이 나의 인생의 주인으로 좌정하셔서 모든 염려와 상황을 다스려 주시기 때문입니다.

독실한 불교 집안에서 태어나신 한 목사님이 청년 시절, 선배의 손에 이끌려 대학생 수련회에 참석하여 예수님을 믿게 되었답니다. 깨어진 가정에 대한 상처, 가족에 대한 미움, 그들에게 퍼부었던 가시 돋힌 말들이 파

---

16 황영철, 《그리스도인의 현실참여 어떻게 할 것인가?》 (서울: 도서출판 나비, 1990), 18.

노라마처럼 떠올라 죄책감에 짓눌려 견딜 수 없었다고 합니다. 그런데 설교자의 목소리가 가슴을 때렸습니다. "모든 사람은 죄인인데, 예수님은 죄가 없습니다. 죄 없으신 분이 나를 대신해 죽으셔서 내 모든 죄를 청산해 주셨습니다. 하나님의 자녀 삼아 주셨습니다. 새사람이 되었습니다." 선포되는 말씀을 들으며 예수님께서 자신을 짓누른 무거운 죄 짐을 치워 주신 것 같다고 하였습니다. 다음 날 아침 일찍 수련회장 주변을 산책하는데, 밤새 비가 왔는지 그렇게 아름다울 수가 없었답니다. 비에 씻겨진 까만 아스팔트가 흑진주처럼 보이고, 빗방울이 맺힌 초록 나뭇잎 사이로 쏟아지는 아침 햇살에 어두웠던 영혼이 상쾌해졌습니다. 개울물에 발을 담그자 송사리들이 모여들어 하나님 자녀가 된 것을 축하해 주는 것만 같았다고 합니다. 지금 선 곳이 천국이요, 여기가 하나님 나라라고 고백이 되었답니다.

예수님은 우리에게 영원한 생명을 주러 오셨습니다. 그런데 그 영생은 단지 죽음 이후에 끊임없이 지속되는 연장된 삶이 아닙니다. 예수님 안에서 성부, 성자, 성령 삼위 하나님과의 친밀한 교제로 초대된 풍성한 삶이 영생입니다(요 10:10, 요일 1:3). 기쁨이 충만한 삶이요, 어둠이 조금도 없는 빛 가운데로 걸어가는 삶입니다. 신자는 그 삶을 맛보기 위해 죽을 때까지 기다릴 필요가 없습니다(시 34:8). 실제로 성경은 우리가 예수님을 믿을 때에 일어난 일들을 곳곳에서 이미 이루어진 사건으로 진술합니다.

> "영접하는 자 곧 그 이름을 믿는 자들에게는 하나님의 자녀가 되는 **권세를 주셨으니**"(요 1:12).

"그가 우리를 흑암의 권세에서 건져내사 그의 사랑의 아들의 나라로 **옮기셨으니**

그 아들 안에서 우리가 속량 곧 죄 사함을 **얻었도다**"(골 1:13,14).

"허물로 죽은 우리를 그리스도와 함께 **살리셨고** (너희도 은혜로 구원을 받은 것

이라) 또 함께 일으키사 그리스도 예수 안에서 함께 하늘에 앉히시니"(엡 2:5,6).

제가 굵은 글씨체로 표시한 것처럼 성경 원문에서도 모두 이미 이루어

진 완료시제로 사용하고 있습니다!

그래서 우리는 그리스도 안에서 새로운 정체성을 획득하였습니다.

하나님의 자녀가 되었습니다(요 1:12).

왕 같은 제사장이 되었습니다(벧전 2:9).

새로운 피조물이 되었습니다(고후 5:17).

의롭다 하심을 받아 영생의 기업의 상속자가 되었습니다(딛 3:7)

세상의 빛이 되었습니다(마 5:14).

그리스도의 소유가 되었습니다(고전 3:23).

하나님의 뜻을 이 땅에 전하는 그리스도의 사신이 되었습니다(고후 5:20).

그리스도의 신부가 되었습니다(엡 5:32).

새 사람을 입었습니다(골 3:10).

여러분, 참으로 놀라운 축복이 아닙니까? 우리의 삶이 아무리 고단하고

힘들어도 우리가 이미 구원받고, 하나님 나라를 소유한 것만으로도 감사

할 이유가 충분합니다. 그러므로 신자는 광야 같은 이 땅에서 천국을 막연

히 기다리는 사람이 아닙니다. 그는 천국의 기쁨을 앞당겨 맛보고 누리는

사람입니다. 예수님이 말씀하십니다.

> "그러나 내가 하나님의 성령을 힘입어 귀신을 쫓아내는 것이면 하나님의 나라가 **이미** 너희에게 임하였느니라"(마 12:28).
> "또 여기 있다 저기 있다고도 못하리니 하나님의 나라는 **너희 안에** 있느니라"(눅 17:21). **17**

어떻게 이것이 가능하냐고요? 하나님 나라의 두 번째 특징을 알면 분명해집니다.

천국은 장소가 아니다. 천국은 통치 개념이다[하나님 나라의 통치성]

대학을 졸업하고 중국에서 선교사역을 할 때였습니다. 당시 뉴스에는 많은 탈북자들이 주중캐나다 대사관이나 미국 대사관의 담을 넘는 장면들이 보도되었습니다. 보기만 해도 안타깝기 짝이 없습니다. 대사관 문으로 돌진하여 아빠는 들어가고 엄마는 중국 공안에게 붙잡힙니다. 그 사이에서 어린아이는 이러지도 저러지도 못하다 울음을 터뜨립니다. 다른 곳에서는 대사관 담을 넘어가는데, 공안이 필사적으로 탈북자의 다리를 붙잡으며 끌어내립니다. 왜 이런 일이 발생하는 걸까요?

---

17 "너희 안에"는 영어 성경에서 "within you/ in your midst/ among you" 등으로 번역됩니다. 성경학자들은 그 의미를 ① "너희들 마음속에"라고도 해석하고, ② "너희들 관계 가운데"라고도 해석합니다. 저 역시 어느 쪽 해석도 가능하다고 봅니다. 어느 쪽이든 예수님을 주님으로 모실 때, 하나님 나라를 지금 여기에서 경험할 수 있다는 사실에는 변함이 없습니다.

맞습니다. 일단 대사관 담장 안으로 들어가면 거기에는 공안이 들어올 수가 없습니다. 왜죠? 캐나다 대사관 안에서는 캐나다 법이 통치하기 때문입니다. 대사관 바깥은요? 중국 법이 통치하므로 공안이 체포할 수가 있는 것이지요. 주중 캐나다 대사관이 중국에 있기는 하지만, 그 안에는 중국 법이 아니라 캐나다 법이 다스립니다. 이것을 치외법권이라고 부르지요. 이제 이것을 하나님 나라의 두 번째 원리에 대입해 보겠습니다. 하나님 나라는 이 땅에서 누릴 수 있습니다[첫 번째 원리]. 왜 그렇습니까? 하나님 나라 백성이 이 땅에 섞여 살지만, 그들에게는 하나님이 통치하고 하나님의 법이 작동하기 때문입니다[두 번째 원리]. 즉, 하나님 나라는 장소적 개념이 아닙니다. 하나님 나라는 통치의 개념입니다.

지금 내가 예수님을 구세주와 주님으로 믿으면 하나님의 통치가 내 삶에 임합니다. 하나님 나라를 지금, 여기서 누리게 되는 것이지요. 하나님 나라는 장소적 개념이 아니므로 물리적으로 어디로 가야만 누리는 것이 아닙니다. 통치의 개념이기 때문에 지금 하나님의 뜻에 순종하면 그곳이 하나님 나라가 되고 맙니다. 이러한 관점으로 우리의 가정과 직장과 일상을 둘러보면 전혀 새로운 시야가 펼쳐집니다. 예수님을 믿는 한 가장이 가정을 성경적 가치를 따라 섬기면 그 가정은 천국, 곧 하나님 나라가 됩니다. 우리의 친구 관계, 데이트, 직장, 아르바이트 현장도 마찬가지입니다. 하나님의 뜻과 질서와 가치가 그리스도인을 통해 실현될 때, 하나님 나라가 이루어지는 것이지요.

주님도 그렇게 기도하라고 가르치시지 않았습니까? "나라가 임하시오며 뜻이 하늘에서 이루어진 것같이 땅에서도 이루어지이다"(마 6:10). 우리는 기도할 때 우리의 필요나 문제를 먼저 아뢰기에 바쁩니다. 그것이 잘못된 기도만은 아닙니다. 그런 기도를 기복신앙이라고 함부로 정죄하는 것도 주의해야 합니다. 사람마다 성숙의 정도가 다르기 때문이요, 우리 모두는 은혜 가운데 그리스도를 닮아가는 지향적·과정적 존재이기 때문입니다. 그럼에도 제가 말씀 드리고 싶은 것은 주께서 기도의 우선순위를 친히 가르쳐 주셨다는 것입니다. 먼저 하나님 나라와 의를 구하라고 말씀하십니다(마 6:33). 그다음이 일용할 양식입니다. 처음에는 이것이 어렵고 불편할 수도 있지요. 그러나 주님을 더 사랑할수록, 믿음이 성숙해질수록 주님의 우선순위를 따라 기도할 수 있을 것입니다.

> "주님, 이 하루 내가 섬기는 가정과 일터에서 주님의 다스리심이 드러나게 하옵소서. 이를 위해 제가 먼저 주의 뜻에 온전히 순종함으로 천국을 경험하게 하옵소서. 은혜를 주셔서 더 신속히, 더 온전히 주님께 순종하게 하옵소서."

천국은 그리스도인에게 이미 시작되었으나 아직 완성되지 않았다

[하나님 나라의 긴장성]

앞서 하나님 나라가 이미 신자의 삶에 시작되었다고 했습니다[첫 번째 원리]. 예수님을 주님으로 모셨기에 주님의 통치가 이루어졌기 때문입니다[두 번째 원리]. 그러나 하나님 나라는 아직 완성되지 않았습니다[세 번째 원리]. 언제 완성될까요? 재림의 때, 새 하늘과 새 땅으로 완성되는 것입니다. 예수님이 구름 타고 다시 오실 때, 모든 정사와 모든 권세와 능력을 멸하시고 나라를 아버지 하나님께 바칠 때입니다(고전 15:23, 24). 성경은 그날에 거룩한 성 새 예루살렘이 하나님께로부터 하늘에서 내려온다고 묘사합니다(계 21:2). 하나님 나라의 완성입니다.

하나님 나라의 세 번째 원리의 핵심은 "이미, 그러나 아직"(already, but not yet)이라는 긴장성입니다. 제가 두 개의 산봉우리로 이 긴장성을 설명해 보겠습니다. 산을 오를 때, 멀리서 보면 하나의 봉우리로 보이던 것이 차츰 가까워질수록 하나가 아닌 두 개임을 확인하게 됩니다. 멀리서는 뒤의 것이 앞의 봉우리에 가려져 두 개가 겹쳐 보였기 때문이지요.

구약의 선지자들은 "여호와의 날"이 임박했다고 경고하면서 종말의 심판을 선포하였습니다(욜 1:15, 2:11, 3:14, 암 5:18, 옵 1:15, 습 1:18, 슥 14:7, 말 4:5). 이 여호와의 날은 주님의 오심을 의미합니다. 이것은 역사 속에서 예수님의 초림과 재림으로 성취됩니다. 구약의 성도들에게 초림과 재림(두 봉우리)은 멀리서 보면 겹쳐 보입니다. 그러나 주님의 구원 역사(history of redemption, 구속사)가 창세기를 출발하여 계시록의 완성을 향해 달려가면서 이 봉우리들이 뚜렷해집니다. 그것은 하나가 아니라 둘이었습니다. 바로 초림과 재림이지요. 신약의 성도들은 초림과 재림 사이, 곧 두 봉우리 사이 골짜기에 서 있다고 할 수 있습니다. 그러므로 성경이 가르치는 '종말'이란 "초림부터 재림" 전체의 기간을 포괄합니다. 이 종말이 의인(하나님을 믿는 자)에게는 구원의 날이요, 악인에게는 심판의 날입니다. 예수 그리스도의 초림으로 종말은 이미 시작되었습니다.[18] 그리고 재림의 때에 종말은 완성됩니다.[19]

하나님 나라도 이 긴장성의 렌즈로 볼 수 있습니다. 예수님의 십자가 구원사건으로 하나님 나라는 이미 시작되었습니다. 이 땅에 침노하였습니다. 신자는 예수님의 통치를 기뻐하며 천국을 누리며 순례길을 행진합니다. 그러나 그것은 부분적이고 제한적입니다. 왜 그렇습니까? 아직 완성에 이르지 않았기 때문입니다. 재림에 이르러서야 모든 눈물을 닦아주시고, 사망이나 애통하는 것이나 곡하는 것이나 아픈 것이 사라질 것입니다(계 21:4). 만물이 완전히 새롭게 되는 것이지요(계 21:5).

신자의 구원의 여정도 이 긴장성의 렌즈로 보면 이해가 쉽습니다. 신자는 이미 예수님을 믿음으로 의롭게 되었습니다(롬 1:17). 그러나 여전히 육체에 남은 죄성과 피흘리기까지 싸워야 합니다(롬 7:21, 히 12:4). '구원의 감격'과 '죄를 죽이는 투쟁'이 공존합니다. 왜 그렇습니까? 신분상으로는 이미 의롭게 되었지만[칭의], 실존적으로는 두렵고 떨림으로 구원을 이루어 가야 하기 때문입니다[성화, 빌 2:12]. 우리는 이미 구원을 받았습니다. 그러나 아직 구원의 완성[영화]에 도달하지 않았습니다. 그래서 마틴

---

18   신학자들은 이것은 "실현된 종말론"이라고 부릅니다.
19   이승구 교수는 이 완성을 하나님 나라의 완전한 현시라는 점을 부각하여 "극치"라고도 설명합니다. 이승구, 《하이델베르크 요리문답 강해시리즈 IV, 하나님께 아룁니다》(서울: 말씀과 언약, 2020), 225.

루터는 신자의 정체성을 "의인이면서도 죄인"이라고 규정하였습니다.[20]

이번 장을 정리하겠습니다. "공공신학"을 얘기하며 제가 왜 이리 장황하게 "하나님 나라"를 설명하였을까요? 저는 캠퍼스 선교현장과 교회 목회현장에서 하나님 나라에 대한 오해들을 목격합니다. 그 오해는 이원론적 삶으로 이어집니다. 하나님 나라를 죽은 다음에 가는 곳으로 오해하니 현실의 삶은 복음과 괴리되어 있습니다. 이미 시작된 하나님 나라를 누리지 못하니 세상의 쾌락을 좇습니다. 때로는 불신자와 똑같이, 때로는 불신자보다 교묘하게, 때로는 불신자보다 강렬하게 말입니다. 복음은 마음의 위로나 개인 경건 훈련 정도로 축소되어 버렸습니다. 하나님 나라는 일주일 168시간 중 주일예배 한 시간과 예배당 안으로 차단되었습니다. 우리 시대 한국 교회의 슬픈 자화상입니다. 공공신학은 복음이 사사화(privatization, 私事化)될 수 없는 공적이고 우주적이라는 성경의 가르침을 지지합니다. 공공신학은 하나님 나라에 대한 그릇된 오해를 교정합니다. 공공신학은 하나님 나라의 긴장성과 역동성 속에서 신자가 일상을 살아가도록 촉구합니다. 공공신학은 정치 경제 사회 문화 모든 영역에서 하나님의 통치를 담대히 주장합니다. 그래서 복음의 풍성한 현존과 총체적 범위와 우주적 영향력을 제시합니다. 신자는 가슴 뛰는 감격으로 복음의 부요함을 누리며, 지금 여기서 하나님 나라를 살아내도록 초대받은 것입니다.

---

20 이것을 거꾸로 "죄인이면서 의인"이라고 해서는 곤란합니다. 누가 뭐라고 해도 우리는 오직 믿음으로 예수 그리스도의 완전한 의를 전가받은(덧입게 된) 의인이라는 신분에 무게중심을 두어야 합니다.

토의
질문

1. '복음의 총체성'을 자신의 말로 설명해 보십시오.

2. 복음의 총체성이 공공신학과 무슨 관계가 있는 것일까요?

3. 하나님 나라의 세 가지 특징은 무엇인가요?

일상 속
공공
신학

직장 속 그리스도인

영국의 경제학자인 프리드리히 슈마허(Friedrich Schumacher)는 인간의 노동에는 세 가지 목적이 있다고 말합니다. 첫째는 필요한 재화와 서비스를 생산하기 위해, 둘째는 자신의 재능과 기술을 완성하기 위해서, 셋째는 자기중심주의에서 벗어나 타인을 섬기고 그들과 협력하기 위해서라고요. 여러분 중에는 사회생활을 막 시작했거나, 직장 경력이 한참인 분들도 계실 것입니다. 흔히 "왜 일하는가?"라는 질문에 "먹고 살아야죠", "남들도 다 하잖아요"라고 막연히 대답하고는 합니다.[21]

---

21   김윤희, 《FWIA HEADSTART》 (서울: 순출판사, 2020), 7, 43, 117.

1. 그리스도인으로서 여러분은 왜 일하는지 자신의 생각을 나눠 봅시다.

2. "그리스도인이기에 모든 일에 항상 참아야 하는가?" 이 질문에 대한 당신의 대답은 무엇인가요? 이런 문제로 고민해본 적이 있다면 언제였는지 얘기해 봅시다.

3. 직장생활과 교회봉사를 병행하기 힘든 적이 있나요? 이러한 문제로 고민하는 지체에게 당신은 어떻게 조언해 주겠습니까?

Chapter 2

공공신학이란 무엇인가?

2. 공공신학이란 무엇인가?

그 일이 있고 시간이 제법 흘렀습니다. 캠퍼스 현장에서 늘 그 부분에 대한 고민과 부담을 가져온 저는 '하나님 나라와 공공신학'을 주제로 박사학위를 받았습니다. 그 사이 공공이도 결혼해서 저 닮은 아들도 낳고 단란한 가정을 이루었습니다. 회사에서는 과장으로 승진했다며 추석을 앞두고 캠퍼스를 찾아왔습니다.

"바쁠텐데, 학교에는 어쩐 일이냐?"

무심한 척 교정을 물들인 은행나무들을 둘러보았지만 찾아와 준 제자가 고맙기 그지없었습니다.

"추석도 다가와서 선물도 드릴겸요 헤헤."
"그래, 고맙다. 과장 승진했다더니 늦었다만 축하해"
"그런데, 간사님. 박사논문 주제가 뭐였어요?"
"공공신학이라고, 몇 년 전 탄핵 때 네가 전화줬잖아.
따지고 보면 공공이 도움이 컸어."

그리 넓지 않은 캠퍼스를 한 바퀴 돌며 이런저런 얘기를 나누다가 공공이는 자못 진지하게 물어왔습니다.

"궁금한 게 있는데 공공신학이라는 말이 성경에도 나오나요? 늘 전도하시고 성
경공부만 가르쳐 주셨는데, 그 주제를 전공하셨다는 게 좀 신기하기도 해서요."
"물론, 공공신학이라는 단어가 성경에 나오지는 않아. 하지만 신구약 전체에 공
공신학에 대한 사상이 풍성히 나타나고 있단다."
"그래요? 성경 어디에요?"

공공신학, 성경 어디에 나오나?

창조주 하나님께서 난간 설치를 명하셨다구?

신명기를 읽다 보면 매우 흥미로운 구절을 만나게 됩니다. "네가 새 집
을 지을 때에 지붕에 난간을 만들어 사람이 떨어지지 않게 하라. 그 피가
네 집에 돌아갈까 하노라"(신 22:8).

하나님은 모세를 통해 이스라엘 백성에게 율법을 주시면서 이렇게 명령
하십니다. "새 집을 지을 때에 지붕에 난간을 만들거라." 그 이유는 무엇일
까요? 난간이 없으면 지붕이나 옥상에서 사람이 떨어져 다칠 수 있기 때
문입니다. 고대 근동의 집들에는 대부분 평평한 옥상이 있었는데, 그 평
평한 옥상은 다락방이나 여가나 다른 목적으로 사용되었습니다(수 2:6, 삿

16:27).[1] 사람이 많이 사용하는 옥상에 난간이 없다면 대단히 위험했기 때문에, 하나님은 집을 지을 때 사람이 떨어지는 것을 막기 위해 반드시 난간을 설치하도록 율법으로 규정하신 것입니다. 이 규정을 위반하여 사람이 다치면 그 피가 네 집에 돌아갈 것이라고 처벌 조항까지 포함합니다. 이것은 난간을 만들지 않음으로써 살인 태만죄가 성립한다는 사실을 시사합니다.[2]

여러분 어떻습니까? 천지를 만드신 창조주 하나님께서 집을 지을 때 지붕에 난간 설치하는 것까지 간섭하시는 것이 좀 생뚱맞지 않습니까? 그런데 그 속에서 우리는 생명을 귀히 여기고, 다른 사람의 생명을 보호하도록 배려하신 하나님의 성품을 발견하게 됩니다. 하나님은 우리에게 다른 사람의 생명과 안전을 보호하는 데 유의할 것을 요구하십니다. 공사비가 좀 더 들더라도, 공사 기간이 좀 더 길어지더라도 타인의 생명을 보호하도록 안전장치를 설치하라는 것입니다. 저는 이 말씀을 묵상하면서 최근 한 도시에서 발생한 아파트 외벽 붕괴사건이 떠올랐습니다. 다행히 사망자는 없었지만 한 명의 부상자가 발생했고, 인부 6명이 연락이 두절되어 며칠에 걸쳐 구조작업이 이루어졌습니다. 가족들은 한시라도 빨리 구조되기를 기다리며 가슴을 졸여야 했습니다. 사고 현장 주변에 거주 중인 500여 세대 주민들은 추가 붕괴의 위험으로 대피를 결정하였습니다. 이 사고를 계기로 노동자의 사망사고 및 중대 재해가 발생했을 때, 사업주나 경영자가 '안전보건관리체계' 구축 의무를 위반한 것이 드러나면 형사 처벌과 해

---

1   《옥스퍼드 원어성경대전》 (서울: 제자원, 2006), 신명기 12–26장 주석.
2   Duane L. Christensen, *Deut.* 22:8, *Comm.* (Dallas: Word Books Publisher, 2002).

당 기업에 벌금을 부과하는 '중대재해 처벌법'이 시행되었습니다.

신명기는 지금으로부터 약 3,500여 년 전에 기록된 책입니다. 그 당시에 이미 '중대재해 처벌법'이 보호하는 인간의 생명과 안전장치의 구축 개념이 있었다는 것이 놀랍기만 합니다. 하나님의 돌봄과 관심은 선택받은 이스라엘 백성에게만 국한되지 않습니다. 하나님은 당신의 언약 백성이 타인의 안전을 도모하는 삶을 살도록 율법을 통해 설계하신 것입니다. 복음은 개인의 경건이나 영적 성장에만 국한된 것이 아닙니다. 복음은 이웃과의 관계에서 구체적인 배려와 섬김으로 나타나야 합니다. 그만큼 우리가 믿는 하나님은 우주적이시고, 그만큼 우리를 살린 복음은 총체적이기 때문입니다. 또한 성경은 소외된 이웃을 돌볼 책임을 일깨웁니다.

가난한 자, 고아와 과부, 외국인을 돌아보라

하나님은 가난하고 불쌍한 사람들의 생계와 필요에 깊은 관심을 가지고 계십니다.

> "너희가 너희의 땅에서 곡식을 거둘 때에 너는 밭모퉁이까지 다 거두지 말고 네 떨어진 이삭도 줍지 말며 네 포도원의 열매를 다 따지 말며 네 포도원에 떨어진 열매도 줍지 말고 가난한 사람과 거류민을 위하여 버려두라 나는 너희의 하나님 여호와이니라"(레 19:9,10).

거류민이란 경작할 땅이 없어서 생계의 터전을 갖지 못한 외국인이나 나그네를 가리킵니다. 하나님은 이스라엘 백성에게 곡식을 거둘 때 다 거두지 말고 얼마를 남겨 두라고 하십니다. 누구를 위해서인가요? 그렇습니다. 가난한 사람과 나그네를 위해서입니다. 이들을 향한 하늘 아버지의 진한 긍휼에 가슴이 따뜻해집니다. 저는 '나그네'의 의미를 절실하게 깨달은 적이 있습니다. 짧막하게 보낸 미국 유학 생활 동안 이민교회에 출석하였습니다. 성도님들은 너무도 따뜻하게 저희 가정을 집에 초대해 주셨습니다. 그리고 사역자랍시고 어리고 부족한 저희 부부에게 이민 생활의 설움을 밤늦도록 쏟아 놓으셨습니다. 한 분 한 분 기구한 사연이 너무도 안타까워 함께 울기도 하였습니다. 열심히 돈을 벌어 자녀를 좋은 학교에 보내겠다는 일념으로 시작한 이민 생활, 유색인종에 대한 차별과 무시에도 꿈을 잃지 않고 꿋꿋이 버텨 오며 자녀 교육을 위해 밤낮으로 일했지만 그 때문에 자녀와의 관계가 단절된 분들, 그중에 불법체류자로 여전히 불안 가운데 살아가는 분들. 이분들의 마음 깊은 곳의 상처와 고단함을 제가 어찌 다 헤아릴 수 있을까요? 그분들의 삶을 통해 나그네의 설움을 깨닫는 동시에, 모든 신자가 이 땅에서 나그네임을 깊이 생각해 보게 되었습니다.

"너희는 나그네를 사랑하라 전에 너희도 애굽 땅에서 나그네 되었음이니라"
(신 10:19).

주님은 이 나그네에 대한 각별한 애정을 갖고 이스라엘 백성에게 권면합니다. "네가 밭에서 곡식을 벨 때에 그 한 뭇을 밭에 잊어버렸거든 다시 가서 가져오지 말고 나그네와 고아와 과부를 위하여 남겨두라. 그리하면 네 하나님 여호와께서 네 손으로 하는 모든 일에 복을 내리시리라"(신

24:19). 외국인 노동자를 섬기는 제가 아는 한 목사님은 20년 가까이 추석 때 한 번도 고향에 내려가지 못했다고 합니다. 여러분 그 이유를 짐작하시겠습니까? 이유는 추석 때마다 자신이 섬기는 외국인 노동자 가족들과 1박 2일 동안 시간을 보내왔기 때문입니다. 그들에게도 추석은 고국에 있는 부모와 형제들을 떠올리게 하는 향수의 시간입니다. 돈을 벌어야 해서, 비행깃값이 비싸서, 비자 문제나 그 밖의 다양한 연유로 고향에 가지 못하는 이들과 함께 밤을 보내는 것입니다. 하나님께 예배도 드리고, 고국의 민요도 부르고, 고향의 이야기들을 함께 나누며 나그네의 애환을 나누는 것이지요. 얼마나 아름다운 천국의 그림자입니까? 이처럼 복음의 진국을 나그네들에게 선사하는 그 목사님이 정말 존경스럽습니다.

그뿐이 아닙니다. 하나님은 가장이 없어서 경제적으로 자립할 수 없고, 복지의 사각지대에 놓인 고아와 과부를 배려하십니다. 구약에 나타난 나그네, 고아, 과부는 가난하고 소외된 사회적 약자를 대표합니다. 하나님의 선민 이스라엘은 자신들만 잘살도록 부름 받지 않았습니다. 그들 주변에 있는 사회적 약자를 배려하고 돌보라고 부름 받았습니다. 그것이 성경 전체에 흐르는 정신이자 하나님 아버지의 마음이기도 합니다. 그래서 시인은 하나님이 "고아의 아버지시며 과부의 재판장이시라"(시 68:5)고 노래하기까지 합니다. 남편과 자식을 잃은 룻이 보아스의 밭에서 이삭을 줍도록 허락을 받은 것도 사회적 약자를 보호하는 이러한 제도 때문입니다.

또한, 성경은 품꾼의 품삯을 체불하지 말라고 명령합니다. "그 품삯을 당일에 주고 해 진 후까지 미루지 말라. 이는 그가 가난하므로 그 품삯을 간절히 바람이라. 그가 너를 여호와께 호소하지 않게 하라. 그렇지 않으면 그것이 네게 죄가 될 것임이라"(신 24:15). 앞서 언급한 그 목사님은 외국인 노동자들이 공장에서 다치면 병원 치료나 산재처리나, 의료보험 등을 일일이 돌봐 주어야 한다고 합니다. 그들은 언어도 짧고 신분도 외국인이며, 법적인 부분도 모르기 때문이지요. 그런데 그렇게 천사 같은 목사님이 한번은 씩씩거리는 모습을 보았습니다.

"무슨 안 좋은 일이 있습니까?"

"아니, 일을 시켰으면 월급을 줘야지! 일하다 손가락이 잘렸는데, 산재처리는커녕 임금이 몇 달째 체불되어 병원비도 못 내는 사정이네요. 한국 사람인 것이 참 창피할 지경입니다. 형님."

공장에서 산재로 다친 교우를 돕느라 사방팔방 분주한데, 임금체불한 사장이 너무나 야속했던 것이지요. 여러분 이제 복음의 공공성이 조금 와 닿으시나요? 조금 더 설명이 필요하다구요?

정의를 물같이, 공의를 강같이

아모스는 북이스라엘에서 활동하던(B.C. 760~745년경) 선지자입니다. 그는 하나님의 사명을 따라 북이스라엘의 종교적 타락과 사회적 범죄와 도덕적 붕괴를 고발하며 회개를 촉구합니다. 하나님께서 선지자 아모스를 통해 제시한 북이스라엘 회복의 해결책은 무엇입니까? "여호와께서 이스라엘 족속에게 이와 같이 말씀하시기를 너희는 나를 찾으라 그리하면 살리라"(암 5:4).

그렇습니다. 사회적 타락과 종교적 타락은 동전의 앞뒷면과 같아서 결코 분리해서 생각할 수 없습니다. 아모스는 눈에 보이는 북이스라엘의 총체적 위기가 사실은 보이지 않는 하나님과의 엇나간 관계에서 비롯되었다고 지적합니다. 그래서 "여호와를 찾으면 살리라"고 간절히 촉구합니다. 이 순서가 중요합니다. 우리가 아모스를 통해 배워야 할 공공신학의 우선순위입니다. 첫째, 하나님과의 관계가 먼저이고[수직적 관계], 다음이 사회 정의의 회복입니다[수평적 관계]. 이것은 당연해 보입니다. 하나님만이 완벽하게 정의로우시며, 모든 윤리의 기초가 되시기 때문입니다. 그분은 변함도 없으시고 회전하는 그림자도 없으신 절대 완전한 기준이 되십니다(약 1:17). 그런데 어떤 사람들은 이 순서를 무시합니다. 하나님과의 관계보다 십자가의 복음보다 사회적 정의와 실천을 앞세웁니다. 그것은 성경적 공공신학이라고 보기 어렵습니다. 그것은 자칫 사회 복음(social gospel)을 강조하는 민중신학이나 해방신학으로 치우칠 위험이 있습니다.[3]

둘째, 하나님과 회복된 관계 위에서 하나님의 정의와 공의가 일상 속에 구현되도록 힘써야 합니다. 과거 영혼 구원과 개인의 회심을 강조해 온 한국 교회는 첫 번째만 강조하고, 두 번째는 소홀히 했던 것이 사실입니다. 그 부분에서 한국 교회는 하나님께서 일반은총 가운데 사용하신 민주화 운동이나 인권 운동의 희생에 빚을 졌다고도 할 수 있을 것입니다. 그렇다고 한국 교회의 사역 전체가 잘못되었다고 배격해서는 곤란합니다. 그것은 목욕물이 더럽다고 아기까지 버리는 형국이지요. 아기가 자라서 어

---

3   김창환은 《공공신학과 교회》 (서울: 대한기독교서회, 2021), 56-57에서 공공신학과 해방신학이 상호배타적이지 않다고 모두 수용하면서도, 둘의 차이점을 도표로 제시합니다.

린이가 되고, 방황기 청소년에서 듬직한 청년으로, 다시 성숙한 어른으로 자라가는 모습을 상상해 보길 바랍니다. 한국 교회도 하나님의 섭리 가운데 자라가고 있습니다. 150년 짧은 선교역사 속에 주님의 은혜로 몸집은 급속히 성장하였지만 성숙에 이르는 데는 시간이 필요한 것이 사실입니다. 성장의 시기에는 구령의 열정에 힘을 쏟았다면, 성숙의 시기에는 그것과 함께 복음의 공공성 및 교회의 공적 책임을 돌아보아야 할 때가 아닐까요? 이런 면에서 아모스는 이 둘을 균형 있게 제시합니다.

우리도 늘 하나님과 바른 관계를 유지하는 데 우선순위를 두어야 합니다. 그리고 주님과의 친밀한 사랑이 가정과 이웃과 지역사회로 확장되도록 힘써야 합니다. 그래서 아모스가 이렇게 말하지 않습니까? "오직 정의를 물같이, 공의를 마르지 않는 강같이 흐르게 할지어다"(암 5:24). 교회는 생수 되신 예수 그리스도를 선포하는 주님의 나팔입니다. 동시에 교회는 세상으로 정의와 공의를 강같이 흘려보내는 세상의 빛입니다. 그런데 교회가 정의와 공의를 상실한다면 어떻게 될까요? 마치 물이 고여 썩은 웅덩이나 메마른 강처럼 될 것입니다. 아무리 물이 있다 해도 썩은 웅덩이 물을 마시는 사람은 없지요. 또 이미 말라 버린 강줄기를 찾는 사람도 없습니다.

세상의 빛과 소금이 되어 세상에 소망을 던져 주라고 하나님께서 교회를 세상에 두신 줄 믿습니다. 그런데 오늘날 교회는 세상에 소망을 주는지, 아니면 절망과 근심과 피곤함을 안겨 주는지 돌아보게 됩니다. 세상에 대안과 해답을 주는지, 아니면 교회의 이기적이고 위선적인 모습으로 세상의 귀를 닫게 하지는 않았는지 성찰하게 됩니다. 가난한 자를 돌보고 소외된 자의 손을 잡아 주어야겠습니다. 굽어진 공의를 펴고 무너진 정의를 세우는 일에 자기를 부인하고 기꺼이 십자가를 져야겠습니다. 그럴 때 교회는 정의를 물같이, 공의를 강같이 흐르게 하는 생명수의 통로가 될 것입니다.

신약의 공공신학

여러분은 앞서 제가 언급한 한국 교회의 시급한 문제점을 기억하십니까? 네, 바로 그리스도인의 이원론적 삶입니다. 공공신학은 신자 개인의 삶과 남이 보는 삶이 일치되어야 한다고 강조합니다. 독자들 가운데 인스타그램이나 페이스북을 하는 분도 있을 것입니다. 저를 포함해서 단연코 포스팅하는 사진은 자신이 찍은 것 중 가장 멋지고 근사한 사진일 것입니다. 화려하고, 세련되고, 화기애애하고, 친절하고, 기분 좋은 사진들입니다. 자신의 현실과 포스팅된 사진 사이에는 괴리감이 있습니다. 그럼에도 불구하고 많은 현대인이 SNS를 통해 소통하고, 공감을 갈구합니다. SNS는 점점 현대인의 고독한 감정을 구매 타깃으로 삼아 강력한 '고독 산업 플랫폼'으로 성장해 가고 있습니다.

서론이 길었습니다. 요점은 이것입니다. 세상 문화는 "'남에게 보여 주는 너'와 '실제의 너' 사이의 간극 따위는 개의치 말라. 좀 더 포장해라. 너를 홍보해라. 스펙을 갖춰라. 지금은 퍼스널 브랜딩의 시대다"라고 말합니다. 이것이 모조리 틀렸다고는 하지 않겠습니다. 그러나 그 문화가 주는 메시지는 분명합니다. "'실제의 너'보다 '남에게 보여 주는 너'가 중요해!" "때로는 가면도 적당히 쓸 줄 알아야지." 여러분은 여기에 동의하시나요?

 신약성경은 다른 관점을 제시합니다. "무슨 일을 하든지 마음을 다하여 주께 하듯 하고 사람에게 하듯 하지 말라"(골 3:23). 성경은 우리가 모든 상황에서, 모든 사람, 모든 일에 마음을 다해 주께 하듯 하라고 권면합니다. 직장 상사에게나 식당 아주머니께나, 담임 목사님께나 교육 전도사님께나, 장로님께나 유치부 어린아이에게나, 회사의 임원에게나 회사 앞 편의점 알바생에게나, 교수님께나 폐지를 모으는 할머니에게나, 아파트 관리소장님께나 분리수거를 제대로 안 한다고 신경이 예민하신 경비 아저씨께나 우리는 동일하게 대할 수 있어야 합니다.

 어떻게 그것이 가능할까요? 첫째, 모든 일을 하나님 앞에서 행하는 것입니다. 믿음의 선배들은 이것을 "하나님 앞에서"라는 뜻의 라틴어로, "코람데오"(Coram Deo)라고 불렀습니다. 매 순간 하나님 앞에 서 있는 사람처럼 하나님의 영광 아래 살아가라는 뜻입니다(고후 4:2, 갈 1:20, 딤전 5:4, 계 8:4). 둘째, 모든 사람을 하나님의 형상으로 대하는 것입니다. 우리는 생산성과 효율성으로 요약되는 실용주의의 시대에 살고 있습니다. 시민단체나 인권단체의 노력으로 장애인이나 아동이나 노인이나 사회적 약자들에 대한 배려가 강조되고 있는 것은 다행스러운 일입니다. 그럼에도 세상은 '능력자'를 중심으로 지배 구조가 재편되고, 부의 편중이 심화되어 갑니다. 실용주적 세계관은 장애인을 비생산적이고, 비효율적이고, 무가치하게 간주합니다. 그러나 그 부모님께는 사랑스런 자녀이고, 평생 아픈 손가락입니다. 성경은 모든 사람이 하나님의 존귀한 형상이요, 하나님의 기쁨이요, 면류관이라고 선언합니다! 이것이 성경적 세계관입니다. 그런 까닭에 예수님은 세리와 죄인의 친구가 되셨습니다. 앞 못 보는 자의 눈을 여시고, 못 듣는 자의 귀를 고치시고, 간음하다 잡힌 여인을 용서하시고, 나병 환자를 만져 주시고, 혈루증 여인의 작은 손짓에 돌아보셨습니다. 사도 바울도 이러한 안목으로 하늘과 땅에 있는 모든 족속이 그리스도 사랑의 너비와 길이와 높이와 깊이를 알도록 기도하였습니다(엡 3:14-19).

하나님 앞에 설 때, 우리는 위선의 가면을 벗고 상쾌한 공기를 마실 수 있습니다. 하나님 앞에 설 때, 이웃에게 거절에 대한 두려움 없이 다가설 수 있고 상대를 스펙이 아닌 하나님 형상으로 대할 수 있습니다. 하나님 앞에 설 때, 내 속에 갇힌 아집에서 벗어나 인류와 세상과 역사를 전망하는 하나님의 안목을 소유합니다. 하나님 앞에 설 때, 우리는 갈기갈기 찢겨 지고 분열된 우리의 내면이 통합되고 그리스도의 몸의 지체로 제자리를 찾게 됩니다. 그러고 보면 우리의 앉고 일어서는 모든 행사는 하나님 앞에서 이루어지는 몸짓입니다. 그래서 바울은 이렇게 말합니다. "그런즉 너희가 먹든지 마시든지 무엇을 하든지 다 하나님의 영광을 위하여 하라"(고전 10:31). 이것이 삶의 모든 마당에서 우리 몸을 거룩한 산 제물로 하나님께 드리는 영적 예배입니다(롬 12:1). 바로 신약성경 전반에 흐르는 복음의 총체성이요, 공공성입니다.

복음이 선포되는 광장

엘리야 선지자는 하나님의 지시를 따라 가뭄을 선포하고 그릿 시냇가에 숨습니다(왕상 17:1-3). 그곳에서 하나님은 까마귀를 통해 엘리야를 먹이시고, 사르밧 과부를 통해 공급하십니다. 하나님은 과연 엘리야의 하나님,

사르밧 과부의 하나님, 아합과 이세벨의 박해를 피해 굴에 숨은 선지자들의 하나님이십니다(왕상 18:4). 그러면 하나님은 이처럼 조용하고 은밀하게 변방에서만 자신을 드러내는 하나님이실까요?

그렇지 않습니다. 우리가 잘 아는 바알과 아세라 선지자와 하나님의 사람 엘리야의 박진감 넘치는 갈멜산 대결이 곧장 등장합니다. 바알 선지자 450명과 아세라 선지자 400명 도합 850대 1의 말도 안 되는 대결이 갈멜산 정상에서 온 백성이 지켜보는 가운데 공공연하게 펼쳐진 것입니다. 송아지를 잡아 쌓아 올린 나무 위에 놓고 기도할 때, 불로 응답하는 신이 참 하나님이라는 것입니다. 바알 선지자들은 아침부터 낮까지 절규하듯 부르짖습니다. 제단 주위를 뛰기도 합니다. 그래도 응답이 없자 칼과 창으로 자해하여 피를 흘리기까지 합니다.

이제 엘리야가 나설 차례입니다. 백성들을 시켜 이스라엘의 지파대로 12개의 돌을 취하여 여호와의 제단을 수축합니다. 엘리야는 제단 주위로 도랑을 판 후 그곳에 물을 붓게 합니다. 그것도 세 번씩이나! 불이 필요한 마당에 물을 끼얹다니요! 도랑에 물이 가득 찹니다. 이때 엘리야가 이렇게 기도합니다.

> "아브라함과 이삭과 이스라엘의 하나님 여호와여 주께서 이스라엘 중에서 하나님이신 것과 내가 주의 종인 것과 내가 주의 말씀대로 이 모든 일을 행하는 것을 오늘 알게 하옵소서"(왕상 18:36).

여호와가 이스라엘 중에 참 하나님이심을 나타내 주시도록 요청합니다.

그래서 온 백성이 하나님을 인정하고 그 앞에 돌이키도록 간구합니다.

> "이 백성에게 주 여호와는 하나님이신 것과 주는 그들의 마음을 되돌이키심을
> 알게 하옵소서"(왕상 18:37).

그러자 여호와의 불이 내려서 번제물과 나무와 돌과 흙을 태우고 또 도랑의 물을 핥고 지나갑니다. 온 백성이 "여호와 그는 하나님이시로다"(왕상 19:39)하면서 그 앞에 엎드립니다. 너무나 통쾌하고 짜릿한 장면 아닙니까? 여호와만 상천하지(上天下地)의 하나님이심을(수 2:11) 온 백성 앞에 공공연하게(publicly) 드러내신 것입니다. 복음의 공공성입니다. 신자는 자신이 믿는 하나님이 온 우주의 하나님이심을 믿어야 할 뿐 아니라 알려야 할 책임이 있습니다. 우리가 인정하든 안 하든 그것은 엄연한 진리요, 사실입니다. 가정에서, 직장에서, 일상에서, 정치, 문화, 미디어, 교육, 언론, 예술, 모든 영역에서 하나님의 통치를 드러내는 것이 신자의 일상이 되어야 합니다. 교회의 책임이 되어야 합니다.

잠언서는 많은 사람이 모이는 공개된 장소에서 지혜가 외치는 장면을 이렇게 묘사합니다.

> "지혜가 길거리에서 부르며 광장에서 소리를 높이며 시끄러운 길목에서 소리를
> 지르며 성문 어귀와 성 중에서 그 소리를 발하여 이르되"(잠 1:20-21).

당시 성문은 법정이나 시장이 열리는 장소로 많은 사람이 왕래하는 장

소였습니다.[4] 오늘날 우리가 믿는 복음이 길거리와 광장과 성문에서 얼마나 공공연하게 논의되고 작동되는지 돌아보게 됩니다.

"목사님, 광화문 광장에서 많은 목사님들이 정치적 입장문을 발표하시지 않나요?"

복음의 공공성이라는 취지에 있어서는 동의하지만, 그 논의와 소통의 방식에 있어서는 좀 더 고민이 필요해 보입니다. 한 신학자는 극우 기독교인들의 광화문 집회에 대하여 물리적으로는 '광장'이지만, 실질적으로는 고립된 '섬'과 같다는 뼈아픈 지적을 하기도 하였습니다.[5] 성경적 복음은 광장에서 공공연하게 세상과 소통함으로써 세속 사회 한가운데서 하나님 나라를 보여 주고 이루어 가야 한다는 것이지요.

예수님의 산상수훈(마 5-7장)은 하나님 나라 백성이 이 땅에서 어떻게 살아야 하는지 천국 백성의 생활윤리를 제시합니다. 그것은 하나님의 뜻을 행하고 하나님 및 다른 사람들과 바른 관계를 맺는 공적 영성에 대한 가르침입니다.[6] 바울은 아테네의 아레오바고 광장에서 에피쿠로스학파, 스토아학파와 논쟁하며 자신이 믿는 복음을 변증하는 공론장(public sphere, 公論場)으로 활용했습니다(행 17:16-34). 그리스도의 복음에 합당한 천국 시민으로 세상에서 자신의 소명을 성취하는 것이 천국의 에토스(윤리)인 것입니다.[7] 우리나라에 들어온 기독교 역시 유교적 정치철학을 비판하고 불교 및 도

---

4   《옥스퍼드 원어성경대전》 (서울: 제자원, 2006), 잠언 1-13장 주석.
5   장동민, 《광장과 골방》 (서울: 새물결플러스, 2021), 14.
6   송영목, 《하나님 나라 복음과 교회의 공공성》 (서울: SFC, 2020), 50.
7   송영목, 《하나님 나라 복음과 교회의 공공성》, 187.

교 신앙과 논쟁하며, 신흥 종교인 동학과 경쟁하면서 입지를 굳히고 성장하였습니다.[8] 이제 복음의 공공성이 무엇이고, 공공신학이 무엇인지 어렴풋하게나마 감이 잡히시나요? 이제 본격적으로 신학자들이 말하는 공공신학의 정의를 들어봅시다.

| 공공신학의 정의 |

"공공신학(public theology)"이란 용어를 처음으로 사용한 사람은 마틴 마티(Martin Marty)로 알려져 있습니다. 1974년 시카고 대학의 마틴 마티가 라인홀드 니버(Reinhold Niebuhr)를 공공신학자로 평가하면서부터입니다.[9] 학문적으로 공공신학의 역사가 길지 않은 만큼 그에 대한 합의된 정의는 아직 없습니다. 저는 특징적인 학자들의 공공신학에 대한 정의를 제시한 후 성도들이 이해하기 쉽게 간략한 정의로 요약하고자 합니다.

"기독교 윤리는 공적인 이슈를 다루어야 하고, 비기독교인들과 사회적 윤리에 관해 공개적으로 토론하면서 사회 변화에 영향을 미칠 수 있어야 한다." - 맥스 스택하우스[10]

---

8 장동민, 《광장과 골방》 (서울: 새물결플러스, 2021), 15.

9 Martin E. Marty, "Reinhold Niebuhr: Public Theology and the American Experience," *The Journal of Religion* 54/4 (Oct. 1974), 354-55.

10 현대 공공신학의 선구자로 인정받는 프린스턴의 교수이자 '카이퍼 센터'의 초대 원장이었던 맥스 스택하우스의 공공신학에 대한 설명에 대해서는 다음의 책을 참조하시기 바랍니다. Max L. Stackhouse, *Public Theology and Political Economy* (Lanham: University Press of America, 1991), 'Introduction,' xi.

"교회와 기독 시민의 사회적 책임은 사회, 정치, 경제 현안과 관련하여 크게 네 가지이다. 그것은 그리스도인의 마음과 양심이 외면할 수 없는 고통받는 자를 향한 동정, 사회 경제 체제에 대한 교육적 영향력, 성경적 정의의 추구, 그리고 하나님의 목적을 드러내는 자연질서에 순응해야 할 책임이다." - 윌리엄 템플[11]

"신학은 사회의 공적인 일에 관여하면서, 하나님 나라를 향한 희망의 눈으로 사회의 공공복리를 바라보며 깊이 유념하면서, 가난한 자와 소외된 자들을 어떻게 정치적으로 대변하고 그들의 환경을 바꾸어야 할까를 고민해야 한다." - 위르겐 몰트만[12]

"공공신학은 교회 안과 밖으로 접근 가능한 방식으로 전개하면서, 교회와 시민 사회의 상호작용을 도와야 한다. 공공신학자들은 소통 가능하고, 수용 가능한 방식들을 찾으면서 기독교 신념과 실천이 공적 삶과 공공선 추구에 어떤 영향을 미칠 수 있는지를 고민해야 한다." - 헤롤드 브라이덴버그[13]

"공공신학은 온 세상의 삶에 대한 하나님의 통치를 증언하기 원하는 사람들의 공동체에 구현된 신학, 즉 교회적 신학이다. - 이승구[14]

---

11 William Temple, *Christianity and the Social Order* (Harmondsworth: Penguin, 1942), 17-21.
12 위르겐 몰트만, 《세계 속에 있는 하나님》, 곽미숙 역 (서울: 동연, 2009), 10.
13 E. Harold Breitenberg Jr., "To Tell the Truth: Will the Real Public Theology Please Stand Up," *Journal of the Society of Christian Ethics* (2003): 66.
14 이승구, 《광장의 신학》, 41.

그 밖에도 역사 속에서 신학자들의 다양한 언급들이 많이 있지만, 이 정도만으로도 공공신학의 대략적 의미를 파악할 수는 있을 것입니다. 요약하면, 성경적 가치와 하나님의 통치가 모든 영역에 드러나도록 세상과 소통함으로써 복음의 총체성을 회복하려는 신학이라고 할 것입니다.

| 공공신학의 특징 |

독일 개신교 협의회(Evangelische Kirche in Deutschland[EKD]) 의장이며, 루터교회의 리더 중 한 사람인 하인리히 베드포드-슈트롬(Heinrich Bedford-Strohm)은 공공신학의 특징을 다음 여섯 가지로 제시하였습니다.[15]

1. 성경적-신학적 특징

만일 어떤 논의가 공공신학의 다른 특징들을 모두 보여 준다고 하더라도 성경과 신학에 기초하지 않는다면 어떻게 될까요? 그것은 '공공철학', '공공경제학'으로 불릴 수는 있어도 공공신학이라고 할 수는 없을 것입니다. 교회는 항상 공적교회였으며, 교회의 공적 발언은 교회의 사명의 한 중심에 있었습니다. 따라서 공공신학은 신학적 성찰에서 도출되고, 기독교 전통에 뿌리를 두어야 합니다. 그리스도인들은 자신들의 신앙을 진정한 공적 자산으로 여기고 표현하는 것을 두려워할 필요가 없습니다.

---

15   Heinrich Bedford-Strohm, "Engagement für die Demokratie," in *Position beziehen: Perspektiven einer Öffentlilichen Theologie* (MünchenL Claudius Verlag, 2012), 122.

2. 이중언어 능력

공공신학은 신자들만 아니라 비신자들도 알아들을 수 있는 이중언어로 소통되어야 합니다. 그럴 때 그들은 기독교에 대한 편견을 버리고 기독교가 제시하는 가치와 목소리에 관심을 갖게 될 것입니다. 반면에 이 점을 계속 무시하면 신학은 오직 기독교 내부로부터만 지지를 얻고, 세상과 소통하기 어려워질 것입니다. 그러므로 성경적 신학의 언어와 세속적 이성의 언어를 모두 수행할 수 있도록 이중언어 능력을 배양하는 것은 공공신학의 주된 과제입니다.

3. 학제간(interdisciplinary) 연구

공공신학의 전제가 세상의 모든 영역과 모든 학문에서 하나님의 통치를 드러내는 것이라면, 다른 학문에 대한 지식이 필수적으로 수반되어야 할 것입니다. 그렇지 않고서 복음을 세상의 언어로 번역하는 것은 불가능할 것입니다. 모든 진리가 하나님의 진리[16]임을 믿고 주장한다면 성경적 관점에서 다른 학문을 진지하게 연구하려는 적극적이고 겸허한 자세가 필요할 것입니다. 낸시 피어시는 종교가 주관적 감정이나 개인적 취향으로 치부되는 포스트모던 시대에 복음을 전하려면, 모든 학문 가운데 드러난 기독교 진리의 전체적 통일성이 우리 메시지의 핵심을 차지해야 한다고 강조합니다.[17]

---

16 이와 관련해서는 다음의 책을 참조할 수 있습니다. 아더 홈스, 《모든 진리는 하나님의 진리다》, 서원모 역 (서울: 크리스천다이제스트, 1991).
17 낸시 피어시, 《완전한 진리》, 226.

4. 선지자적 역할

구약시대 선지자의 역할은 하나님께 받은 메시지를 백성들에게 전달하는 것이었습니다. 백성들이 듣든지 안 듣든지 하나님이 보내신 사자(messenger, 使者)로서 하나님의 명령과 약속을 상기시킴으로써 예언하고, 경고하고, 훈계하고, 책망하였습니다. 공공신학은 공적 생활에서 일어나고 있는 일에 경고하고, 저항하고, 비판함으로써 선지자적 역할을 수행합니다.[18] 아모스, 이사야, 예레미야가 그러했듯이 공공신학은 부당하고 불의한 정책들을 성경적 가치와 윤리를 따라 안내하고, 교정하려고 노력합니다.

5. 방향성 제시

다원주의 사회는 다양한 의견과 목소리가 존중되는 사회입니다. 그것이 장점으로 작용할 때도 있지만, 오히려 그 때문에 사회가 분열되거나 표류할 위험도 안고 있는 것이 사실입니다. 공공신학은 성경적 신학적 전통에 기초한 지식과 지혜를 통하여 시민사회에 방향성을 제시하고, 공적 영역에서의 토론에 기여할 수 있습니다. 사회 정의, 정치, 경제 문제, 특히 목소리를 낼 수 없는 약자의 권리에 대한 헌신은 사회 전체에 매우 중요합니다. 그러므로 교회의 공개적인 성명은 사회의 나침반 이상이 될 수 있습니다.

---

18 Dirkie Smit, "Does it Matter? On Whether There Is Method in the Madness," in *A Companion to Public Theology*, edited by Sebastian Kim and Kaite Day (Boston: BRILL, 2017), 67–92.

6. 상호 맥락성

한 나라에서 유용했던 공공신학이 다른 나라에서는 적실하지 못할 때가 있습니다. 이유는 지역과 나라에 따라 직면한 문제가 다르고, 문화가 상이하며, 국민들의 정서에 차이가 있기 때문입니다. 그러므로 공공신학은 이러한 국가와 문화와 정서를 존중합니다. 이것을 상호 맥락성이라고 합니다. 유럽, 남미, 아프리카, 아시아 등 한 지역의 공공신학은 다른 지역과 원리는 동일해도 적용점은 얼마든지 다를 수 있습니다. 따라서 서로 존중하고 교류하며, 서로를 교정해 주며 발전할 수 있습니다.[19]

| 공공신학의 주체: 교회 |

여러분은 공공신학의 주체가 누구냐는 질문을 받는다면 가장 먼저 어떤 답변이 떠오르나요? 우리는 1장을 통해 공공신학은 성경이 말하는 복음의 총체성과 하나님 나라를 일상 속에서 드러내는 것을 목적으로 삼는다고 정리하였습니다. 이 점을 고려할 때 공공신학의 주체가 누구인지에 대한 대답은 분명해집니다. 바로 교회입니다. 공공신학을 논의하고 수행하는 주체는 시민단체나, 정치집단이나, 이익단체 등이 아닙니다. 그분들의 수고를 무시하거나 과소평가하려는 것이 아닙니다. 교회가 세상에서 기대하는 공적인 책임과 복음의 총체성을 충실하게 수행하지 않으면, 그 역

---

19 김민석, "하인리히 베드포드–슈트롬이 제시한 공공신학의 특징", 「한국조직신학논총」 63 (2021. 6): 37–75.

할을 수행할 자원(말씀과 성령)을 지니지 못한 세상의 기관들에게 내어주게 됩니다.

교회가 공공신학의 주체라는 명제는 성경의 가르침에 근거합니다. 하나님께서 첫 사람 아담에게 주신 문화명령을 기억하실 것입니다. "생육하고 번성하여 땅에 충만하라, 땅을 정복하라, 바다의 고기와 공중의 새와 땅에 움직이는 모든 생물을 다스리라 하시니라"(창 1:28), 하나님은 그분의 형상을 따라 남자와 여자를 창조하시고, 영광스러운 명령을 위임했습니다. 하나님이 만물의 통치자시므로 친히 다스리시는 것이 마땅합니다. 그런데도, 사람을 대리 통치자(부왕, 副王)로 세우셔서 온 우주를 다스릴 수 있는 자격과 권한과 능력을 부여하셨습니다. 안타깝게도 아담의 불순종으로 문화명령은 좌절되었습니다. 그러나 감사하게도 예수님의 구속 사건을 통해 주님의 몸된 교회는 다시금 문화명령을 수행할 수 있게 되었습니다(롬 5:19). 바울이 이 위대한 영광을 다음과 같이 노래합니다.

"교회는 그의 몸이니 만물 안에서 만물을 충만하게 하시는 이의 충만함이니라"(엡 1:23).

교회는 벽돌로 지은 건물이 아니라 예수님을 주로 고백하는 여러분입니다(고전 3:16). 인류 역사상 최초의 교회라고 할 수 있는 아담과 하와로 구성된 에덴동산의 교회는 문화명령에 실패했습니다. 하지만 마지막 아담으로 오신 예수님 안에서 교회는 깨어진 세상을 다시 충만하게 하는 영광스러운 도구로 부름 받은 것입니다.

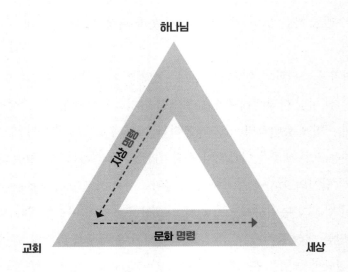

우리 죄를 위해 죽으시고 부활하신 예수님은 승천하시기 전에 제자들에게 지상명령을 주셨습니다. 모든 민족으로 제자를 삼으라는 것이지요 (마 28:18-20). 그렇다면 창세기의 문화명령과 복음서의 지상명령은 어떤 관계가 있는 것일까요? 지상명령은 죄로 인하여 문화명령을 수행할 수 없는 죄인에게 복음을 전해서 예수님과 한 몸이 되게 합니다. 예수님과 연합된 신자는 '칭의'와 '성화'라는 두 가지 선물을 받습니다. 교회는 말씀으로 이들을 가르쳐 그리스도의 온전한 제자로 세웁니다. 바로 세상을 향하여, 가정과 일터에서 문화명령을 담대히 순종하는 제자입니다. 에베소서에서는 이 제자를 온전한 사람으로 묘사합니다.

"우리가 다 하나님의 아들을 믿는 것과 아는 일에 하나가 되어 온전한 사람을 이루어 그리스도의 장성한 분량이 충만한 데까지 이르리니"(엡 4:13).

온전한 사람은 아는 것과 믿는 것이 분리된 이원론적인 삶을 살지 않습니다. 아는 것과 믿는 것, 지식과 신앙, 일상과 예배당, 주중과 주일이 통합된 삶을 살아야 온전한 사람이며, 교회는 그리스도를 닮아가는 온전한 사람을 세상으로 배출하기 위해 해산하는 수고를 감당합니다(갈 4:19). 온전한 사람은 자기만 아는 이기적인 사람이 아닙니다. 말 따로 행동 따로인 이중적인 사람이 아닙니다. 가정과 직장은 내팽개치고 교회 봉사에만 매달리는 절름발이 신자가 아닙니다. 부활하신 예수님을 만나고 눈에서 비늘이 벗겨진 바울처럼 예수님 안에서 거듭나 성경적 가치관으로 세상을 보는 진짜 그리스도인입니다. 지금까지 육신의 정욕, 안목의 정욕, 이생의 자랑을 추구했을지라도, 그는 이제 삶의 목적과 동기와 자세와 우선순위가 바뀌었습니다. 바로 삶의 주인이 자기 자신에서 예수님으로 바뀌었기 때문이지요. 공공신학을 수행하는 주체는 이 온전한 그리스도인인 여러분과 저이며, 곧 교회입니다.

예수님은 우리가 세상에 속하지 않았다고(not of the world) 말합니다(요 17:16). 그러나 우리를 세상에 보내셨다고(sent into the world) 말합니다(요 17:18). 우리의 소속은 천국의 시민권자입니다(빌 3:20). 그러나 우리의 거주지는 불법과 무질서로 망가지고 혐오와 차별로 신음하는 이 세상입니다. 주님은 이 세상에서 빛과 소금으로 문화명령을 수행하는 온전한 제자로 살도록 부르셨습니다. 우리는 교회에서 예배하며 말씀을 통해 세상의 일그러진 모습을 볼 수 있는 안경을 끼게 됩니다. 찬송과 기도를 통해 그것을 실천하는 성령의 능력을 덧입습니다. 성도의 교제를 통해 하나님 나라를 이 땅에서 제한적이나마 맛봅니다. 구제와 섬김을 통해 천국 백성의 삶을 연습합니다. 전쟁과 가난, 낙태와 폭력, 학대와 소외, 홍수와 가뭄 등 순례길에 마주하는 숱한 현안을 끌어안고 기도합니다. 논의하며 돌봅니다. 공공신학의 주체는 교회입니다.

> "교회는 그의 몸이니 만물 안에서 만물을 충만하게 하시는 이의 충만함이니라"(엡 1:23).

| 공공신학의 자세 |

자녀를 키우는 부모라면 도무지 말을 듣지 않는 자녀에게 못해도 한 번쯤은 호통치고 윽박질러본 경험이 있을 겁니다. 물론 저도 예외는 아닙니다. 자녀는 부모가 자신을 사랑해서 하는 말인 줄을 압니다. 부모의 말이 하나부터 열까지 다 맞다는 것도 압니다. 그런데 자녀는 듣기가 싫습니다. 부모의 말대로 하기도 싫습니다. 왜 그럴까요? 아무리 맞는 말도 태도가 틀리면 더 이상 귀에 들어오지 않는 법이지요. 우리 역시 부모나 직장 상사와의 관계를 통해 익히 알고 있지 않습니까? 아무리 옳은 말도 비난의 어조, 남과 비교하는 말투, 본인은 안 하면서 지시하는 태도는 상대의 마음을 닫게 합니다. 교회가 주체가 되는 공공신학의 자세도 마찬가지입니다.

첫째, 기독교적 증거가 되어야 합니다. 사회 문제에 대한 비판과 대안을 중시하다가 기독교의 독특한 목소리를 상실해서는 곤란합니다. 공공신학의 출발점이 복음의 총체성이라는 성경의 가르침에 뿌리내리고 있기 때문입니다. 복잡하고 말이 많은 이 세상에 또 하나의 비슷한 목소리만을 더하는 것이라면 굳이 교회가 해야 할 이유가 없는 것이지요. 이 세상이 필요로 하는 것은 당면한 문제에 대한 기독교적 목소리이기 때문입니다.[20] 복음의 총체성과 공공성에서 출발한 공공신학이 복음은 빠진 채 사회 참여와 개혁에만 무게중심을 두어서는 안 됩니다. 대중들을 상대로 논의하다가 보편구원론에 빠지거나, 기독교의 핵심인 예수 그리스도를 통해서만 구원에 이를 수 있다는 진리(요 14:6, 행 4:12)를 양보하여 종교 다원주의에 빠지지 않도록 경계해야 합니다.

둘째, 끊임없이 비신자의 언어로 소통하기를 힘써야 합니다. 공공신학은 교회 안에서만 말하는 것이 아니라 교회 밖의 청중들을 향해서도 말해야 할 책임이 있기 때문입니다. 완전한 하나님이신 예수님은 죄인 된 우리와 소통하기 위해 어떻게 하셨습니까? 자기를 비워 종의 형체를 가져 사람의 모습으로 오셨습니다(빌 2:6-8). 인간의 이성으로는 상상할 수도 없는 자기를 낮추신 성육신의 비밀입니다. 필라델피아 웨스트민스터 신학교의 조직신학자 레인 팁튼(Lane Tipton)은 학생들에게 구원론을 가르치며 이렇게 말했습니다.

"여러분이 신학을 공부하면서 어려운 개념에 봉착한다면, 비신자의 관점에서 생각해 보시길 바랍니다. 이것을 기독교를 전혀 모르는 비신자에게 어떻게 설명할

까? 그럴 때 여러분이 설교하는 복음은 더욱 분명해지고 이해하기 쉬워질 것입니다."

얼마나 감동적이고 명쾌한 조언인지 모르겠습니다. 어떤 이슈가 있다면 먼저는 교회 안에서 합의된 의견을 도출하는 것이 필요합니다. 그다음에 합의된 의견을 비신자의 언어로 전달하려는 수고가 뒤따라야 합니다.

셋째, 이웃을 향한 자기 부인과 겸손의 자세입니다. 한국 교회의 공공신학이 한국 사회에 진정한 영향을 끼치려면 어떻게 해야 할까요? 먼저 한국 교회가 자기를 부인하는 겸손한 모습을 세상에 보여야 합니다. 하나님을 욕되게 하고, 세상의 지탄을 받은 행동에 대하여 중심으로부터의 회개가 선행되어야 합니다. "나는 괜찮아, 우리 교회는 괜찮아"라고 할 수 없습니다. 예수님을 주로 고백하는 세계의 모든 교회는 우주적 보편교회이자 공교회로 한 몸이기 때문입니다. 지체의 아픔과 허물을 내 것으로 끌어안고 주의 긍휼을 구해야 합니다(대하 7:14). 이기적이고 이중적인 삶을 회개하고 손해를 자처하는 사회적 제자도를 실천해야 합니다. 서로 물고 뜯고 싸웠던 삶을 청산하고 진리 안에서 사랑으로 나아가야 합니다. 지체의 아픔과 허물을 내 것으로 여기며 겸손으로 허리를 동여야 합니다. 그럴 때 세상은 교회의 목소리에 귀를 기울일 것입니다. 그럴 때 세상은 혼탁한 세상에서 거룩을, 혼란한 세상에서 진리를, 비참한 세상에서 소망을 교회에서 찾게 될 것입니다.

넷째, 하나님의 주권을 인정하는 겸허한 자세입니다. 사회와 문화의 변혁을 지향하는 공공신학은 자칫 인간의 능력으로 하나님 나라를 건설할 수 있다는 착각에 빠질 위험이 있습니다. 그러므로 공공신학을 수행할 때 그 인식이나 마음가짐이나 태도에 있어서 인본주의나 신인협력주의[21]를 늘 경계해야 합니다. 제임스 스미스(James K. A. Smith)는 하나님 나라 공공신학의 3부작에서 최종판의 제목을 《왕을 기다리며》(Awaiting the King)로 달았습니다. 그 의미는 무엇일까요? 네, 여러분의 짐작대로 하나님 나라는 우리가 만들거나 앞당길 수 있는 것이 아니라는 것입니다. 우리는 주어진 상황 속에서 순종하고 충성하며 하나님 나라를 완성하실 다시 오실 왕을 기다릴 수 있어야 합니다.[22] 우리의 열정과 다짐으로 하나님 나라를 세우고, 하나님의 시간표를 앞당기려는 접근은 인본주의적인 교만과 다르지 않음을 명심해야 합니다.

---

21 '신인협력설'이란 구원이 하나님 은혜와 인간 순종의 협력으로 이루어진다는 주장입니다. 종교개혁자 루터와 칼빈은 "전적으로 부패한 인간은 오직 하나님의 은혜로만 구원받았다"고 천명함으로써 '신인협력설'을 거부하였습니다.
22 제임스 스미스, 《왕을 기다리며》, 박세혁 역 (서울: IVP, 2019), 20.

**토의
질문**

1. 자신의 말로 공공신학을 한 문장으로 말해 봅시다.

2. 성경에 나타난 공공신학의 근거나 예시를 한 가지 이상 얘기해 봅시다.

3. 공공신학의 주체는 누구인가요? 이것을 인식하는 것이 그리스도인으로서 나의 삶
   에 어떤 관점과 태도의 변화를 가져옵니까?

일상 속
**공공
신학**

장애인 이동권 보장

2022년 4월 양천향교역에서는 전동 휠체어를 탄 50대 남성 장애인이 에스컬레이터를 타고 가다가 휠체어가 뒤로 넘어져 사망하는 사고가 발생했습니다. 에스컬레이터에는 휠체어를 막는 차단봉이 설치되어 있지 않았습니다. 이 사건 이후로, 서울 메트로는 9호선에 차단봉을 설치하였습니다. 안타깝게도 이와 유사한 사고가 2002년 이후로 20여 년간 수차례 있었다는 것입니다.

1. 장애인들의 불편을 가까이서 공감한 적이 있습니까? 언제였고, 어떤 생각과 느낌을 갖게 되었는지 얘기해 봅시다.

2. 오랫동안 장애인 사역을 섬겨온 목사님은 "장애인에게 필요한 것은 돌봄이 아니라 자립이다"라고 강조합니다. 이 말에 담긴 의미가 무엇일지 서로의 생각을 나눠 봅시다.

3. 장애인 이동권 보장을 위해 정부 차원의 시설 확충이 절실해 보입니다. 그 밖에 여러분 개인이 생활 속에서 실천할 수 있는 방안에는 무엇이 있는지 말해 봅시다.

4. 한국은 인구의 약 20%가 기독교인인데 비해 장애인은 고작 9%만이 기독교인이라고 합니다. 장애인 신자가 비장애인 신자의 절반밖에 되지 않는 것은 장애인에 대한 한국 교회의 관심이 얼마나 빈약한가를 드러낸다고 할 수 있습니다. 교회의 크기나 역량에 따라 수행할 장애인 사역은 다르겠지만 우리 목장, 우리 청년부에서 시작할 수 있는 것은 무엇이 있을까요?

Chapter 3

인물로 본
공공신학

3. 인물로 본 공공신학

공공이는 대학 때, 열심히 선교단체 활동에 참여했습니다. 월요일부터 금요일까지 매일 아침 8시 큐티 모임, 월요일 저녁 리더 훈련, 화요일 저녁 캠퍼스 모임, 목요일 저녁 지역 연합채플, 거기에 출석하는 교회의 수요예배와 금요철야, 토요일은 축구전도팀까지! 기계공학이 전공이었지만 공공이의 전공은 선교단체가 되어 버린 듯했습니다. 일꾼이 부족한 탓도 있었지만 얼마나 열심이었는지 캠퍼스 대표를 2년이나 섬긴 속칭 '교회 오빠'였습니다. 한창 예민한 사춘기에 부모님이 이혼을 하셔서 충분한 인정

과 사랑을 받지 못한 채 자라왔습니다. 그런 그에게 CCC는 자신을 알아주고 인정해 준 어쩌면 유일한 공동체였습니다. 임원으로 섬기면서 멤버들의 칭찬과 지지가 싫지만은 않았습니다. 졸업반이 되자 진로에 대한 고민으로 공학관 앞 벤치에서 얘기를 나눌 기회가 있었습니다.

"간사님, 저 여쭤볼 게 있는데요….."
"뭔데?"

저는 몸을 공공이에게로 향하면서 뭐든 괜찮다는 인상을 주려고 고개를 끄덕이며 녀석의 눈을 응시했습니다.

"저도 CCC 간사님하면 안 될까요?"

공공이의 열심과 충성도를 볼 때, 전혀 예상하지 못했던 질문은 아니었습니다. 캠퍼스에 일꾼이 절실했고, 객관적으로 성품이나 신앙도 부족한 편은 아니었습니다. 하지만 저는 성경을 통해 제가 배웠고 또 믿고 있는 바, 가장 중요하다고 여기는 공공이의 소명에 대해 여러 가지로 물어보며 이렇게 얘기해 주었습니다.

"공공아, 네가 간사님처럼 전임사역자의 길을 진지하게 생각하고 있다는 것이 고맙기도 하고 기특하구나. 모든 진로가 그렇겠지만 이 삶은 소명의 확신이 매우 중요하단다. 그것이 없다면 100% 후원을 받으며 이 삶을 지속하기가 쉽지 않

아. 네가 리더십도 있고, 성품도 원만하고, 열정도 있는 거 안다. 그러나 이 공동체에 계속 있고 싶은 가장 큰 이유가 여기 사람들이 좋고 그들의 인정과 지지 때문만이라면 좀 더 시간을 두고 생각해 보면 좋겠구나."

예수님은 하나님 나라를 선포하셨고 지상명령을 분부하셨지만 모든 사람이 똑같은 소명으로 그 일에 동참하도록 부르시지는 않았습니다. 목사, 선교사, 엔지니어, 간호사, 선생님, 정치인 등 다양한 소명을 통해 그분의 나라를 이루어 가기를 기뻐하십니다. 공공이의 상황과 약간 결은 다르지만, 저는 윌리엄 윌버포스의 이야기를 들려주었습니다.

| 영국, 윌리엄 윌버포스 "노예제도 폐지" |

다음의 짤막한 글이 누구에 대한 소개인지 한 번 맞춰보기 바랍니다.

1759년 그가 태어난 세상과 1833년 그가 떠난 세상은 납과 금의 차이만큼이나 달랐다. 21세의 나이로 역사상 최연소 하원의원이 되었고, 그 후 41년간 국회의원으로 일한 정치가였다. 일평생 노예제도 폐지를 위해 싸운 그는 사회적 지진을 주도하여 대륙들을 재배치했다. 그가 영국에 붙인 불은 대서양을 건너 아메리카까지 순식간에 휩쓸었고, 이 나라를 근본적으로 그리고 영원히 바꾸어 놓았다. 그는 역사의 시초부터 인류를 쥐고 흔든, 세상을 보는 방식을 깨뜨려 버렸다. 그리고 다른 방식을 가져다 놓았다. 노예제도는 필요악이라는 생각도 그가

깨뜨린 사고방식 가운데 하나였다.[1]

생각해 봤나요? 바로 영국의 위대한 그리스도인 정치가이자 노예무역 폐지자인 윌리엄 윌버포스(William Wilberforce, 1759-1833)입니다. 뉴욕 타임스와 워싱턴 포스트 칼럼니스트이자 윌버포스의 전기를 쓴 에릭 메택시스(Eric Metaxas)의 글을 인용한 것입니다. 그는 영국의 부유한 상인이자 명문 귀족 가문에서 태어난 '금수저'였습니다. 그런 그가 어떻게 대영제국에 불을 지피고, 정치계에 지진을 주도하고, 대륙을 재배치하는 인물이 되었을까요? 그의 인생에 어떤 일이 벌어진 것일까요?

성장

윌리엄 윌버포스는 1759년, 영국 요크셔의 킹스톤 어폰 헐에서 태어났습니다. 할아버지인 윌리엄은 무역으로 부자가 된 다음, 헐 시장(市長)을 두 번 역임했습니다. 아버지인 로버트 역시 부유한 상인이었습니다. '부잣집 도련님'으로 자라며 별다른 고생을 겪지 않았지요. 9살에 아버지를 여의자 큰아버지 밑에서 자랐고, 큰아버지의 막대한 유산까지 상속받게 됩니다.

윌버포스의 성장기는 부잣집 도련님다운 모습에서 크게 벗어나지 않습니다. 술과 도박을 비롯한 유흥에 빠졌고, 1776년에 케임브리지 대학교의 세인트존스 칼리지에 입학했으나 공부에 열심이지 않았습니다. 하지만 거기서 장차 영국 최연소 수상이 될 윌리엄 피트(William Pitt)를 비롯한 인재

---

1   에릭 메택시스, 《어메이징 그레이스》, 김은홍 역 (서울: 국제제자훈련원, 2008), 22, 25.

들을 친구로 사귑니다. 씀씀이가 헤프고 방탕한 편이었지만 비열하거나 잔인하지는 않았습니다. 언변이 뛰어났기에 주변에는 늘 사람이 끊이지 않았습니다. 그래서 졸업할 무렵 정치가가 되기로 마음먹습니다.

큰아버지는 그에게 막대한 재산을 남겨 주었을 뿐 아니라, 그의 영혼에 또 다른 유산을 새겨 둡니다. 그것은 바로 '복음주의' 신앙이었지요. 감리교의 창시자인 존 웨슬리(John Wesley, 1703-1791)가 주도한 18세기 복음주의는 영국 국교도들의 눈에 광신도로 비쳐졌습니다. 그래서 너무 엄격한 규칙에 얽매이는 사람들이라는 뜻의 '메소디스트'(methodist)[2]라고 불렸답니다. 윌버포스의 할아버지도 손자가 그런 이상한 신앙에 물들까 봐 큰아버지 집에서 다시 데려오며 "앞으로 복음주의자와 상종했다가는 재산을 한 푼도 물려주지 않겠다"라고 으름장을 놓습니다. 윌버포스는 큰아버지 집에서 접한 복음주의를 잊어버렸지만, 그의 마음속에는 꺼지지 않은 불씨처럼 숨어서 언젠가 불길로 타오를 때를 기다리고 있었습니다.[3]

1780년, 윌버포스는 21세로 헐의 하원의원에 당선됩니다. 당시의 관행대로 매표 행위가 개입된 선거였으며, 아직 뚜렷한 정치의식이 없던 윌버포스는 당선된 후에도 흥청대는 생활을 지속합니다. 그의 친구 피트는 그보다 한 해 늦게 하원의원이 되더니 이듬해에는 재무장관, 다시 한 해 뒤에는 수상의 자리에 오릅니다. 이렇게 든든한 '배경'이 일찌감치 생기고 천부적인 웅변 실력으로 정가에서 호평을 받고 있었기에 정치인으로서

---

2   감리교도를 '메소디스트'(methodist)라고 부르게 된 것은 이러한 배경에서 유래한 것입니다.
3   함규진, "윌리엄 윌버포스, 노예제 폐지와 도덕성 회복 운동에 헌신한 영국의 정치가", 네이버 지식백과 인물세계사.

윌버포스의 앞날도 탄탄대로처럼 보였습니다.

회심

그러나 1784년, 윌버포스는 인생을 뒤바꿔 놓을 위대한 회심을 경험하게 됩니다. 친한 선배였던 아이작 밀너(Issac Milner)와 유럽 대륙을 여행하던 중, 종교 토론을 하다가 신앙에 대해 진지하게 돌아보게 됩니다. 결정적으로 사촌 누이가 갖고 있던 필립 도드리지(Philip Doddridge)의 《영혼에 있어서 종교의 성장과 진보》를 읽고는 자신의 방탕했던 생활을 깊이 뉘우치며, '참된 그리스도인'으로 살기로 결심합니다.

> 내가 진지하게 돌이켜 보자마자, 나의 지나간 삶에서 범한 죄와 완전한 배은망덕이 마음속에 아주 강한 빛으로 짓눌러 왔다. 그래서 나는 귀중한 시간과 기회와 재능을 낭비해 버린 것에 대해 나 자신을 정죄했다. … 내게 영향을 준 것은 징벌에 대한 두려움이 아니었다. 나의 구원자이신 하나님의 말로 다할 수 없는 자비를 내가 그렇게 오랫동안 무시해 온 것에 대한 커다란 죄의식이었다. … 나는 슬픔에 잠겼다. 지난 수개월 동안 내가 겪었던 고통보다 더한 고통을 겪은 사람은 아무도 없다고 확신한다.[4]

마침내 윌버포스는 정치를 그만두고 정계를 떠나 주님의 종이 되어야 할지 깊이 고민하게 됩니다. 그의 일기에는 그가 여러 달을 고민하며 내면

---

4 가트 린, 《부패한 사회를 개혁한 영국의 양심, 윌버포스》, 송준인 역 (서울: 두란노, 2001), 74.

의 투쟁이 얼마나 격렬했는지 고스란히 나타나 있습니다. 수천 번을 고민하다가 그는 당시 세인트메리 울노드 교구를 담당하는 존 뉴턴(John Newton) 목사님(우리에게 익숙한 찬송가 305장 "나 같은 죄인 살리신"의 작사자입니다)을 찾아갑니다. 그때 뉴턴 목사님의 조언이 영국의 노예제도 폐지에 앞장선 윌버포스를 있게 했다고 해도 과언이 아닐 것입니다. 그가 회심한 것도, 새로운 소명을 받은 것도 만남을 통해서 이루어졌습니다. 하나님은 언제나 진공 상태에서 일하시는 것이 아니라 사람을 통해, 만남을 통해 일하시는 것을 봅니다.

뉴턴 목사님은 "주님께서는 당신을 주님의 교회의 유익을 위해서, 그리고 국가의 유익을 위해서 길러 주셨습니다"라고 대답해 주었습니다. 윌버포스에게 하나님이 은사로 주신 정치인의 신분을 그대로 유지하며 교회와 국가의 유익을 위해, 하나님의 영광을 위해 살라고 권면한 것입니다. 이러한 조언은 윌버포스에게 사적인 삶과 공적인 삶, 그리고 개인적 성결과 세계를 위한 헌신 사이에서 성숙한 균형을 갖게 해 주었습니다. 이는 성경이 가르치는 기독교의 핵심이지만, 매우 신실한 신자들에 의해 자주 무시되기도 합니다.[5]

회심 후 성경은 윌버포스가 가장 좋아하는 책이 되었습니다. 성경을 통해 당시 사회를 바라볼수록 영국 지도자들에게 새로운 도덕적 바람을 불러일으키기 위해 투쟁해야겠다는 그의 마음은 뜨거워졌습니다. 그는 참된 그리스도인이란 단지 교회에서만 그리스도인이 될 것이 아니라 일상

---

5 가트 린, 《부패한 사회를 개혁한 영국의 양심, 윌버포스》, 80.

에서도 그리스도인답게 행동해야 한다고 생각했습니다. 경건하게 살고 복음을 널리 전파하는 일 외에도 도덕 질서를 지키고 다른 이의 모범이 되며, 나아가 사회를 더 깨끗하게 만드는 일에 앞장서는 일도 포함된다고 믿었습니다. 윌버포스는 정치를 통해 그런 과업을 성취하는 것이 자신에게 주어진 사명이라고 확신하였습니다. 이때 그는 인생 전체에 걸친 두 가지 결심을 하게 됩니다.

1787년 10월 28일, 윌버포스는 점점 깊어져 가는 자신의 헌신을 일기에 이렇게 요약해 놓았습니다. "전능하신 하나님께서 내 앞에 두 가지 커다란 목표를 두셨다. 하나는 노예무역을 근절하는 것이고, 다른 하나는 관습을 개혁하는 것이다."[6] 물론 이 두 가지는 밀접한 관련이 있습니다. 영국인들이 매우 소중히 여기는 노예무역을 근절하는 것은 지도자들과 백성들의 깊은 도덕적 개혁을 가져올 것이고, 또한 노예무역 폐지와 같은 비이기적인 전투만이 하나님과 세상 앞에 그러한 도덕적 개혁이 참된 것임을 입증할 수 있기 때문입니다. 윌버포스는 이 두 운동을 동시에 수행하기로 결심하고 실행에 옮깁니다.

노예무역의 폐지를 위해 싸우다 - 복음의 공공성 실천

영국은 17세기부터 노예무역을 본격화했으며, 18세기에는 세계 최대의 노예무역국이었습니다. 1770년의 통계에 따르면 아프리카에서 끌려와 유럽 식민지로 팔려가는 노예의 절반 가량을 영국 노예선이 실어 날랐

---

6   가트 린, 《부패한 사회를 개혁한 영국의 양심, 윌버포스》, 92.

을 정도였습니다.[7] 당시 영국의 주요 항구 도시들은 노예무역으로 먹고 산다고 해도 지나치지 않았고, 연간 수천 명의 선원 일자리와 수백 척의 선박 건조 및 유지 수요를 창출함으로써 영국 경제에 중요한 비중을 차지했습니다. 노예무역상과 농장주들은 벌어들인 돈으로 직접 하원의원 자리를 얻거나 하원의원을 매수하는 일도 다반사였습니다. 그래서 당시 영국에서 노예무역을 폐지하자는 말은 오늘날 한국에서 자동차 산업을 폐지하자는 말이나 다름없을 만큼 어처구니가 없게 들렸습니다. 그러나 누가 봐도 이것은 더러운 장사였습니다. 아프리카에서 '사냥'당한 노예들은 좁은 선실에 짐짝처럼 던져져 화장실도 가지 못한 채로 쇠사슬에 묶여 대양을 횡단해야 했으며, 그 과정에서 죽기도 하였습니다. 살아난 나머지는 벌거벗은 채로 경매에 붙여지고, 주인이 정해지면 가족과 헤어져 뿔뿔이 농장으로 끌려갔습니다. '훈련'이라는 이름의 매질과 성폭행과 가혹행위 속에 평생을 짐승처럼 살아야 했습니다. 아이러니하게도 프랑스 대혁명과 미국 독립혁명을 전후하여, 인간은 누구나 평등한 인권을 갖고 태어났다는 계몽주의가 풍미하던 시대에 노예무역이 벌어진 것입니다.

그 무렵 노예무역 폐지에 박차를 가하는 끔찍한 사건이 일어났습니다. 1783년 자메이카로 향하는 노예선 종(Zong) 호에서 일어난 노예 학살 사건입니다. 출항할 당시 종 호에는 442명의 노예와 17명의 선원이 탔습니다. 과밀한 인원과 영양실조 및 질병으로 인해 62명의 노예가 이미 사망한 상태였습니다. 선원들은 보험상의 문제로 노예를 학살하기로 결정합니

---

7 함규진, "윌리엄 윌버포스, 노예제 폐지와 도덕성 회복 운동에 헌신한 영국의 정치가", 네이버 지식백과 인물세계사.

다. 당시 보험 조건은 선상에서 노예가 '자연사'(自然死)할 경우 손실은 선주의 책임으로 보험금을 지급하지 않도록 되어 있었지만, '화물'이 바다에 빠질 경우엔 해당 손실을 선주와 보험사가 공동으로 부담하는 '공동 해손'으로 처리하도록 되어 있었기 때문입니다. 먼저 54명의 여성과 아동이 갑판에서 바다로 던져졌습니다. 사흘 후 42명의 남성이 바다에 던져졌고, 그 후 며칠간 36명이 더 내던져졌습니다. 노예 가운데 10명은 선원들의 비인도적 처사에 항의하며 스스로 바다에 몸을 던졌습니다. 1781년 12월 22일 종 호가 자메이카에 도착할 때, 배에는 아프리카를 출발할 때의 절반도 안 되는 숫자인 208명의 노예만 남았습니다.[8]

윌버포스는 노예선 선장이 '잔인함이나 부당하다는 생각 없이' 마음대로 원하는 만큼 노예들을 바다에 던져 버릴 수 있다고 여길 만큼 노예들을 화물처럼 다룬 이 사건에 대해 다음과 같이 연설하였습니다.

저는 아무도 비난할 생각이 없습니다. 다만 이 끔찍한 노예무역이 의회의 권위 아래서 시행되도록 방치했다는 점에 대해서 영국의 전 의회와 더불어 저 자신을 참으로 수치스럽게 생각하고 있습니다. 우리는 모두가 다 죄인입니다. 우리 모

---

8   위키백과, "1781년 종(Zong)호 학살사건", https://wwg1950.tistory.com/11934.

두는 유죄를 인정해야만 합니다. 다른 사람들에게 죄를 뒤집어씌우고 우리 자신

들만 무죄를 주장해서는 안 됩니다.[9]

노예무역 폐지에 대한 반대는 격렬했고, 싸움은 치열했습니다. 그만큼 그 길은 험난하기 짝이 없었습니다. 다행히도 윌버포스를 지지하는 다양한 사람들이 세력을 규합했습니다. 그중에는 수상을 비롯한 정치가들뿐 아니라 요크셔의 선거구민들, 성직자, 선교사, 작가, 은행원, 아프리카인들, 구호금 수혜자들과 청원자들이 뒤섞여서 주가 누구인지 모를 지경이었습니다. 이들은 '클래펌 파'(Clapham Sect)라는 이름으로 윌버포스의 든든한 동역자요 지원군이 되었습니다. 혼자서는 결코 감당할 수 없었던 길고 지난한 싸움을 동역자들 덕분에 포기하지 않고 완주할 수 있었던 것입니다.

노예무역 폐지 - 하나님의 정의 실현

여러분, 여리고 성이 몇 일째에 무너졌는지 기억하십니까? 일곱째 날, 그것도 성을 일곱 바퀴 돈 후에 나팔소리와 함성과 함께 무너져 내렸습니다. 분명 옳은 일이고 하나님의 뜻이지만 당장에 결과가 나타나지 않을 수 있습니다. 윌버포스의 싸움도 그러했습니다. 반대에 부딪힐수록 클래펌 파는 더욱 증거를 모으고 법안을 다듬었습니다. 1791년에 다시 폐지법안을 냈으나 역시 부결되었고, 1792년에는 한걸음 물러나서 "즉각 폐지 대신 점진적 폐지를 지향"한다고 내세운 덕에 하원에서 통과를 이뤄 냈으나

---

9   가트 린, 《부패한 사회를 개혁한 영국의 양심, 윌버포스》, 99.

이듬해에 프랑스와 전쟁이 벌어지는 바람에 유야무야되고 말았습니다. 이후 1805년까지 노예무역 폐지법안은 무려 11번이나 좌절을 겪었습니다. 윌버포스와 그 동지들에 대한 비난과 위협도 그치지 않았습니다. 윌버포스는 몇 차례나 생명의 위협을 받았고, 그의 부인이 의회에서 모욕을 당하는 일도 있었습니다. 그의 건강도 오랜 투쟁 끝에 점점 나빠져서 척추가 휘고 만성 위장병과 폐에 지속적으로 물이 차는 등 늘 고통에 시달려야 했습니다.

그러나 윌버포스는 굴하지 않았습니다. 오히려 실의에 빠진 동료들을 격려하며 끈질기게 폐지 운동을 이어 나갔습니다. 20년 가까이 폐지 운동을 벌이다 보니 처음에는 무관심하던 여론도 차차 그들의 대의에 귀를 기울이게 되었습니다. 마침내 1807년 2월 23일, 노예무역 폐지법안이 통과됩니다. 실로 오랜 투쟁 끝의 결실이었으나 윌버포스는 만족하지 않았습니다. 애초에 목표로 삼았던 노예제 자체의 완전 폐지가 남아 있었기 때문이지요. 그의 건강은 이미 망가질 대로 망가져서 할 수 없이 1825년에 의원직을 사퇴하고 뒤에서 동지들을 돕는 역할에 힘썼습니다. 결국 1833년 7월 26일, 윌버포스가 하나님 앞에서 뜻을 세운 지 56년 만에 영국 국회는 노예제도를 영원히 폐지하는 법안을 통과시켰습니다. 그리고 사흘 후, 윌버포스는 "나로 하여금 영국이 노예제도를 통해 얻는 2천만 스털링의 돈을 포기하는 날을 목도하고 죽게 하시니 하나님께 감사할 뿐이다"라는 유언을 남기고 눈을 감았습니다.[10]

---

10 가트 린, 《부패한 사회를 개혁한 영국의 양심, 윌버포스》, 15.

윌버포스의 공공신학적 시사점

평생에 걸친 윌버포스의 노예무역 폐지를 위한 투쟁을 읽으며 어떤 생각이 들었나요? 여러 가지 교훈과 우리 시대에 적용할 수 있는 시사점을 발견할 수 있었을 것입니다. 첫째, 노예무역 폐지를 위한 그의 헌신은 성

경적 가치를 공공 영역에 드러내려는 담대한 시도였습니다. 윌버포스에게 철저하게 반대했던 많은 사람 가운데 멜버른 경이 있었습니다. 그는 윌버포스가 영국 사회의 노예제도와 인간 평등에 관하여 이야기하면서 기독교적 가치를 감히 끌어들였다고 격분했습니다. 그는 다음과 같은 유명한 말을 남겼습니다. "개인의 종교가 공공 생

활에 침투되는 난처한 상황이 되어 버렸다."[11] 물론 '난처한 상황'이긴 할 것입니다. 노예무역을 통해 많은 돈을 긁어모은 노예무역상과 농장주, 그들을 지지기반으로 호령하던 귀족들에게는 분명 난처한 상황입니다.

그러나 하나님은 우리가 하나님 외에 의지하는 우리의 모든 환경을 흔드십니다. 그래서 하나님만 의지하도록 만드십니다. 하나님의 통치가 구현되는 질서로 개편하십니다. "'내가 한 번 더, 땅뿐만 아니라 하늘까지도 흔들겠다'하셨습니다. 이 '한 번 더'라는 말은 흔들리는 것들 곧 피조물들을 없애 버리는 것을 뜻합니다. 그렇게 하는 것은 흔들리지 않는 것들이

---

11 에릭 메택시스, 《어메이징 그레이스》, 30.

남아 있게 하시려는 것입니다"(히 12:26, 27, 새번역). 많은 식민지를 거느린 대영제국은 영원히 흔들릴 것 같지 않은 견고한 왕국 같았습니다. 그러나 하나님은 성경을 사랑하고, 그것을 온몸으로 순종하려는 하나님의 사람을 통해 영원히 흔들리지 않는 가치를 공공연하게 드러내신 것입니다.

윌버포스는 부자와 귀족들만의 행복한 세상이 아니라 하나님의 통치가 드러난 세상으로 우리를 안내한 사람이었습니다. 자신이 믿는 "모든 인간은 하나님의 형상으로 평등하다"는 성경적 가치를 자신의 신념에만 가두어 둔 것이 아니라, 공적인 장소인 의회와 정치 연설과 사회 개혁에 적용하고 확산시켰던 것입니다. 이러한 사상은 기독교 복음의 중심에 있었고, 윌버포스 이전의 수도사와 선교사들도 알고 있었지만 자신들의 한정된 영역에서 실천했던 내용입니다. 그러나 당시 사회는 이러한 사상을 사회로서의 가슴에 새기지 않았습니다. 윌버포스가 이것을 바꾸어 놓은 것입니다. 그는 정치가로서 자신이 믿는 바를 사회 그 자체에, 곧 공공의 영역에 연결하고자 독특한 소명을 다했습니다. 그래서 윌버포스는 신앙과 문화(공공의 영역)의 결혼식에 주례를 선 사람이라고도 불립니다.[12]

둘째, 그의 사회 개혁은 복음적 가치관, 성경적 세계관에 기초한 것이었습니다. "네 이웃을 네 몸과 같이 사랑하라"는 예수님의 명령은 교회를 다니는 사람이라면 대부분이 아는 내용일 것입니다. 그러나 윌버포스 시대의 많은 사람들은 자신들이 부리고 학대하던 노예들을 사랑해야 할 형제와 이웃으로 보지 않았던 것입니다. 성경을 믿는다는 것은 관점의 변화를

---

12 에릭 메택시스, 《어메이징 그레이스》, 24.

수반합니다. 복음을 믿는다는 것은 하나님의 시각으로 이웃과 세상을 바라보는 것입니다. 바울이 다메섹 도상에서 부활하신 예수님을 만난 후 눈에 비늘 같은 것이 벗겨졌습니다. 이전에는 교회의 박해자요 폭행자였으나(딤전 1:13) 이제는 그리스도의 남은 고난을 그의 몸된 교회를 위하여 자신의 육체에 채웁니다(골 1:24). 에릭 메택시스는 윌버포스의 전기에서 윌버포스가 진정으로 싸운 대상은 '그릇된 세계관'이라고 지적합니다.

> 윌버포스가 한 일이 얼마나 중요한지 이해할 수 있으려면, 그가 영원히 제압한 '질병'이 사실 노예무역도 노예제도도 아니라는 점을 알아야 한다. 노예제도는 오늘도 여전히 얼마나 되는지 가늠조차 할 수 없을 정도로 세계 곳곳에 존재한다. 윌버포스가 제압한 것은 노예제도보다 훨씬 더 나쁜 어떤 것이었다. 훨씬 더 근본적이고 또 오늘 우리가 서 있는 곳에서는 거의 알 수 없는 어떤 것이었다. 노예제도는 당연한 것이고 영원히 허용하고 권장해야 할 것이라고 생각하게 만든 바로 그 사고방식(세계관), 윌버포스가 싸워 이긴 것은 바로 이것이었다.[13]

우리가 예수님을 믿었음에도 여전히 이전의 가치관과 우선순위를 따라 살고 있다면 스스로에게 물어보아야 합니다. "나는 진정으로 예수님을 믿는 참된 신자인가?" 하나님께서 온 땅을 선하게 지으셨지만 인간은 범죄하였고, 예수님께서 나뿐 아니라 온 우주를 새롭게 하셨다는 시각이 필요합니다. 죄로 오염된 본성 탓에 우리의 세계관이 왜곡되고 흐릿해질 수 있

---

13   에릭 메택시스, 《어메이징 그레이스》, 22.

습니다. 그때마다 다시금 성경을 안경 삼고 성령을 교사 삼아 자신과 이웃과 세상을 바라볼 때, 우리의 소명은 선명해질 것입니다.

셋째, 그의 공공신학은 말씀에서 안내를 받고 기도에서 동력을 얻었습니다. 회심 사건으로 거듭남을 경험한 후 성경은 그의 가장 사랑하는 책이 되었습니다. 윌버포스가 투쟁했던 상대측 국회의원, 법관, 왕족과 귀족들 가운데에도 그리스도인은 있었습니다. 하지만 그들은 하나님의 말씀을 자신들의 삶의 나침반으로 삼지 않았습니다. 심지어 영국 교회마저도 창세기 9장 25절, 레위기 25장 44-46절을 내세우면서 노예 소유론자의 입장을 지지했고, 흑인 노예들은 함의 후손이므로 그들의 운명에 순응해야 한다고 가르칠 정도였습니다.[14] 하지만 윌버포스는 기도하면서 하나님의 능력과 지혜를 구하며 진정한 하나님의 법이 사회에 실현되도록 온 힘을 쏟았습니다. 체격이 왜소했던 윌버포스는 150회에 달하는 국회 연설을 통해서 불같은 사자후를 토하며 노예무역 폐지를 주장했지만, 그것은 자신의 힘이 아니었습니다.

> 영국이 진정으로 위대한 나라가 되고자 한다면 하나님의 법을 지켜야 합니다. 노예무역은 분명 하나님의 진노를 사는 일입니다. 기독교 국가를 자처하는 영국이 돈에 눈이 멀어 노예제도를 시행하고 있습니다. 이러고도 오래 살아남은 제국은 역사에 없습니다.[15]

---

14 에릭 메택시스, 《어메이징 그레이스》, 10.
15 에릭 메택시스, 《어메이징 그레이스》, 10-11.

우리가 기억해야 할 사실은, 윌버포스는 양심의 자유를 추구한 것이 아니라 성경을 따라 하나님의 의를 추구했다는 것입니다. 기독교 신앙은 그의 신념 체계와 정치적 활동을 뒷받침해 주는 튼실한 기초였습니다. 존 웨슬리는 그의 투쟁이 하나님의 권능과 함께하심으로 가능했다고 격려하며 다음과 같이 편지를 보냈습니다.

친애하는 윌버포스 씨에게

하나님의 권능이 당신을 '세속에 반대하는 아타나시우스'가 되도록 세워 주시지 않는다면, 나는 당신이 이처럼 영광스러운 모험을 실천해 가는 것을 보지 못했을 것입니다. 당신의 모험은 종교계의 추문이요, 영국의 추문이며, 인간 본성의 추문이라고 할 수 있는 그 저주받을 악행에 맞서는 것이라고 할 수 있습니다. 하나님께서 바로 이 일을 위해 당신을 세우지 않으셨다면, 당신은 사람들이나 악마의 반대로 말미암아 소진되고 말았을 것입니다. 하나님께서 당신과 함께 계신다면 누가 당신을 대적할 수 있겠습니까? 그들 모두가 하나님보다 더 강하다고 생각합니까? 아, 선을 행하다가 낙심하지 마십시오. 하나님의 이름으로, 그의 전능하신 능력으로 계속 싸우십시오. 미국의 노예제도까지도, 때가 되면 해 아래서 이루어진 가장 비열한 짓이라 할 수 있는 노예제도가 그 앞에서 사라지고 말 것입니다. 당신을 젊은 시절부터 인도해 오신 하나님께서 이 일을 비롯한 범사에 끊임없이 당신을 강건하게 하시기를 기도드립니다.

당신을 사랑하는 종, 존 웨슬리

(1791년 2월 24일자 편지)[16]

---

16 가트 린, 《부패한 사회를 개혁한 영국의 양심, 윌버포스》, 106.

종종 사회를 개혁하고 문화를 변혁한다는 사람 가운데 하나님의 말씀을 가까이하지 않는 사람이 있습니다. 개혁의 기준을 상실할 위험이 있습니다. 기도의 능력을 사모하기보다 자신의 열정이 앞섭니다. 개혁의 동력을 소진할 위험이 있습니다. 하나님 나라는 인간의 이성과 열심으로 건설하는 유토피아가 아닙니다. 하나님 나라는 성경에 나타내신 그분의 뜻이 이 땅에 이루어지길 간절히 소망하는 기도에서 출발합니다. 그것이 본서에서 일관되게 강조하는 복음의 총체성입니다.

미국, 마틴 루터 킹 "나에겐 꿈이 있습니다"

나에게는 꿈이 있습니다. 언젠가 이 나라가 떨쳐 일어나 진정한 의미의 국가 이념을 실천하리라는 꿈, 즉 모든 인간이 평등하게 태어났다는 것을 자명한 진리로 받아들이는 날이 오리라는 꿈입니다. 나에게는 꿈이 있습니다. 조지아주의 붉은 언덕에서 노예의 후손들과 노예 주인의 후손들이 형제처럼 손을 맞잡고 나란히 앉게 되는 꿈입니다. 나에게는 꿈이 있습니다. 이글거리는 불의와 억압이 존재하는 미시시피주가 자유와 정의의 오아시스로 탈바꿈되리라는 꿈입니다. 나에게는 꿈이 있습니다. 나의 네 명의 자

녀들이 피부색이 아니라 인격에 따라 평가받는 나라에서 살게 되리라는 꿈입니다. 나에게는 꿈이 있습니다. 지금은 지독한 인종 차별주의자들과 주지사가 간섭과 약속 파기를 밥 먹듯 하는 앨라배마주에서도, 흑인 아이들이 백인 아이들과 형제자매처럼 손을 맞잡을 날이 오리라는 꿈입니다. 지금 나에게는 꿈이 있습니다! 모든 계곡이 높이 솟아오르고, 모든 언덕과 산이 낮아지고, 울퉁불퉁한 땅이 평지로 변하고, 구부러진 길이 곧은 길로 바뀌고, 하나님의 영광이 드러나 모든 사람이 주의 영광을 함께 지켜보리라는 꿈입니다.[17]

이 글은 마틴 루터 킹 목사(Martin Luther King, 1929-68)가 1963년 8월 28일 워싱턴 D.C.의 링컨 기념관 앞에서 외친 연설문 중 일부입니다. 이듬해 1964년 의회에서 민권법이 통과되면서 흑인들은 투표권을 획득하게 됩니다. 그리고 그 해에 마틴 루터 킹은 노벨 평화상을 수상하였습니다. 하지만 애석하게도 4년 뒤 1968년 4월 4일에 과격파 백인우월주의자인 제임스 얼 레이(James Earl Ray)가 쏜 총에 암살당하고 맙니다. 그의 나이 향년 39세였습니다. 미국은 킹의 생일 어간인 1월 셋째 월요일을 "마틴 루터 킹 주니어 탄생일"(Martin Luther King, Jr. Day)로 지정하여 그의 정신을 기념합니다. 킹 목사가 떠난 지 40년 후 미국은 첫 흑인 대통령을 선출하였습니다.

---

17   Martin Luther King, Jr, 《나에게는 꿈이 있습니다》, 채규철 · 김태복 역 (서울: 예찬사, 1990), 119-20.

어린 시절 - 인종차별의 아픈 기억

킹은 1929년 미국 남부에 위치한 조지아주 목회자의 가정에서 세 자녀 중 둘째로 태어났습니다. 그의 아버지뿐 아니라 외할아버지와 외증조할 아버지도 침례교 목사였습니다. 노예제도는 이미 1863년 에이브러햄 링 컨(Abraham Lincoln) 대통령에 의해 철폐되었습니다. 이것은 남북전쟁(American Civil War, 1861-65)을 통해 수많은 미국인이 목숨을 잃고 얻은 값진 결과였습니다. 노예제도를 폐지하려는 북부와 흑인들의 값싼 노동력으로 목화 농장 수익을 유지하려는 남부와의 전쟁이었지요. 그러나 흑인들은 여전히 미국 시민으로 인정되지 않았습니다. 선거권도 없었습니다. 심지어 1865년 백인들은 흑인들에게 테러를 가하는 비밀결사단체 KKK(Ku-Klux-Klan)를 결성하였고, 회원 수는 수백만을 넘어섰습니다. 킹은 이러한 사회적 배경에서 태어나고 자랐습니다. 그가 인종차별에 대한 아픈 경험을 한 것은 비교적 어린 나이였다고 회고합니다.

> 여섯 살 때의 일이었다. 세 살 때부터 나는 한 백인 아이와 친해져서 아무런 거리 낌 없이 함께 놀며 자랐다. 서로 집이 가깝지는 않았지만, 그 아이 아버지가 운영 하는 가게가 우리 집 맞은편에 있어 매일 함께 어울려 지냈다. 여섯 살이 되자 우 리는 서로 다른 학교로 갈라져야 했다. 결정적으로 사이가 틀어지게 된 것은 그 아이가 "우리 아버지가 이제부터는 너랑 같이 놀지 말래. 난 니그로와 놀 수 없 어"라고 한 뒤부터였다. 하늘이 무너지는 것 같았다.[18]

---

18 클레이본 카슨, 《마틴 루터 킹 자서전, 나에게는 꿈이 있습니다》, 이순희 역 (서울: 바다출판사, 2000), 16.

여덟 살 무렵 나는 어머니와 함께 애틀랜타 중심가의 상점에 들어섰다. 그때, 갑자기 어떤 백인 여자가 내 따귀를 때리면서 "이 검둥이 녀석, 내 발을 밟았잖아!" 하고 소리를 질렀다. 나는 감히 대들 엄두도 내지 못했다. 흑인이 백인과 관련하여 문제가 발생했을 때 대든다는 것은 생각할 수도 없는 일이었다. 울먹이는 내 말을 들은 어머니는 너무나 화가 나서 어쩔 줄을 모르셨다. 하지만 나를 때린 여자는 이미 가 버리고 없었다.[19]

학생 시절, 나는 여름방학 동안 북부에 있는 담배농장에서 일했다. 그곳에서 겉으로는 흑인들에게도 자유가 보장되는 듯한 삶을 살았다. 그러나 집으로 돌아오는 기차 식당 칸에서 식사를 하려 했을 때, 나는 커튼 뒤에 숨어서야 겨우 먹을 수 있었다! 한번은 버스를 이용하다가 마음에 깊은 상처를 입은 적도 있다. 버스 뒤편 흑인들 좌석에는 빈자리가 없고 앞쪽 백인 좌석에는 빈자리가 많아 그곳에 가 앉았다. 그러자 한 백인이 내가 앉은 바로 그 자리에 앉겠다면서, 뒤편으로 가라고 명령했다. 나는 160km를 서서 가야 했다.[20]

신학교 - 세상을 변혁할 성경적 가치관으로 무장

1948년, 킹은 19세에 필라델피아 근처에 있는 크로저 신학교(Crozer Seminary)에 입학합니다. 여기서 그는 라인홀드 니버의 책을 탐독하며 인간의 깊은 죄성이 사회의 구조적, 집단적 악으로 발전된다는 것을 깨닫습니다. 또한 간디(Mahatma Gandhi)의 '비폭력 저항운동'에 대하여 감명을 받고,

---

19 클레이본 카슨, 《마틴 루터 킹 자서전, 나에게는 꿈이 있습니다》, 18.
20 올리케 벨커, 《젊은이를 위한 마틴 루터 킹》, 신준호 역 (서울: 새물결플러스, 2015), 34-45.

이것이 기독교적 사랑의 메시지와 일치한다고 생각합니다. 신학교에 제출한 레포트에는 부조리한 사회에서 종교의 역할이 무엇인지 진지한 고민이 담겨 있습니다.

> 예레미야서는 종교가 기존 질서를 용인해서는 안 된다는 사실을 입증하는 훌륭한 사례이다. 신학자들은 이 사실을 깨달아야 한다. 개인이나 교회가 기존 질서를 후원하거나 지지하는 것이야말로 기독교 신앙에 가장 큰 폐해라고 할 수 있다. 종교가 타락하여 기존 질서에 영합했던 사례는 상당히 많다. 그러므로 우리는 어떤 종교에나 예레미야와 같은 존재가 필요하다는 사실을 인정해야만 한다. 기독교는 예레미야와 같은 인물을 통해서 발전하고 부활의 힘을 지니게 된다. 그러나 사회는 그런 인물에 대해 어떻게 반응하는가? 한 가지뿐이다. 그를 파멸시킨다. 예레미야도 순교하고 말았다.[21]

한 사람의 목회자로, 또 신학자로서 저는 킹 목사의 말이 무척 아프고 무겁게 들립니다. 오늘날 혼란스러운 한국 사회와 교회는 예레미야와 같은 지도자를 필요로 할지도 모릅니다.

이 시기에 킹에게 신학적 위기가 없었던 것은 아닙니다. 그것은 지금껏 자라고 배워왔던 보수주의 신학에 회의를 품고 자유주의 신학에 매력을 느끼게 된 것입니다. 보수주의가 강했던 남부에서 인종차별을 겪었기에 자유주의로 기울어진 것입니다. 진리 추구를 위한 개방적이고 분석적인

---

21 클레이본 카슨, 《마틴 루터 킹 자서전, 나에게는 꿈이 있습니다》, 36.

태도, 이성이라는 최상의 빛을 포기하지 않는 점, 광범한 철학적 역사적 비판의식은 킹의 지적 목마름을 해갈해 주는 듯했습니다. 그러나 자유주의 신학에는 결코 동의할 수 없는 지점이 있었습니다. "인간은 날 때부터 선한 존재이며, 인간의 이성은 처음부터 강력한 힘을 가지고 있다"는 전제였습니다. 수많은 역사적 비극과 비열한 인간상을 목격하며 인간의 본성이 선하다는 주장은 도저히 인정할 수 없었던 것이지요. 악한 죄성 때문에 이성마저도 자신의 행동을 합리화하는 도구로 전락했습니다. 자유주의자들은 피상적인 낙관주의에 빠져 인간 사회의 복잡성 가운데 집단에 의해 자행되는 죄악의 실체를 모르고 있었습니다. 그들은 죄악이 인간의 이성을 흐리게 한다는 사실을 간과하고 있었으며, 킹 목사는 이를 인식하게 된 것입니다.[22]

비폭력 저항운동 - 공공신학의 실천

미국 남부의 생활공간은 흑과 백, 다시 말해 인종에 따라 엄격하게 분리되었습니다. 한쪽에는 백인, 다른 한쪽에는 흑인들이 있습니다. 예를 들어 거주지, 교회, 학교, 도서관, 호텔, 극장, 공중 화장실, 간이음식점, 버스, 공원, 휴양지 등이 그렇게 분리되어 있었습니다. 버스에서 흑인들은 먼저 앞문으로 승차해서 백인 운전자에게 요금을 지불하고, 내려서 쏜살같이 뒤로 달려가 뒷문으로 다시 승차해야 했습니다. 이때 어떤 운전사는 흑인 승객이 뒷문에 도착하기도 전에, 고의로 차를 출발시켜 버리기도 했습니다.

---

22 클레이본 카슨, 《마틴 루터 킹 자서전, 나에게는 꿈이 있습니다》, 39.

만일 버스에서 백인 자리에 빈자리가 없으면, 흑인은 반드시 백인에게 자리를 양보해야 했습니다.[23]

킹의 비폭력 저항운동은 한 사건에서 비롯되었습니다. 1955년 12월 1일 몽고메리 지역의 흑인 재봉사 로사 파크스(Rosa Parks)는 백인에게 자리 양보하기를 거부했습니다. 그날 하루 종일 일해서 다리가 너무 아팠기 때문입니다. 그녀는 즉시 체포되었습니다. 킹 목사는 "몽고메리 발전을 위한 모임"(Montgomery Improvement Association, MIA)의 의장으로서 흑인 민중들에게 12월 5일에 버스를 이용하지 말자는 보이콧(Boycott) 운동을 제안했습니다. 킹은 연설문을 작성하기 전 깊이 고민하고 뜨겁게 기도하였습니다.

사람들을 적극적인 행동으로 불러일으킬 정도로 투쟁적이되, 기독교 정신을 벗어나지 않게끔 사람들의 열정을 통제할 수 있을 만큼 온건한 내용의 연설을 할 수 있을까? 가혹한 고통을 겪은 흑인들 중에는 쉽게 피의 보복에 나설 사람이 많을 텐데⋯ 사람들에게 용기를 불어넣고 적극적인 행동을 할 준비를 시키되 증오

와 원한을 품지 않게 하려면 무슨 말을 해야 할까? 과연 투쟁적이고도 온건한 연설을 한다는 것이 가능할까?[24]

결과는 예상을 훌쩍 뛰어넘으며 대성공을 거두었습니다. 킹은 흑인들에게 용감해야 하고 품위가 있어야 하며, 그리스도의 사랑 안에서 자신의 권리를 위해 투쟁해야 한다고 외쳤습니다. 이것은 증오심과 폭력 행사를 미리부터 배제시키는 내용이었습니다. 1956년 2월 24일자 《뉴욕 타임스》에 실린 킹이 설명한 보이콧의 의미를 들어봅시다.

우리 운동을 증오의 운동으로 만들려고 하는 사람들이 있습니다. 우리 운동은 백인과 흑인 간의 싸움이 아니라 정의와 불의 간의 싸움입니다. 우리 운동은 백인들에 대항한 흑인들의 반항 이상의 의미를 가지고 있습니다. 우리가 추구하는 것은 몽고메리 흑인의 지위 향상이 아니라 몽고메리 전 주민의 지위 향상입니다. 날마다 억압당하고 날마다 착취당하고 날마다 유린당한다고 해도, 증오심을 불러일으키려는 책략에 넘어가지 맙시다. 우리는 사랑이라는 무기만을 사용해야 합니다. 우리를 증오하는 사람들을 이해하고 동정해야 합니다. 너무나 많은 사람들이 우리를 증오하도록 교육을 받고 자랐습니다. 그러므로 그들이 우리를 증오하는 것은 전적으로 그들의 탓만은 아니라는 사실을 깨달아야 합니다. 하지만 우리는 칠흑 같은 밤중에도 생명 속에 있으며, 새로운 새벽의 문턱을 넘어서고 있습니다.[25]

---

24 클레이본 카슨, 《마틴 루터 킹 자서전, 나에게는 꿈이 있습니다》, 80.
25 클레이본 카슨, 《마틴 루터 킹 자서전, 나에게는 꿈이 있습니다》, 107.

공산주의를 고안한 마르크스(Karl Marx)도 가난하고 어려움에 처한 노동자들을 돕기 위해 프롤레타리아 혁명을 일으켰습니다. 그러나 그 방식은 폭행과 폭동과 살해였습니다. 그 동기는 노동자에 대한 사랑이 있었을지 모르지만, 결과적으로 노동자와 자본가를 이분법적으로 갈라놓았으며 부자들에 대한 더 큰 증오로 이어졌습니다. 중국의 문화 대혁명(1966-76)도 마찬가지입니다. 군부를 배경으로 학생들로 충원된 홍위병(紅衛兵)은 마오쩌둥이 주도한 권력투쟁의 선봉에 앞장섰지요. 구사상, 구문화, 구습관을 타파한다는 미명 하에 고전을 불태우고 명승고적을 파괴하였습니다. 자신을 가르친 선생님을 죽창으로 찌르고, 안경 쓴 사람과 펜을 잡아 손이 부드러운 지식인을 마구 잡아 죽였습니다. 캄보디아의 킬링필드에서도 이와 비슷한 끔찍한 일이 벌어졌습니다.

민주화를 거치고 시민의식이 무르익으면서 이러한 폭력적인 시위들은 꽤 자취를 감추었습니다. 하지만 오늘날에도 다양한 개인과 집단이 자신의 주장을 관철하고, 권익을 되찾기 위해 서로 싸우고 비난하고 공격합니다. 이러한 상황에서 교회의 역할은 무엇일까요? 킹 목사가 지적한 대로 불의에 저항해야 합니다. 그러나 그 방식은 비폭력이고, 그 동기는 사랑이 되도록 가르쳐야 합니다. 어떤 대상을 무너뜨려서 자신의 입지를 확보하는 것이 아니라 하나님의 정의와 사랑 가운데 모든 사람이 상생할 수 있는 길을 모색해야 합니다. 그것이 성경적 가르침이요, 그것이 킹 목사의 비폭력 저항운동에서 발견되는 공공신학의 정신입니다.

킹 목사의 공공신학적 시사점

킹은 인종차별에 맞서 버스 보이콧과 연좌(連坐)운동을 전개했습니다. 연좌운동이란 흑인들에게 음식 주문을 거절하는 식당 좌석에 나란히 함께 앉는(Sit-in) 투쟁입니다. 운동이 시작된 지 2주일 만에 운동은 남부 5개 주 15개 도시로 빠르게 퍼져 갔습니다. 곧이어 법률이 제정되었고 학교, 선거장, 병원, 식당, 영화관에서 인종을 분리하는 칸막이가 마침내 철거되었습니다.[26] 또한 킹은 미국의 베트남전 참전에 대한 반대 운동도 펼쳤습니다. 인류의 문제를 해결하기 위해서 폭력과 전쟁이라는 수단으로 사람을 죽이는 것은 옳지 않다는 것이지요. 그는 비폭력주의만이 지속적이고 가치 있는 인류애와 평화를 획득할 수 있다고 믿었습니다.

21세기인 오늘날에도 러시아는 탐욕의 노예가 되어 우크라이나를 침공하였고, 지금도 전쟁의 총성은 끊이지 않고 있습니다. 전쟁으로 인해 무기 구입과 국방비에 막대한 예산이 투입됩니다. 그만큼 가난한 사람들을 돕고 그들을 위한 시설을 확충하는 데 필요한 예산은 줄어들지요. 전쟁은 쌍방 국가를 파괴하고 수많은 사람의 목숨을 앗아갑니다. 군인으로 징집된 청년들의 몸과 마음을 불구로 만듭니다. 또한 오늘날처럼 통신, 금융, 경제, 무역으로 연결된 지구촌은 위기와 두려움에 휩싸입니다. 킹 목사의 연설과 실천이 공공신학적 관점에서 주는 시사점이 무엇인지 간략히 정리해 보고자 합니다.

첫째, 성경적 법에 기초하여 사회변혁에 힘썼습니다. 킹 목사는 "부당한

---

26   올리케 벨커, 《젊은이를 위한 마틴 루터 킹》, 58-59.

법은 법이 아니다"라는 아우구스티누스의 가르침에 동의하며, 우리가 정당한 법을 준수하는 것이 의무이듯 부당한 법에 복종하지 않는 것 역시 도덕적 의무라고 말합니다. 그렇다면 정당한 법과 부당한 법을 어떻게 판별할 수 있을까요? 정당한 법은 성경의 십계명이나 도덕법과 일치하는 것입니다. 반면, 부당한 법은 불변하는 성경과 자연법에 상충하는 인간의 법입니다.

> 흑인들로 하여금 사랑이라는 창조적인 무기를 가지고 저항의 길로 나서도록 자극한 것은 바로 나사렛 예수였다.[27]

> 산상수훈은 인간이 어느 시대건 대면해야 되는 중요한 문제들의 실제적 해결에 대한 놀라운 언급이다. 산상수훈 안에서 인생의 심각한 문제들에 대한 대답이 사랑 윤리라는 용어로 제시된다.[28]

인격을 고양하는 법은 정당하고, 인격을 타락시키는 법은 부당한 것입니다. 흑백차별 법령들은 인간의 영혼과 인격을 해치고 왜곡한다는 점에서 부당합니다. 또 차별하는 자에게는 잘못된 우월감을 심어 주고 차별받는 자에게는 잘못된 열등감을 심어 줍니다. 마틴 부버(Martin Buber)의 말을 빌자면 인종차별은 '인간 대 인간'의 관계를 '인간 대 사물'의 관계로 바꾸

---

27 조용훈, "마틴 루터 킹의 비폭력 저항 개념", 《기독교와 비폭력 저항》, 교회와 사회연구원 편 (서울: 도서출판 성지, 1989), 45.
28 조용훈, "마틴 루터 킹의 비폭력 저항 개념", 45.

어 놓음으로써 인간을 사물의 지위로 격하시킵니다. 그것은 정치적, 경제적, 사회적 측면에서 볼 때도 온당하지 못합니다. 인종차별은 인간의 비극적 이탈과 극심한 소외, 그리고 끔찍한 죄악을 제도적으로 표현한 것입니다. 마침내 1954년 미국 최고 법정인 대법원은 인종차별에 관한 앨라배마주의 법률이 위헌이라는 판결을 내렸습니다. 킹 목사에게나 모든 흑인들에게 기적과도 같은 일이 일어난 것입니다. 흑인들은 이제 백인과 동등한 권리를 갖고 버스를 탈 수 있게 된 것입니다!

둘째, 제도와 인간을 구분하여 저항했습니다. 킹 목사는 비폭력 저항의 대상이 불의한 구조 자체이지 사람이 아니라고 강조합니다. 실제로 그는 자기를 구둣발로 걷어차던 백인 경찰관을 "형제"라고 불렀습니다. 1963년 12월 15일 테러에 의한 교회당 폭파로 죽은 네 명의 어린이 합동 장례식 설교에서 그는 다음과 같이 호소합니다.

죽은 어린이들은 우리에게 이렇게 말합니다. 누가 그들을 죽였는지에 대하여 관심치 말고, 그 같은 살인자들을 생기게 만든 제도와 철학과 삶의 방식에 대해 관심을 가지라고….[29]

이 도시의 긴장은 백인과 흑인 사이의 긴장이 아니라, 그 밑에 모여 있는 정의와 부정의, 빛의 세력과 어둠의 세력 사이의 긴장이다. … 우리는 부정의를 처부수려 할 뿐 그 밑에 서 있을지도 모르는 백인들을 처부수려 하지는 않는다.[30]

---

29 조용훈, "마틴 루터 킹의 비폭력 저항 개념", 55.
30 조용훈, "마틴 루터 킹의 비폭력 저항 개념", 54.

킹 목사는 인종차별을 철폐하기 위해 증오와 복수를 일삼는 블랙 내셔널리즘(Black Nationalism)을 경계했습니다. 왜냐하면, 블랙 내셔널리즘은 자신들이 비난해 왔던 분파주의로써 백인의 패권적 지배를 흑인의 패권적 지배로 대체하려는 시도에 불과하기 때문이지요. 그는 변혁이라는 이름으로 우리가 약자의 처지에서 강자의 처지로 상승하려고 해서는 안 된다고 힘주어 말합니다.

오늘날 많은 사람이 자신의 주장과 정치적 신념을 관철하기 위해 대척점에 있는 상대를 혐오와 타도의 대상으로 간주하는 것을 봅니다. 특별히 한국 사회가 이념 간, 세대 간, 계층 간, 지역 간, 젠더 간 갈등이 심화됨에 따라 이러한 양극화 현상은 더욱 뚜렷해집니다. 킹 목사가 악 자체와 악을 행하는 사람을 구분하였던 것처럼 우리도 악한 제도는 미워하되 사람을 미워하지 않도록 인류애와 도덕적 균형을 잃지 않도록 주의해야 할 것입니다.

셋째, 이웃사랑의 구체적 실천을 강조했습니다. 예수님은 마음의 상처를 지닌 사람들을 치유하고 가난한 사람들의 친구가 되기 위해 성령의 기름 부음을 받으셨습니다. 킹 목사는 세상을 변화시키고자 하는 자신의 사상에 가장 영향을 미친 것은 대학 시절에 읽은 《자본론》이나 《공산당 선언》이 아니라 예수님이라고 고백합니다.[31] 그러면서 예수님의 위대한 계명인 이웃사랑의 실천을 위해 그들을 향한 겸손한 태도와 진심 어린 공감을 강조하였습니다.

---

31 클레이본 카슨, 《마틴 루터 킹 자서전, 나에게는 꿈이 있습니다》, 452.

우리 가족은 식탁에 앉을 때, 아침 예배를 드릴 때, 항상 이런 기도를 드립니다. "주님, 저희를 도와주소서. 저희보다 행복하지 않은 사람이 있다는 사실을 잊지 않게 하소서. 어디에 가더라도 그들을 잊지 않게 하소서." 나는 아이들에게 이렇게 말합니다. "나는 너희들에게 좋은 교육을 시키고 싶어서 최선을 다해 일하고 있다. 좋은 교육을 받을 수 없는 주님의 자녀들이 많이 있다는 사실을 잊지 않았으면 좋겠다. 또한, 자신이 그들보다 훌륭하다고 생각하지 않길 바란다. 그들이 인간적인 대우를 받지 못하는 한 너 역시 인간적인 대우를 받을 수 없는 법이다."[32]

"우리는 하늘을 찌를듯한 거대한 건물을 세웠다. 우리는 바다를 건널 수 있는 엄청난 다리를 세웠다. 우리는 우주선을 이용해서 성층권에 고속도로를 뚫었다." 나는 주님이 이렇게 말씀하시는 것을 들을 수 있습니다. "너는 그 모든 일을 다 이루었지만 배고픈 나에게 먹을 것을 주지 않았다. 너는 헐벗은 나에게 입을 것을 주지 않았고, 경제적 안정이 필요한 내 자녀의 어린 자손들에게 경제적 안정을 주지 않았다. 그러니 너는 나의 왕국에 들어올 수 없다."[33]

자신이 가진 엄청난 자원을 빈곤을 종식시키고 주님의 모든 자녀들이 기본적인 생활상의 필요가 충족되도록 사용하지 않는다면, 미국도 역시 지옥에 떨어지게 될 것이라고 킹 목사는 외칩니다. 그의 설교는 추상적이지 않고 구체적이었고, 그의 이웃사랑은 개념적이지 않고 실천적이었습

---

32 클레이본 카슨, 《마틴 루터 킹 자서전, 나에게는 꿈이 있습니다》, 453.
33 클레이본 카슨, 《마틴 루터 킹 자서전, 나에게는 꿈이 있습니다》, 456.

니다.

넷째, 이웃사랑의 방식은 고난과 희생이었습니다. 킹 목사는 비폭력이 란 '보복 없이 고통을 받아들이고, 반격 없이 공격을 받아들이는 기꺼운 마음'이라고 말합니다. 그것은 감옥살이나 혹은 육체적 죽음을 의미할 수 도 있습니다. 실제로 1956년 2월 내쉬빌의 대학에서 강연 중에 몽고메리 버스 안 타기 운동의 지도자 108명에 대한 체포 명령이 내려졌습니다. 이 소식을 들은 가족과 주위 사람들이 몽고메리에 돌아가지 말 것을 간청하 자, 그는 이렇게 대답했습니다.

> 전 몽고메리로 돌아가야 합니다. 내 친구들과 동료들이 이미 체포되어 있습니
> 다. 내가 그들을 떠나 이곳에 머물러 있다는 것은 가장 비겁한 행동입니다. 그들
> 로부터 떠나 있기보다는 차라리 10년간 감옥생활을 하는 편이 낫습니다.[34]

그리고 계속되는 백인의 테러와 공격을 당하면서도 그는 다음과 같은 기도를 드리곤 했습니다.

> 주님, 이 몽고메리에서의 자유를 위한 투쟁에서 어느 한 사람도 죽는 것을 원치
> 않습니다. 분명코 저 역시 죽고 싶지는 않습니다. 그러나 만일 어느 한 사람이
> 죽어야 한다면 이 몸으로 대신해 주옵소서.[35]

---

34 조용훈, "마틴 루터 킹의 비폭력 저항 개념", 57.
35 조용훈, "마틴 루터 킹의 비폭력 저항 개념", 58.

"기독교인은 이기적이고 이중적이다. 교만하고 시끄럽다. 앞에서는 이렇게 말하고, 뒤에서는 다르게 행동한다." 작금의 한국 교회가 세상에게 듣는 뼈아픈 비판입니다. 하나님 사랑을 가르치고 외치는 교회로서 주님의 뜻을 실천하고 있는지 정직히 돌아볼 일입니다.

> "아무든지 나를 따라오려거든 자기를 부인하고 날마다 제 십자가를 지고 나를 따를 것이니라"(눅 9:23).

사랑에는 자기를 부인하는 희생과 십자가의 고난이 요구됩니다. 예수님의 말씀은 당시의 제자들에게만 주어진 것이 아닙니다. 그분을 주님으로 모시고 따르는 모든 시대의 제자들에게 요청되는 태도입니다.

다섯째, 성경의 종말론적 소망과 현실문제에 대한 거룩한 불만족을 균형 있게 유지했습니다. 킹 목사가 외친 꿈은 하나님의 종말론적 소망에 근거한 것이었습니다.[36] 동시에 인간 존엄성이 짓밟히는 병든 미국 사회에 대한 '거룩한 불만족'(divine dissatisfaction)으로 안타까워했습니다.

> 저는 여러분에게 '거룩한 불만족'을 가지고 나아가자고 권합니다. 즉, 백인이나 흑인의 만족을 위하여서가 아닌 하나님과 모든 인류의 만족을 위하여, 현상황에 대한 철저하며 근본적인 문제의식을 가지고 나아가자는 것입니다. 먼 길임에는 틀림없으나 결국 우주의 도덕적 질서는 정의를 향하여 나아가고 있습니다. 그

---

36 임성빈, "마틴 루터 킹의 사회철학", 《기독교와 비폭력 저항》, 교회와 사회연구원 편 (서울: 도서출판 성지, 1989), 110.

길이 멀다고 멈추지 맙시다. 이미 우리는 극복하고 있습니다. 승리했습니다. 그리고 결국에는 승리하고야 말 것입니다.[37]

킹은 미국 사회의 인종차별과 갈등 심화에 대해 성경적 종말론에 기초한 소망을 제시했습니다. 비록 처한 상황은 암울했지만, 이 소망은 교회를 통해 선포된다고 믿었습니다.[38] 그의 선포는 구체적이어서 사회 병리 현상들의 근원인 흑백차별의 근본적 문제를 인식시키고, 그 대안으로 비폭력 저항을 강조했습니다. 당시 기존 교회들이 부도덕한 월남전을 묵인함으로써 평화를 선포하지 못하고, 경제적 부정의와 인종차별 문제에도 참된 의로움을 선포하지 못한 것을 신랄히 비판하였습니다.[39] 교회를 세상의 소망과 사회변혁의 구심점으로 두고, 불의한 기득권과 타협 없이 오직 하나님 앞에(Coram Deo) 선 자로서 현실을 마주하였습니다. 헌신적 희생과 냉철한 사고로 나아간 그의 모습은 오늘날 우리에게 많은 공공신학적 시사점을 던져 준다고 할 것입니다.

37 임성빈, "마틴 루터 킹의 사회철학", 108.
38 임성빈, "마틴 루터 킹의 사회철학", 110.
39 임성빈, "마틴 루터 킹의 사회철학", 111.

| 네덜란드, 아브라함 카이퍼 "삶의 체계로서의 기독교" |

생애

아브라함 카이퍼(Abraham Kuyper, 1837-1920)
는 19세기 화란(네덜란드)이 낳은 위대한 종이
었습니다. 찰스 보이스벤이라는 학자는 그
에 대해 "그를 비판하는 사람에게서도 열 개
의 머리와 백 개의 손을 가진 자라는 칭송을
받았다"라고 평가했습니다.[40] 그는 참으로
여러 방면에 천재적인 머리를 가졌을 뿐 아
니라 하나님의 영광과 주권을 위해서 불꽃 같은 삶을 살았던 작은 거인이
었습니다. 카이퍼는 헤르만 바빙크(Herman Bavinck 1854-1921), 베자민 워필드
(Benjamin Warfield, 1851-1921)와 함께 현대 3대 칼빈주의자로 꼽힙니다. 또한
'제2의 칼빈'이라고 불리기도 했을 만큼 개혁주의 안에서 그의 기여는 지
대했다고 할 수 있습니다.[41]

일평생 모든 삶의 영역에서 하나님의 주권을 드러내기 위해 애쓴 위대
한 신학자요, 교회 개혁가요, 정치가요, 언론인이었습니다. 그의 방대한 사
상과 업적을 짧은 지면에 담을 수는 없지만 공공신학의 관점에서 그의 생
애와 가르침을 간략하게나마 개관하고자 합니다.

---

40 정성구, 《아브라함 카이퍼의 사상과 삶》 (용인: 킹덤북스, 2011), 21.
41 이상웅, "아브라함 카이퍼의 생애와 사상 개관(2)", 「신학지남」 84/2 (2017): 70.

카이퍼는 1837년 목사의 아들로 태어나 라이덴 대학에서 문학과 신학을 공부했으며, 25세의 나이에 신학 박사학위를 받았습니다. 26세에 목사가 되어 베이스트 시골 교회와 우트레흐트와 암스테르담의 교회에서 담임목사로 섬겼습니다. 그는 열정적인 설교자였을 뿐 아니라, 자유주의 신학에 물든 국교회에 맞서 화란 개혁교회를 세운 교회 개혁가였습니다. 또한 프랑스 혁명(1789)이 인본주의 사상에 의해 이루어진 것임을 비판하며 '반혁명당[42]'의 총재가 됩니다.

이후 국회의원을 거쳐 수상으로 재직하면서 칼빈주의적 정치를 실현합니다. 나아가 인본주의적이고 무신론적인 학문을 양산하는 국립대학에 대항하여 성경과 하나님 중심의 칼빈주의를 가르치고자 화란 자유대학교를 설립하여(1880) 조직신학 교수 및 총장에 취임합니다. 일간지인《더 스텐다드》(De Standaard)와 주간지《더 헤라우트》(De Heraut)를 창간하여 50여 년간 기독교 언론인으로서 하나님의 주권과 영광을 강조하였습니다. 1862년부터 하나님의 부르심을 받기까지 평생 233권의 책을 저술하였습니다. 그중에는 신학, 정치, 사회, 문화, 예술, 과학, 교육 등 모두 열거하기가 힘들 정도입니다.

경건론

카이퍼가 칼빈주의적 기독교 세계관에 기초하여 영역주권론을 강조하고, 교회와 그리스도인의 공공신학적 역할과 책임을 강조한 것은 주지의

---

42 프랑스 혁명의 인본주의적 정신에 반대한다는 의미에서 반혁명당.

사실입니다. 이를 위해 '하나님을 위한 학문'과 '하나님을 대항하는 학문'으로 대립시킨 그의 반립(反立, antithesis) 사상은 매우 유명합니다. 아울러 문화 전반에 걸쳐 하나님의 주권을 구현하고자 그 성경적 토대로 일반은총을 강조하였습니다. 그러나 여기서 카이퍼의 공공신학적 면모를 살피기 전에, 그가 얼마나 하나님과 친밀하게 동행하였는지 주목할 필요가 있습니다. 왜냐하면, 공공신학을 처음 접하는 우리에게 그의 신학과 경건, 광장과 골방의 균형은 더없이 훌륭한 모본이 되기 때문입니다.

하나님의 일을 하는 것이 경건이다

카이퍼는 스가랴 4장 6절 "만군의 여호와께서 말씀하시되 이는 힘으로 되지 아니하며 능력으로 되지 아니하고 오직 나의 영으로 되느니라"는 말씀을 따라 하나님의 능력과 주권을 강조합니다. 그러나 이 구절을 오해하여 하나님 나라의 일에는 우리가 손을 놓는 것이 정답인 것처럼 생각해서는 안 된다고 말합니다. "스룹바벨의 손이 이 성전의 기초를 놓았은즉 그의 손이 또한 그 일을 마치리라"(슥 4:9). 비록 육체적 힘과 세력이 원수를 대적하기에는 역부족이지만 성령께서 스룹바벨의 손을 통해 그 사역을 성취하신다는 것입니다. 카이퍼는 하나님의 뜻에 따르는 우리의 전투적 순종을 다음과 같이 설명합니다.

> 경건한 생활이란 조용히 순종하는 생활이며, 인내하며 기다리는 생활 곧 하나님께서 자신의 일을 이루실 때까지 하나님의 뜻을 기다리는 생활이라고 주장하는 그리스도인들이 있다. … 그러나 하나님의 일을 하는 것은 우리들의 일이다. 사

방에서 에워싸는 고통 중에서도 하나님의 이름으로 일하는 것은 우리들의 책임이다.[43]

그리스도인의 삶은 한마디로 전투적 삶이기에 경건이란 단순히 우리의 영적 상태가 아닙니다. 오히려 역동적이고 진취적인 삶에서 흘러나오는 성령의 능력입니다. 흔히 경건주의자들이 이 세상을 썩어질 장망성(將亡城, the City of Destruction)으로 생각하고 자기들만의 안전한 피난처에서 목숨이나 부지한다는 사상과는 무척 다릅니다. 그리스도인은 살아 계신 하나님과 동행하며 죄와 세상을 짓밟고 앞으로 나아갑니다. 이것이 경건입니다(딤전 1:18,19).

그리스도인의 경건은 인내를 통해 나타난다

카이퍼는 그리스도인이 영적 전쟁에서 살아남기 위해서는 인내가 필요하다고 말합니다. 인내 없이는 참된 경건에 머물 수가 없기 때문이지요. 인내는 악과 싸우고 하나님께로 가까이 나아가는 원동력이 됩니다. 기독교 진리가 약자의 도덕이나 변명이 되어서는 안 됩니다. 적극적으로 그리스도를 주로 삼고, 하나님 나라와 의를 위해 죄와 사탄의 권세에 맞서 싸워야 합니다. 세상 사람들은 하나님 없이도 고통도 참고 인내도 하고 사랑도 합니다. 그러나 참된 경건은 하나님과 함께함으로써 죄와 세상을 이기는 삶입니다.[44]

---

43 Abraham Kuyper, *The Practice of Godliness* (Grand Rapids: Eerdmans, 1948), 12.

44 Kuyper, *The Practice of Godliness*, 70–71.

성령의 능력으로 사는 것이 경건이다

카이퍼는 우리 삶의 모든 영역에서 성령께서 함께하시지 않는 곳은 없다고 했습니다. 성령의 도움 없이는 죄와 사탄에 맞설 수도 없고, 영적 전쟁에 이길 수도 없지요. 위에서 언급한 경건의 요체인 '인내'는 사탄에 의해 꺾이지 않도록 마음속에 일으켜 주시는 성령의 능력으로만 가능한 것입니다. 성령은 우리에게 새 생명을 주사 유지하고 보존하며, 새 생명의 생활을 누리게 하십니다. 성령은 하나님의 자녀들이 한 치의 물러섬도 없이 싸우도록 도우십니다. 카이퍼는 성령의 능력으로 십자가를 지는 삶이 참된 경건이라고 권면합니다.

> 만일 우리가 하나님의 자녀들이 가는 이 땅 위의 길을 때때로 십자가를 지기는 하나 대부분 유쾌하고 편안한 길이라고 생각한다면 그것은 오해이다. 경건한 생활을 하려면 모든 사람은 박해를 받는 것이다. 또 많은 고난 없이 하나님의 나라에 들어갈 수 없다. 하나님이 인도하시는 길은 십자가를 지고 걸어가는 것이다. … 당신의 믿음을 위협하고 약화시키거나 혹은 당신의 믿음을 해치고 방해하는 것이 모두 당신의 십자가이다.[45]

말씀을 따라 사는 것이 경건이다

카이퍼는 그리스도인의 경건생활을 위하여 금식과 말씀의 중요성을 강조하였습니다. 영적으로 빈곤한 이 시대에 은혜의 한 수단이며 하나님과

---

45 Kuyper, *The Practice of Godliness*, 90–91.

친교할 수 있는 통로가 되는 금식이 무시되고 있음을 개탄하였습니다. 영적으로 무질서하고 무감각한 이때에 하나님께서 말씀하신 금식의 의미를 옳게 살린다면 경건에 큰 유익이 될 것이라고 했습니다. 또한, 하나님의 말씀은 우리의 안내자이므로 무엇을 하든지 항상 하나님 말씀에 표준을 두어야 한다고 했습니다. 주의할 것은 경건이란 이름으로 하는 자기만족이나 자기 과시는 매우 위험한 발상이라는 것입니다. 경건한 삶이란 단순히 하나님을 향한 마음 상태나 믿음의 내용에 머물러서는 안 됩니다. 성령의 능력과 하나님의 말씀으로 끝까지 싸워 승리를 쟁취하는 것이 경건의 삶인 것입니다.

영역주권론

영역주권(sphere sovereignity)이란 국가, 교회, 정치, 경제, 문화, 예술, 교육, 학문 등의 모든 영역이 예수 그리스도를 머리로 하여서만 존재하고 그에게 속해 있으므로, 각 영역은 다른 영역의 권리나 자유를 간섭 및 침해하지 아니하고 자주적으로 존재해야 한다는 것입니다. 인간 삶의 모든 영역에는 고유한 주권이 있고, 그 중심에 하나님이 계셔서 다스리시기 때문입니다. 카이퍼가 영역주권론을 주장한 것은 당시의 시대적 배경과 맞물려 있습니다.

네덜란드의 학문, 예술, 교육 전반은 국가의 획일적 주도하에 인본주의적이고 무신론적 세계관으로 팽배했습니다. 그래서 정부의 간섭이 없고, 교권으로부터 자유로운 하나님이 중심이 되는 대학을 세우는 것이 카이퍼의 꿈이었습니다. 마침내 1880년 10월 20일 그 꿈이 이루어져 뿌라야

(Vrije, 자유) 대학교를 개교했습니다. 카이퍼가 설명하는 영역주권을 직접
들어봅시다.

> 우리가 도덕계, 과학계, 사업계, 예술계에 대해서 말할 수 있는 것처럼, 우리는
> 각기 나름대로의 영역을 갖고 있는 도덕과 가정과 사회생활의 영역에 대해서 말
> 하는 것이 더 타당하다. 왜냐하면 그것들은 나름의 '주권'을 행사할 수 있기 때문
> 이다. 대자연에도 영역이 있어서 하나님의 주권적 법칙으로 운행되듯, 개인, 가
> 정, 과학, 사회, 종교 생활의 영역에서도 그들 모두가 나름대로의 법에 순종하고
> 각각 그들의 우두머리에 굴복한다.[46]

카이퍼의 요점은 국가가 전권을 다 가진 것처럼 명령하고 통제해서는
안 된다는 것입니다. 왜냐하면 모든 주권은 국가와 상관없이 하나님으로
부터 왔기 때문이지요.

삶의 체계로서의 기독교 세계관 - 반립 사상

카이퍼는 새로운 세상을 만들려면 대학을 세워 생각하는 방법을 바꾸
고, 하나님 중심의 세계관을 갖도록 하는 것이 중요하다고 믿었습니다.[47]
그래서 기독교를 추상적 개념이나 내면적 신앙이 아니라, '삶의 체계'(life-
system), 즉 포괄적 세계관으로 제시하였습니다.[48] 그가 설명하는 '칼빈주의

---

46 James D Bratt ed. *Abraham Kuyper, A Centennial Reader* (Grand Rapids: Eerdmans, 1998), 467.
47 정성구, 《아브라함 카이퍼의 사상과 삶》, 272.
48 Abraham Kuyper, 《칼빈주의 강연》, 김기찬 역 (서울: 크리스찬다이제스트, 2000), 208.

세계관'이란 하나님을 만유의 근원이자, 창조주, 구속주, 심판주라는 확고한 하나님 중심 사상으로 인생과 역사와 우주와 사회를 보는 포괄적 시각을 말합니다. 그런데 이 칼빈주의 세계관과 인본주의 세계관과는 충돌이 일어날 수밖에 없습니다. 왜냐하면 둘 사이에는 결코 타협할 수 없는 반립(antithesis)이 존재하기 때문이지요. 즉, 중생자가 가지는 세계관과 비중생자가 가지는 세계관 사이는 어쩔 수 없는 대립과 충돌이 불가피하다는 것입니다.

이것은 중생자가 비중생자가 만들어 낸 세속적 문화를 성경적 문화로 구속하고 변혁해야 한다는 도전과 함께 원동력을 제공합니다. 나아가 하나님의 주권이 개인, 가정, 국가, 교회, 학교, 예술, 농업, 상업 등 모든 영역에서 드러나야 한다는 영역주권론을 확증합니다. 그런데 이 모든 것의 근저에는 하나님의 은총이 온 우주와 만물 가운데 다스리고 섭리하신다는 일반은총론에 기초하고 있습니다.

일반은총론

카이퍼가 《일반은혜》[49]에 대한 책을 썼을 때, 많은 독자들이 혼란을 일으키거나 카이퍼가 보편구원론을 주장하는 것은 아닌지 오해하였습니다. 그러나 카이퍼는 일반은총이 특별은총과 전혀 다르다고 이렇게 말합니다.

---

49   Abraham Kuyper, 《일반은혜》, 임원주 역 (서울: 부흥과개혁사, 2017).

사람들은 일반은총을 마치 구원의 은총을 의미하는 것처럼 아주 쉽게 오해하고 있는데 결코 그렇지 않다. 구원의 은총은 구원론적이면서도 특별하고 개별적인 은총이어서, 이와 같은 존귀한 이름은 언약의 은총에게 매우 신중하게만 붙일 수 있다. 언약의 은총은 구원의 범위가 더할 나위 없이 아주 작지만, 결코 일반은 총이라고 말할 수는 없다.… 일반은총 안에는 구원의 능력이 전혀 없기 때문에 특별은총이나 언약의 은총과는 그 성격과 성질이 완전히 다르다.[50]

그렇다면 성경 어디에서 일반은총의 예시를 찾을 수 있을까요? 하나님 께서 신자나 불신자에게 똑같이 햇빛과 비를 주시는 것(마 5:44-45), 만물 을 통해 하나님의 영원하신 능력과 신성을 볼 수 있게 양심을 주신 것(롬 1:20), 범죄자를 처벌하여 공공의 평화와 질서를 유지하도록 국가를 허락 하신 것(롬 13:1-5), 불신자에게도 있는 도덕성과 시민적 의(롬 2:14-15), 문화 예술 창작(창 4:20-22) 등을 열거할 수 있습니다. 그러나 일반은총은 죄인을 구원하는 지점까지 이끌지 못합니다. 오직 특별은총, 곧 예수 그리스도의 속죄의 죽음을 통해 구원에 이르게 되지요(엡 2:8). 이 둘을 도표를 통해 정 리해 볼까요?

---

50 Abraham Kuyper, *Gemeene Gratie* (J.H. KOK, Kampen, 1902, 1903, 1904), 정성구, 《아브라함 카이퍼의 사상과 삶》, 341-42에서 재인용.

	일반은총	특별은총
누구에게 주어지는가?	신자, 비신자, 온 피조물	신자
무엇을 통해 주어지는가?	자연	성경
내용은 무엇인가?	온 우주를 하나님이 은혜로 붙들고 보존하신다	예수님만이 구원의 길이다
어떻게 받아 누리는가?	이성	믿음
주신 목적은 무엇인가?	죄를 억제, 현 상태 유지 보존	구원
중심 기관은 무엇인가?	국가	교회
근거 구절은 무엇인가?	창 9:11	요 3:16
미치는 범위는 어디인가?	우주적	언약 백성
그리스도의 역할은?	창조의 중재자	구속의 중보자

[일반은총과 특별은총의 비교]

도표와 같이 일반은총과 특별은총은 분명한 차이점을 보이고 있습니다. 그렇다면 일반은총과 특별은총의 관계는 무엇일까요? 국가는 교회가 예수 그리스도의 복음을 잘 전달하도록 보호하고 협력하는 역할을 해야 합니다. 또 특별은총을 받은 신자는 교회 개혁은 물론이고 사회와 정치, 문화 전반에 걸쳐 변화의 주체가 되어야 합니다. 이처럼 카이퍼는 양자를 분리된 실체로 보면서도, 두 개의 다른 수준과 차원에서 작동하는 하나님의 능력으로 보았습니다.

카이퍼가 이처럼 일반은총을 강조한 까닭은 무엇일까요? 그것은 많은 사람이 이원론적인 세계관을 갖고, 오직 예수 믿고 구원 얻는 것만을 소중히 여기고 세상일은 어떻게 되든 알 바가 아니라고 물러나 버렸기 때문입니다. 즉, 그리스도인이 복음의 총체성을 깨닫고 '공공신학'에 눈뜨도록 강조한 것입니다.

카이퍼의 공공신학적 시사점

첫째, 카이퍼는 공공신학의 출발점을 사회변혁 이전에 하나님과의 친밀한 경건에 두었습니다. 종종 공공신학을 강조하는 분 가운데 복음 전도나 개인의 경건 훈련을 충분히 강조하지 않는다는 인상을 받곤 합니다. 이에 대하여 카이퍼는 매우 훌륭한 롤 모델을 보여 줍니다. 그는 《하나님께 가까이》라는 명상록에서 신자의 경건과 공공신학을 다음과 같이 균형 있게 강조합니다.

"영혼이 하나님께 가까이 나가는 것에 대한 묵상, 숙고 그리고 명상은 위에 언급된 잘못들을 바로잡으며, 영혼을 추상적 교리와 각박한 생활에서 끌어내어 참된 신앙으로 회복시켜 준다. 또 영적인 물의 분석을 통하여 영혼으로 하여금 다시 그 물의 근원되는 생수의 샘으로 되돌아가게 한다. 이 생수를 마시지 않고 교리적 고백만 중시하면 삭막한 정통주의에서 영혼은 고갈하고 만다. 마찬가지로 교리적 규범을 명백히 알지 못한 채 영적인 감정만 내세우면 병폐적인 신비주의의 늪에 빠지게 되는 것이다. 자신이 살아 계신 하나님과 인격적인 교제를 맺고 있다고 느끼고 깨닫고 아는 사람과, 계속해서 말씀으로 자신의 영적 체험을 점검해 보는 사람은 안전하다. 그러한 사람은 믿음이 굳건한 사람으로서 자기의 가정이나 사귐을 갖는 사람들에게, 더 나아가서는 세상에서 경건의 능력을 나타내며 심지어는 하나님과 그분의 말씀을 경멸하는 사람들에게조차 하나님께 영광을 돌리게끔 만드는 것이다.[51]

경건의 능력이 결여된 공공신학은 그 원동력을 잃을 위험이 있습니다. 십자가의 복음이 결여된 공공신학은 윤리적, 도덕적 종교로 전락할 위험이 있습니다. 이 점에서 카이퍼는 복음에 대한 기초와 경건의 능력 위에서 공공신학을 수행함으로써 우리에게 성경적 공공신학의 귀감이 됩니다.

둘째, 카이퍼는 복음이 신자 개인의 경건생활에 머물러서는 안 되고 모든 영역으로 확장되어야 한다고 강조했습니다. 그가 정치에 대한 관심을 가진 것도 하나님의 주권이 교회와 사회 등 삶의 전반에 미친다는 진리를 믿었기 때문입니다. 그리스도인들이 정치는 나와 무관하다고 배척한다면, 그것은 하나님의 주권을 무시하는 이원론적 세계관을 따라 사는 것이라고 카이퍼는 힘주어 말했습니다.[52] 그렇다고 정치로 모든 문제를 해결할 수 있다는 정치적 낙관주의에 빠지는 것도 금물입니다. 아무리 좋은 정책이 있어도 인간은 철저히 부패한 죄인이라는 사실을 잊어서는 안 되기 때문이지요. 정치인은 자신의 권세가 자신에게서 나온 것이 아니라 하나님에게서 나왔다는 사실을 명심하고, 정치 분야에서 하나님의 영광과 주권을 드러내도록 힘써야 합니다. 카이퍼가 말한 복음의 공공성은 학문의 영

51　아브라함 카이퍼, 《하나님께 가까이: 아브라함 카이퍼의 경건 묵상록》, 정성구 역 (서울: 크리스챤 다이제스트, 2011), 8.
52　정성구, 《아브라함 카이퍼의 사상과 삶》, 291.

역도 비껴가지 않습니다. 카이퍼는 모든 학문에는 '전제'(presupposition)가 깔려 있다고 말합니다. 과학도 결코 중립적인 학문이 아닙니다. 하나님의 주권을 인정하는 학문인가, 인본주의적이고 유물론적인 학문인가는 그 전제를 통해 판별할 수 있다는 것입니다. 전자가 중생자의 학문이라면, 후자는 비중생자의 학문입니다. 전자는 세상을 타락하여 구속의 대상으로 여기는 '정상론자들'(Normalisten)의 학문이라면, 후자는 세상의 타락과 부패를 부인하는 '비정상론자들'(Abnormalisten)의 학문입니다.[53] 카이퍼는 모든 영역에 깊숙이 침투한 진화론을 지적하며, 세속적 학문에서도 하나님의 주권과 섭리를 최우선으로 하는 학문관의 회복에 힘썼습니다. 구원은 우리의 영혼만 구원한 것이 아니라 학문을 탐구하는 우리의 지성도 거듭나게 했기 때문입니다(엡 4:13, 골 3:10). 카이퍼는 다음과 같은 이유로 예술에도 하나님의 형상이 나타나도록 힘써야 한다고 주장합니다.

> 인간은 하나님의 형상을 지닌 자로서 아름다운 것을 창조하고 그것을 즐길 수 있는 가능성을 소유한다. 이 예술 능력은 인간 안에서 영혼의 개별 기능이 아니라 하나님의 형상의 단절 없는 표현이다.[54]

일반은총 안에서 예술 활동은 신자나 비신자나 모두 할 수 있습니다. 하나는 하나님의 영광과 찬양을 중시하고, 다른 하나는 오직 인간의 위대함과 가치를 높입니다. 카이퍼가 말한 공공신학적 예술이란 하나님을 높이

---

53 아브라함 카이퍼, 《칼빈주의 강연》, 박태현 역 (군포: 다함, 2021), 231–32.
54 아브라함 카이퍼, 《칼빈주의 강연》, 김기찬 역, 172.

는 세계관으로 수행하는 것입니다. 이처럼 우리가 믿는 신앙은 내면적이고 국소적인 것이 아니라 인간 삶의 전 영역에 관여하고, 역사와 우주를 전망하며, 세상에 하나님 나라의 가치와 메시지를 던지는 삶의 체계로써의 세계관이라고 할 것입니다.

셋째, 카이퍼는 공공신학의 중요성을 명제적으로만 강조하는데 그치지 않고 구체적 대안을 제시하였습니다. 카이퍼는 현실 정치를 어떻게 개혁하고 정책을 입안하였을까요? 당시에 프랑스 혁명의 정치적 파장은 엄청났습니다. 또 산업혁명으로 인한 사회 구조적 변화는 심각한 사회 문제를 야기했습니다. 많은 사람이 고향을 버리고 공장 지역으로 몰려 삶의 정황이 바뀌었습니다. 고용주는 노동시간을 마음대로 늘리고, 임금은 형편없이 낮았습니다. 노동자는 열악한 근무환경, 육체적 피로, 보험이 되지 않는 산업재해, 실업 문제로 시달렸습니다. 그 틈을 타 사회주의 정당들은 노동자를 부추겨 시위를 일으켰습니다. 프랑스 혁명과 마르크스주의 사상이 사회 전반에 퍼지면서 불법 파업이 일상화되었습니다. 이러한 배경에서 카이퍼는 의회 민주주의와 칼빈주의에 입각하여 사회 개혁에 뛰어들었습니다. 그는 노동자의 권익문제와 임금문제를 해결하고자 반혁명당 정책의 일환으로《우리들의 계획》이라는 책을 출판했습니다. 그는 사회적 약자를 보호하고 구제에 힘썼지만, 사회복음주의에 빠지지 않고 하나님의 공의 실현에 입각한 정책을 제시하였습니다. 국가는 사회적 약자를 도와야 할 책임이 있기에 일시적 연민으로 동정을 베풀기보다 제도적 장치

로써 항구적 복지체계를 마련하는 노동법 제정을 요청한 것입니다.[55]

넷째, 카이퍼는 자신이 주창하는 공공신학이 소위 신학자나 정치인 등 '그들만의 리그'가 되지 않도록 부단히 유관 단체나 상대 진영, 또 국민과 소통하기에 힘썼습니다. 그는 의회에서 자신의 정책을 호소하며 지지자를 규합하였습니다. 《더 스텐다드》와 《더 헤라우트》에 사설을 기고함으로써 언론을 통한 국민과의 소통도 게을리하지 않았습니다. 한국 교회와 한국 사회 속에 아직도 '공공신학' 주제가 생경한 까닭은 그것이 필요가 없어서가 아닙니다. 오히려 카이퍼가 지적한 대로 삶의 전반에 걸쳐 연결된 절박하고 적실한 주제임이 분명합니다. 그렇다면 문제는 무엇일까요? 일반 시민들과 성도들이 알아듣도록 그들의 언어로 번역하려는 수고와 눈높이에 맞추어 소통하려는 노력이 여전히 부족한 까닭입니다. 카이퍼는 다음과 같은 확고한 확신 가운데 사람들에게 다가갔습니다.

> 나는 칼빈주의 안에서 내 마음의 안식을 얻었다. 나는 칼빈주의로부터 이 큰 원리들의 격렬한 투쟁에 확고하고 결연하게 임해야겠다는 열정을 고취받았다.[56]

카이퍼의 이러한 사상은 암스테르담의 자유대학에 그의 조직신학의 후임이 된 헤르만 바빙크에 의해 계승됩니다. 바빙크는 카이퍼의 사상을 발전시켰고, 사회활동에 적극적이고 변혁적인 신학자의 삶을 살았습니다.

---

55 정성구, 《아브라함 카이퍼의 사상과 삶》, 197.

56 Abraham Kuyper, *Calvinisme* (Amsterdam, Peretoria, 1899), 3, 정성구, 《아브라함 카이퍼의 사상과 삶》, 282에서 재인용.

카이퍼와 바빙크는 교회에 갇힌 칼빈주의 신학을 공적인 삶에 적용되도록 신칼빈주의 공공신학을 체계화하였습니다. 카이퍼의 사상은 헤르만 바빙크, 헤르만 도예베르트(Herman Dooyeweerd 1894-1977), 디르크 볼렌호븐(Dirk Hendrik Theodoor Vollenhoven, 1892-1978)을 통해 기독교 세계관으로 줄기차게 이어집니다.[57]

57 김영한, "공공신학으로서의 칼빈주의", 「기독일보」, 2021. 5. 30. https://www.christiandaily.co.kr/news/104199#share.

1. 마틴 루터 킹은 '제도와 인간을 구분'하여 저항했습니다. 이러한 그의 정신이 오늘날 극한 대립으로 치닫는 사회 및 정치 운동에 어떤 시사점을 줄 수 있을까요?

2. 카이퍼의 '영역주권론'을 설명해 보십시오. 그가 주장하는 영역주권론과 다원주의는 어떻게 구별된다고 생각합니까?

3. 회심 체험 후 신학을 고민하는 윌버포스에게 정치인으로서 하나님 나라 확장에 기여하라고 조언해 준 사람은 누구입니까? 이러한 일화를 통해 느낀 점을 서로 얘기해 봅시다.

그리스도인의 정치 참여

1. 그리스도인이 정치에 무관심할 것이 아니라 참여해야 한다는 성경적 근거는 무엇입니까?

2. 그리스도인은 어떤 경우에 정부에 불복종할 수 있나요? 그럴 때 불복종의 자세는 어떠해야 합니까? 성경에 나타난 불복종의 사례들을 말해 봅시다.

3. 담임목사가 예배에서 정치적 발언을 하는 것에 대하여 어떻게 생각합니까? 이것은 그리스도인이 정치에 참여하는 것과 어떻게 다른가요?

4. 학자들마다 교회와 국가의 관계에 대한 입장이 달라 혼란스러울 때가 많습니다. 당신의 입장은 무엇이고 그렇게 주장하는 근거는 무엇입니까?

Chapter 4

신학으로 본
공공신학

4. 신학으로 본 공공신학

한번은 심야 기도회에 참석하여 다음 찬양을 부르며 간절히 기도하였습니다. 은혜도 풍성했고, 기도도 뜨거웠습니다. 그런데 공공신학에 관심을 기울이게 된 탓인지 집으로 돌아오면서 여러 가지 생각이 들었습니다. 여러분도 들어 본 익숙한 찬양일 것입니다.

죄 많은 이 세상은 내 집 아니네
내 모든 보화는 저 하늘에 있네
저 천국 문을 열고 나를 부르네
나는 이 세상에 정들 수 없도다 ♪
오 주님 같은 친구 없도다
저 천국 없으면 난 어떻게 하나
저 천국 문을 열고 나를 부르네
나는 이 세상에 정들 수 없도다 ♬

저는 이 가사를 비판하고 싶은 마음은 전혀 없습니다. 땅의 것에 소망을 두고 살기보다 천국에 대한 고대와 갈망을 담았기에 저도 힘차게 찬양했고, 지금도 그러합니다. 그런데 한 가지 의문이 들긴 합니다. '죄 많은 이 세상 정들 수 없다면, 그리스도인은 세상의 문화를 어떤 관점으로 바라보고, 또 어떤 태도를 취해야 할까?' 여러분의 생각은 어떻습니까? 역사 속의 많은 신학자는 이 주제에 대하여 고민하며 씨름해 왔습니다. 그들의 가르침은 무엇일까요?

그리스도와 문화에 대한 큰 그림

가사의 내용처럼 세상은 썩어질 것이므로 그리스도인은 세상 문화를 거부하는 입장을 취해야 한다는 신학적 주장이 있습니다[반문화주의]. 한편, 정반대의 극단도 있습니다. 기독교 문화를 온 세상에 전파하여 확장하자는 것입니다[문화 승리주의, 콘스탄티누스주의[1]]. 전자의 대표적 예는

---

1   로마의 콘스탄티누스 황제는 기독교로 개종한 직후인 313년에 밀라노칙령을 내려 기독교를 합법화했을 뿐만 아니라 사실상 기독교를 로마 제국의 공식 종교로 만들었습니다. 이로 인하여 교회와 국가 간에 긴

중세의 수도원 운동입니다. 세상 정욕에 대한 경계, 교회의 성직매매와 타락에 저항하고 개혁하려는 동기에서 비롯된 것입니다. 후자의 대표적인 예는 11세기 십자군 전쟁이나, 19세기 서구 열강들이 식민지를 확장할 때 선교사를 전면에 내세운 것입니다. 하나님 나라를 확장하고 그분의 영광을 드러내겠다는 동기에서 출발했을지 모르지만, 너무나 많은 사람을 죽이고 상처를 입혔습니다. 안타까운 일이 아닐 수 없습니다. 지금도 이슬람권 선교사님들은 그들이 복음을 거부하는 가장 큰 이유 중 하나가 이러한 역사적 상처 때문이라고 합니다. 이슬람 국가마다 편차는 있겠지만 사랑과 섬김으로 복음에 대한 오해를 풀어 주고 그들의 친구가 되어 주는 것이 중요한 사역이라고 얘기합니다.

여러분의 이해를 돕기 위해 저는 문화에 대한 두 가지 극단적인 입장을 제시했습니다. 각각의 주장마다 시대적 배경이 있고, 나름의 근거가 있기는 합니다. 요점은 그리스도인으로서 문화에 대한 어떤 관점을 갖느냐에 따라 그 태도와 처신이 사뭇 달라진다는 것이지요. 우리는 이번 장에서 "그리스도인이 세상을 향해 어떤 자세로 살아가야 하는가?"라고 신학자들에게 물을 것입니다. 복음이 예배당 안에만 머물지 않고, 일상과 세상에서 드러날 것을 강조하는 것이 공공신학이기 때문입니다. 잠시 후 이 질문에 답하는 세 명의 현대 신학자를 만날 것입니다. 순례자로 살 것을 강조하는 데이비드 반드루넨(David M. VanDrunen), 변혁가로 살아가도록 초청하는

밀한 관계 속에 '기독교 왕국' 합의가 싹트고 급기야 유아세례가 온갖 실용적 유익으로 시민권의 출발점이 되기에 이르렀습니다. 따라서 오늘날 어느 종교가 정치권력과 지나치게 가까이 연합할 때 '콘스탄티누스주의'라는 말이 곧잘 대두되곤 합니다. (리처드 마우, 국민일보, 2010. 6. 18). https://news.kmib.co.kr/article/view.asp?arcid=0003829481&code=23111413.

제임스 스미스(James K. A. Smith), 그리고 그 중간 어느 지점에서 신실한 함께 함으로 살 것을 권면하는 제임스 데이비슨 헌터(James Davison Hunter)입니다. 우리는 이들의 다양한 제안들을 어떻게 채택하고 적용할지 약 1600년 전에 살던 초대 교회의 은혜의 신학자 아우구스티누스에게 조언을 구할 것입니다.

미리 말씀드리지만 이들 중 어느 한 사람만 옳다는 식의 사지선다형으로 접근할 필요는 없습니다. 모두 성경적 지지를 받고, 보수적이고 복음적인 그리스도인이 수용할 수 있는 스펙트럼입니다. 적절할지 모르겠지만 이렇게 예를 들어 볼까요? 같은 파티라도 회사 임역원 파티인지, 고등학교 동창 파티인지, 가족 모임파티인지에 따라 복장과 스타일이 다른 것은 당연합니다. 그리고 상황에 적실하게 드레스 코드를 맞출 때, 여러분은 품위 있고 현명하다는 얘기를 들을 것입니다. 그러기 위해서는 여러분이 파티에 어울리는 여러 벌의 복장을 가지고 있어야 할 것입니다. 그리스도인의 세상에 대한 태도도 이와 비슷한 관점에서 접근할 수 있습니다. 성경적 원리가 허용되는 범위 내에서 하나의 카드만 쥐고서 옴짝달싹 못하는 경직된 자세가 아니라 유연성을 가질 필요가 있습니다. 물론 개혁파 신학자인 저에게 더 많이 필요한 부분일지도 모르겠습니다. 아무튼 이번 챕터에서 저의 목표는 세상을 대하는 그리스도인의 성경적 입장을 한 장이 아닌 여러 장을 여러분께 쥐어 드리는 것입니다. 개혁신학과 복음주의 신학 안에 이렇게 건강하고 폭넓은 공공신학의 틀을 제시할 수 있다는 것이 얼마나 기쁘고 감사한지 모르겠습니다.

우리가 어떤 대상을 왜곡 없이 온전하게 파악하기 위해서는 선행 작업이 필요합니다. 그 대상만 파헤치는 것이 아니라 그것이 포함된 범주, 맥락, 그 대상과 비슷한 것들 사이의 차이점을 아는 것입니다. 옛 속담에 "나무만 보지 말고 숲을 보라"는 말이 여기에 해당한다고 할 것입니다. 세상과 문화에 대한 그리스도인의 몇 가지 입장을 듣기 전에 저와 함께 한걸음 물러서서 숲을 보는 시간을 갖고자 합니다. 고맙게도 리처드 니버(Richard Niebuhr)는《그리스도와 문화》[2]라는 책에서 이 숲에 대한 그림을 보여줍니다. 니버는 그리스도와 문화의 관계를 다섯 가지로 분류합니다. 그리고 그 속에서 그리스도인이 어떤 관점과 입장을 취하는지 설명해 나갑니다. 그의 다섯 가지 분류방식은 교회와 문화의 관계를 지나치게 도식적으로 접근했다거나, 어느 한 범주에 딱 들어맞지 않는다는 비판이 있기도 합니다. 하지만 이 모델은 그리스도인들이 오랫동안 씨름해 온 문제의 반복적 양상들을 비교적 잘 포착하였습니다. 또, 그리스도인이 문화를 어떻게 대해야 할지에 대한 성경적 원리가 담겨 있다는 점에서 매우 유용합니다.[3]
니버가 분류한 그리스도와 문화의 다섯 가지 모델은 다음과 같습니다.

1. 문화와 대립하는 그리스도(Christ against Culture)

문화에서 빠져나와 교회 공동체로 들어오는 분리 모델입니다. 이 유형의 사람들은 자신이 속해 있는 사회의 문화와 관습 자체를 거부하고 배척합니다. 문화 자체를 '죄'의 산물로 보는 입장이지요. 초대 교회 교부 터툴리안(Tertullian)은 이렇게 말합니다. "아테네가 예루살렘과 무슨 상관이 있

---

2   리처드 니버, 《그리스도와 문화》, 홍병룡 역 (서울: IVP, 2007).
3   팀 켈러, 《센터 처치》, 오종향 역 (서울: 두란노, 2016), 410.

는가?" 철학과 문화의 도시 아테네와 종교의 도시 예루살렘의 무관성과 분리성을 강조한 것이지요.

2. 문화 속의 그리스도(Christ of Culture)

문화 가운데 하나님의 일하심을 인정하고 확인하려는 순응 모델입니다. 이 유형은 문화를 하나님의 은혜로운 활동의 표현이자 '선물'로 이해합니다. 기독교와 문화는 서로 일치할 수 있으며 분명한 연속성이 존재한다고 보는 관점이죠. 자유주의 신학의 아버지라고 불리는 슐라이어마허(Schleiermacher)와 그를 따르는 자유주의 신학자들이 주로 취하는 입장입니다.

3. 문화 위의 그리스도(Christ above Culture)

그리스도와 함께 문화 안에 있는 좋은 것들을 보충하고 사용하는 합성 모델입니다. 이 유형은 문화에 대하여 적대적이지 않다는 점에서 ①번 유형과 다르며, 기독교와 문화가 일치할 수 없다고 보는 점에서 ②번 유형과 다릅니다. 중세 가톨릭의 대표적 신학자였던 토마스 아퀴나스(Thomas Aquinas)의 입장이 여기에 포함됩니다.

4. 문화와 역설적인 그리스도(Christ and Culture in Paradox)

그리스도인이 성(成)과 속(俗)의 두 영역에 살고 있다고 보는 이원론 모델입니다. 기독교와 문화를 대립구도에 있는 것으로 본다는 점에서 ①번과 흡사하게 보이기도 하지만, 문화 자체가 존재하는 것은 불가피함을 인정하는 입장입니다. 이 입장은 기독교와 문화를 이원론(dualism)적 관점에서 바라봅니다. 쉽게 말하자면 문화를 '필요악'으로 보는 관점이라 할 수 있죠. 교회와 국가가 서로 거리를 두어야 한다는 두 왕국론을 주장한 마틴 루터(Martin Luther)와 실존주의 철학자이자 신학자였던 키에르케고르(S. Kierkegaard), 그리고 우리가 살펴볼 반드루넨(David VanDrunen)이 여기에 속합니다. 이 부류의 사람들은 죄의 심각성을 인식하여 구속의 의미는 강조하지만, 창조의 의미는 낮게 평가하는 경향이 있습니다.

5. 문화를 변혁하는 그리스도(Christ the Transforming Culture)

그리스도와 함께 문화의 모든 부분을 변혁하려고 하는 회심주의자 모델입니다. 문화를 배척의 대상도, 궁극적 지향점도 아닌 구속과 변혁의 대상으로 보는 관점입니다. 창조, 타락, 구속의 관점에서 그리스도의 구속의 범위와 효과가 온 우주에 미친다고 주장합니다. 하나님의 통치가 이 땅 위에서 실현되도록 하는 것이 이 유형에 속한 사람들의 지향점입니다. 성(聖)아우구스티누스와 칼빈과 신칼빈주의자[4]인 아브라함 카이퍼, 리처드 마우(Richard Mouw), 제임스 스미스가 이 유형에 속합니다.

이해를 돕기 위해 이상의 내용을 다음과 같이 도표로 정리해 보았습니

---

[4] 루터가 종교개혁의 선봉장이었다면, 칼빈은 그것을 토대로 종교개혁을 보다 정교하게 확립한 인물이라고 할 것입니다. 물론 칼빈 혼자서 한 것이 아니라 부쩌, 베자, 츠빙글리, 불링거, 무스쿨루스 등 수많은 개혁가들과 함께 이룬 것이지요. 큰 틀에서 종교개혁은 로마 가톨릭에 저항(protestant)하였기에 프로테스탄트라고 불립니다. 그 안에서 좀 더 세분하자면, 루터의 입장을 철저히 따르는 루터파, 칼빈의 입장을 따르는 개혁파(칼빈주의), 중세 가톨릭뿐 아니라 국가까지 거부하려는 재세례파(분파주의)로 분리됩니다. 신칼빈주의는 칼빈의 사상을 계승하되 세상과 문화에 보다 적극적이고 변혁적으로 참여할 것을 강조하고자 19세기 말에 네덜란드의 아브라함 카이퍼와 헤르만 바빙크를 중심으로 일어난 운동을 말합니다. 오늘날 개혁파 교회가 대체로 수용하는 입장이기도 합니다.

다. 니버가 제시한 5가지 유형을 문화에 대한 수용성의 정도에 따라 재배열을 한 것입니다. 왼쪽으로 갈수록 문화에 대한 부정적 태도가 강하고, 오른쪽으로 갈수록 긍정적 태도가 강하다고 보면 됩니다.

부정적 ← 문화에 대하여 → 긍정적

	1. 문화와 대립하는 그리스도	5. 문화를 변혁하는 그리스도	4. 문화와 역설적인 그리스도	3. 문화 위의 그리스도	2. 문화 속의 그리스도
문화란	죄악이다	변혁의 대상이다	필요악이다	부족하여 은혜로 보충해야 한다	선물이다
특징	분리 모델	변혁 모델	이원론 모델	통합 모델	순응 모델
교회의 역할	문화를 버리고 교회다움에 집중	교회가 문화 속에 뛰어들어 변혁	문화는 인정하나 거리를 둠	문화와 교회가 상호보충, 통합	문화속에 교회가 귀속됨
종파	재세례파, 퀘이커, 분파주의	개혁파	루터파, 두 왕국론	로마 가톨릭	자유주의 신학
대표자	터툴리안, 하우어워스, 존 하워드 요더	칼빈, 카이퍼, 바빙크, 보스, 월터 스토프, 제임스 스미스	루터, 반드루넨	아퀴나스	슐라이어마흐
비판	세상과 동떨어진 수도원적 기독교	문화 승리주의	이원론적 삶	인간과 세상의 죄성을 경시	세속화의 위험

[리처드 니버의 그리스도와 문화에 대한 5가지 유형]

어떻게 숲을 보는 데 도움이 되었나요? 더 혼란스럽기만 하다구요? 괜찮습니다. 저의 손을 잡고 한분 한분의 신학자들을 만나 봅시다. 그들에게 우리가 학생으로, 직장인으로, 주부로서 어떻게 세상을 바라보아야 할지 들어보도록 합시다.

| 나그네로 살아가기 |

그리스도인의 정체성 - 나그네

이 땅에서 그리스도인의 정체성을 '나그네'로 묘사한 신학자는 반드루넨입니다. 그는 미국 캘리포니아 웨스트민스터라는 매우 보수적인 신학교의 조직신학자입니다. 그의 이력은 다소 특이한데, 법학 박사에 변호사 자격증까지 가진 신학자라는 것입니다. 자연법[5]에 대한 그의 조예와 세상의 교육, 직업, 정치, 국가에 대한 예리한 통찰은 이러한 그의 이력과 무관하지 않다고 여겨집니다.[6]

---

5   실정법은 경험적 사실에 기초하여 형성된 것으로 성문법, 관습법, 판례법이 있습니다. 이에 상응하여 자연법이란 시간과 공간을 초월한 초경험적인 것으로 영구불변한 보편타당성을 지닙니다. 반드루넨은 노아 언약(창 8:20-9:17)이 자연법의 토대가 된다고 말합니다.

6   그의 많은 저서들 중에 《자연법과 두 나라》 (서울: 부흥과개혁사, 2018), 《기독교 정치학》 (서울: 부흥과개

그에 따르면 그리스도인은 약속의 땅을 향하여 순례하는 아브라함과 같다는 것입니다(히 11:13-14). 또, 바벨론 땅에 살면서 자기가 궁극적으로 속하지 않은 문화에 참여하던 이스라엘 거류민과 같다는 것입니다.[7] 70년 동안 이스라엘 자손이 바벨론에서 나그네로 살았던 것처럼 그리스도인은 세상과 여전히 구별되고 천국의 소망을 붙들고 살지만, 바벨론의 평안을 위해 기도할 수 있어야 한다는 것이지요. 반드루넨은 이러한 주장의 근거로 예레미야 29장 4-7절을 인용합니다.[8]

"만군의 여호와 이스라엘의 하나님께서 예루살렘에서 바벨론으로 사로잡혀 가게 한 모든 포로에게 이와 같이 말씀하시니라. 너희는 집을 짓고 거기에 살며 텃밭을 만들고 그 열매를 먹으라. 아내를 맞이하여 자녀를 낳으며 너희 아들이 아내를 맞이하며 너희 딸이 남편을 맞아 그들로 자녀를 낳게 하여 너희가 거기에서 번성하고 줄어들지 아니하게 하라. 너희는 내가 사로잡혀 가게 한 그 성읍의 평안을 구하고 그를 위하여 여호와께 기도하라. 이는 그 성읍이 평안함으로 너희도 평안할 것임이라."(렘 29:4-70)

이스라엘 백성은 바벨론에서 영원히 살지 않습니다. 그들은 나그네와 거류민으로 살아갈 뿐입니다. 그들은 이스라엘 본향으로 돌아갈 백성이지만, 지금은 이방 땅 바벨론에 있습니다. 이런 그들에게 하나님은 밭을 가꾸

혁사, 2020), 《하나님의 두 나라 국민으로 살아가기》에서 이러한 면모를 쉽게 확인할 수 있습니다. 이 책은 이러한 저서들을 토대로 그의 관점을 간략히 소개한 것입니다.
7 반드루넨, 《하나님의 두 나라 국민으로 살아가기》, 128.
8 반드루넨, 《하나님의 두 나라 국민으로 살아가기》, 121.

고(경제활동), 결혼해서 자녀를 낳고(가정생활), 그 성읍의 평안을 위해 기도하라고 명하십니다(국가에 순복). 마찬가지로 그리스도인은 바벨론과 같은 이 세상에 살지만 영원한 본향을 향해 나아가는 나그네라는 것입니다. 이러한 그의 그리스도인에 대한 '나그네'적 관점은 문화 활동과 세상에 대한 태도에도 반영됩니다. 그리스도인은 참된 기쁨과 만족을 가지고 세상에 속한 문화를 활용하고 수행할 수 있습니다. 불신자와 대등한 입장에서 서로 협력도 해야 합니다. 그러나 그 문화 활동에 거리를 두어야 합니다. 왜냐하면 우리의 신분은 천국 시민이며, 이 땅에서 나그네이기 때문이라는 것이지요. 여러분에게 퀴즈를 드리겠습니다. 다음 반드루넨의 말을 직접 들어보시며, 그는 니버의 5가지 유형 중 어디에 해당하는지 답해 보십시오.

> 신약성경에 따르면, 그리스도인은 일반 나라에서 열심히 일하고 정당한 권위에 복종해야 한다. 그렇지만 그리스도인은 거리감을 유지하면서 문화 활동을 수행해야 하는데, 그런 거리감은 문화 활동에서 그리스도인이 느끼는 기쁨과 만족을 제한한다. 그리스도인이 문화적 성취에서 느끼는 기쁨과 만족은 천국의 시민과 영생의 상속자가 되는 경이로움에 결코 비할 수 없는 것임에 틀림없다. 가족, 학교, 기업, 정부는 선하고 정당한 제도지만 또한 덧없고 일시적인 제도이기도 하다. 문화 활동에서 우리가 느끼는 기쁨은 순례자가 느끼는 기쁨이요 거류민과 나그네가 느끼는 기쁨이다. 그것은 궁극적인 기쁨이 아니라 하나님이 잠시 베푸시는 작은 복에 조용히 감사하는 기쁨이다.[9]

---

9 반드루넨, 《하나님의 두 나라 국민으로 살아가기》, 217-18.

위의 표를 참고하면 답을 확인할 수가 있을 것입니다. 네, '④ 문화와 역설적인 그리스도'(Christ and Culture in Paradox)의 입장입니다. 반드루넨이 하나님 나라와 세상 나라를 구분하는 공공연한 두 왕국론자임을 상기한다면 더욱 분명해질 것입니다.[10]

세상에서 나그네로 살아가기

그렇다면 그리스도인이 이 땅에서 나그네로 살아갈 때 취해야 할 구체적인 태도는 무엇일까요? 어차피 이 세상은 신자와 비신자가 섞여서 살아갑니다. 신자는 성경을 믿지만, 비신자는 그렇지 않습니다. 이러한 상황에서 우리는 세상을 향해, 국가를 향해, 비신자를 향해 어떤 입장을 취해야 할까요? 반드루넨은 신자와 비신자 사이의 현저한 차이점(믿음, 구원, 은혜, 언약 등)에도 불구하고 서로가 공유하는 탄탄한 공통분모가 있다고 말합니다. 무엇일까요? 그것은 도덕법, 곧 자연법입니다. 그리고 이 자연법의 성경적 근거는 '노아 언약'이라고 말합니다.

> 노아 언약은 이 도덕적 책무, 곧 자연법을 수립한다. 그런 까닭에 나는 결혼의 정체성, 태아의 지위, 부와 가난의 문제와 같이 논쟁의 여지가 있는 사회적 문제들이 모든 사람과 연관된 도덕적 문제를 제기하며, 공공정책을 위해 아주 중요하다고 그리스도인들이 생각하는 것이 올바르다고 생각한다. 과연, 그리스도인들은 성령에 의해 거룩해진 마음과 성경의 인도와 함께 이런 문제에 접근해야 한

10　반드루넨, 《자연법과 두 나라》, 16; 《하나님의 두 나라 국민으로 살아가기》, 168.

다. 그러나 비신자들이 이런 영역에서 도덕적 책무를 갖는 이유와 신자들과 비

신자들 사이에 공통된 사회생활이 존재하는 이유는 노아 언약을 통해 유지된 자

연적 도덕 질서의 객관적 실재 때문이다.[11]

반드루넨은 자연법이 신자와 비신자 사이의 공통된 사회생활의 근거를 신학적으로 설명한다고 합니다. 또 자연법이 이 공동생활에 대해 비신자들과 소통하기 위한 중요하고 유용한 수단을 제공한다고 평가합니다. 왜냐하면 그리스도인이 자연법을 사용하여 비신자를 설득하고 그들과 협력하려고 애쓰는 것이 적절하고 가능해지기 때문입니다.[12] 자연법을 통한 비신자와의 이러한 소통에 기반하여 그는 신자가 지녀야 할 태도 세 가지를 제시합니다.

첫째, 현세의 삶이 덧없음을 기억해야 합니다. 현세의 삶은 중요하고, 정치적 사건은 큰 유익이나 참된 불행을 가져다줄 수 있습니다. 하지만 성경은 신자들에게 현세의 일이 자신들을 무겁게 짓누른다 해서 낙심하지 말라고 경고합니다. 그리스도인은 짧은 인생에서 현세의 다양한 문제에 짓눌려 정작 중요한 것을 보지 못하게 하는 위협에서 언제나 올바른 관점을 견지해야 합니다. 쉽게 말해서 그리스도인은 어떤 일은 한시적임을 늘 기억해야 합니다(시 39:4-6).[13]

둘째, 그래서 주를 의지하는 자세로 나아가야 합니다. 현세의 삶이 덧없

11 반드루넨, 《언약과 자연법》, 661-62.
12 반드루넨, 《언약과 자연법》, 662.
13 반드루넨, 《기독교 정치학》, 245.

다는 것을 아는 것 자체로는 위로가 될 수 없지요. 이 땅의 괴로운 일에 둘러싸여 있는 그리스도인에게 그런 앎이 위로가 되는 것은 오직 그들이 영원하신 하나님, 역사에 의미를 부여하시며 역사의 주인이신 하나님을 의지할 때입니다. 반드루넨은 시인의 고백에서 현세의 덧없음에서 영원한 소망으로 이러한 무게중심의 이동이 있음을 환기합니다.[14] "주여 이제 내가 무엇을 바라리요. 나의 소망은 주께 있나이다"(시 39:7). 신자는 하나님이 자신을 돌보는 것을 알기에 자신의 모든 염려를 하나님께 맡기고(벧전 5:7), 하나님께 도움을 요청하며(시 50:15), 불안해하거나 불평하지 않고(시 37:1), 주를 의뢰하고 주를 기뻐합니다(시 37:3-4).

셋째, 그리스도인의 태도는 사랑이 가득하고 불쌍히 여기며, 즐거워하는 것이어야 합니다. 우리가 진정 하나님을 의뢰하고 신뢰한다면 이웃에게 사랑을 베풀 수밖에 없습니다. 믿음은 사랑을 통해 역사하기 때문입니다(갈 5:6). 주님과 같은 긍휼한 마음이 우리 안에도 흘러넘치기를 갈망해야 합니다(골 3:12, 마 9:36). 그리스도인은 흔히 자신과 다른 정치적 견해를 지닌 사람을 성급하게 자신의 원수로 여깁니다. 그러나 세상이 가질 수 없는 완전한 번영과 자유와 평화를 누리는 그리스도인이 그런 불평을 하는 것은 더욱 합당치 못합니다. 조국을 잃었다 해서 분노하기 쉽지만, 그것은 마치 이 땅에서 그리스도인에게 속한 어떤 나라가 있는 것처럼 행동하는 것입니다. 정적들을 마귀로 몰기가 쉽지만, 그것은 마치 그리스도인이 전적인 은혜로 말미암아 은혜로 구원받은 죄인이 아닌 것처럼 행동하는 것

---

14   반드루넨, 《기독교 정치학》, 247.

이지요. 분개하기는 쉽지만, 그것은 마치 하나님이 "내게 줄로 재어 준 구역이 아름다운 곳에 있고, 나의 기업이 실로 아름답다"(시 16:6)는 것을 부정하는 것처럼 행동하는 것이 아닐까요? 그리스도인은 이미 흔들릴 수 없는 나라의 상속자가 되었고, 따라서 "나의 마음이 기쁘고 나의 영도 즐거워한다"고 말해야 합니다(시 16:9). 새 창조의 세계를 상속하게 될 자인 그리스도인은 주님이 다시 오실 때를 기다리는 동안에 그의 모든 이웃, 심지어 자신을 적대하는 사람을 향해서도 기쁜 마음으로 사랑하고 축복할 수 있습니다.[15]

개인의 주장과 다양성 존중이 요구되는 다원주의 사회에서 반드루넨은 노아 언약에 기초한 자연법을 토대로 이 같은 '보편적 정의'를 강조합니다. 보편적 정의를 구현하기 위한 그의 구체적 실천 방안은 오늘날 당리당략적 논쟁과 뒷담화, 중상과 음해, 비난과 악플로 얼룩진 정치계와 이 세대에 매우 실질적인 대안이 될 수 있을 것입니다.

그리스도인의 현실참여

반드루넨은 신자가 비신자에 비하여 학문, 예술, 문화, 교육, 직업, 정치의 영역에서 반드시 더 탁월하다는 보장은 없다고 말합니다. 이것은 우리가 어떤 사람을 선출하는 유일한 이유가 기독교인이기 때문이어서는 곤란하다는 근거가 됩니다. 이유는 하나님께서 노아 언약을 통하여 온 인류를 보존하기 위해 일반은총을 모든 사람에게 주셨기 때문이라는 것이지

---

15 반드루넨, 《기독교 정치학》, 248-49.

요. 신자는 비신자와 세속 왕국의 삶과 활동을 공유하므로, 문화적 과업에 대한 우수성의 기준도 보편적으로 동일하다는 것입니다. 그러므로 신자는 '기독교적'이라는 이름으로 세상을 변혁하고 구속하려는 과도한 부담을 내려놓을 필요가 있다고 초청합니다.[16] 여기에는 창조, 타락, 구속이라는 기독교 세계관에 기초하여 세상을 변혁시키겠다는 신칼빈주의에 대한 진지한 반성과 성찰이 녹아 있습니다. 솔직히 한국과 미국 사회에서 그리스도인들은(그들이 진보적이건 보수적이건) 정치와 문화를 변혁하겠다는 훌륭한 동기로 뛰어들었습니다. 그러나 그 결과는 어떻습니까? 어느 정도 이득도 있지만 손실도 적지 않습니다. 기독교는 적극적인 것을 넘어 무례하다는 비난을 받습니다. 승리주의적 태도는 사람들의 마음을 닫히게 하였습니다. 교회는 거룩을 상실한 채 신속하게 번영의 신학에 야합하여 세속화되어 갔습니다. 세상을 변화시키겠다는 거창한 사명을 좇느라 교회의 교회다움을 놓친 비극입니다. 마치 호랑이 잡으러 갔다가 호랑이에게 물려 버린 형국이라고 할까요? 반드루넨은 이러한 성찰 속에서 그리스도인의 현실참여에 대한 방안을 다음과 같이 제시합니다.

첫째, 신자는 문화 활동을 수행할 때 세상을 변혁하고자 기독교적 방법을 찾는 것이 아니라 불신자와 그런 활동을 함께 하는 나그네로 행동하라고 조언합니다.[17] 우리는 자신이 수행하는 문화 활동이 일반 나라를 더욱 정의롭고 번창하게 만드는 데 기여할 때 크게 기뻐합니다. 하지만 마치 일반 나라를 보존하기보다 '구속'하기 위해 부름 받은 것은 아니라고 합니다.

---

16 반드루넨, 《하나님의 두 나라 국민으로 살아가기》, 226.
17 반드루넨, 《하나님의 두 나라 국민으로 살아가기》, 224.

둘째, 학문에 있어서 신자가 밝혀낸 특유의 이론과 해석을 다른 사람에게 받아들이도록 강요해서는 안 됩니다.[18] 신자는 하나님과 세계를 이해할 때, 비신자와 근본적으로 대립하거나 충돌합니다. 그럼에도 자신이 맡은 일을 수행할 때, 비신자와 협력해야 할 때가 많지요. 하나님의 일반은총 가운데 이론과 해석이 신자에게만 적용되는 것이 아니므로, 어떤 연구와 학문을 설명할 때 '기독교적'이라는 수식어를 보다 신중하게 사용해야 한다고 합니다.

셋째, 교육에 있어서 단순한 정보나 지식만 전달할 것이 아니라 더 큰 '세계관과 인생관'의 일부로 가르쳐야 합니다.[19] 여기서 반드루넨은 각 기관의 역할과 책임을 강조합니다. 부모는 자녀를 학교에 보냄으로써 하나님이 부모에게 주신 자녀 양육의 고유한 책임을 면제받는 것이 아님을 상기해야 합니다. 기독교 학교는 예배, 선교, 영성, 봉사 등을 강조한 나머지 교회가 맡은 고유한 책임을 제 것으로 주장하지 않도록 유의해야 합니다. 대신에 이런 활동을 수행할 자원이 되는 보편 지식과 일반 학문을 성실히 가르치는 일에 힘써야 한다고 합니다.

넷째, 직업에 있어서 신자가 수행하는 모든 일은 예수님을 믿는 믿음을 반영하고, 예수님의 영광에 중점을 두어야 합니다.[20] 자신에게 맡겨진 일을 잘하는 것이 우리 구주 하나님의 교훈을 빛나게 하지요(딛 2:10). 그러나 성경이 침묵하는 문제에 대하여 자신이 기독교적이라고 생각하는 결정을

---

18 반드루넨, 《하나님의 두 나라 국민으로 살아가기》, 236.
19 반드루넨, 《하나님의 두 나라 국민으로 살아가기》, 229.
20 반드루넨, 《하나님의 두 나라 국민으로 살아가기》, 251.

다른 사람에게 강요하지 않도록 주의해야 합니다. 신자는 자신이 종사하는 직업에서 우수성에 도달하는 방식에 대해 불신자와 사뭇 다른 관점을 가져야 하지만, 우수성에 대한 객관적 기준은 신자와 불신자에게 공통적이기 때문입니다.[21]

다섯째, 정치에 있어서 신자는 정치가 갖는 중요성을 부정하려 해서도 안 되며(정치는 이 세상의 정의, 평화, 번영과 깊은 관련이 있기에), 그렇다고 정치를 구속의 나라인 천국이 도래하게 하는 수단으로 높여서는 안 된다고 균형을 강조합니다.[22] 왜냐하면 정치는 세상을 변혁하는 구속의 수단이 아니라 일반 나라에 속한 문제이기 때문이라는 것이지요.[23] 국가가 제구실을 다 하는 데 이바지하기 위해 신자가 노력하는 것은 지당하지만, 신자에게 맡겨진 정치적 사명은 국가를 구속적으로 변혁시키는 것이 아니라고 합니다. 이러한 두 왕국론의 틀에서 반드루넨은 몇 가지 핵심원리를 제시합니다. ① 위정자는 하나님에 의해 세움을 받았다(롬 13:1-4). ② 위정자는 질서유지와 정의를 시행할 책임이 있다. ③ 신자는 하나님이 세우신 위정자에게 순종할 책임이 있다. ④ 정부가 부여받은 권위는 제한적이다. ⑤ 공공정책과 관련해서 단일한 기독교적 입장은 존재하지 않기에 신자들이 서로 의견을 달리해도 정당하다. ⑥ 윤리적 쟁점에 대해서는 교회가 가르쳐야 하지만, 현실의 정치적 쟁점이나 공공 정책적 쟁점으로서는 교회가 그런 주제들에 대해 침묵해야 한다. ⑦ 이때에 신자는 성경의 명시적 가르침을 구

---

21 반드루넨, 《하나님의 두 나라 국민으로 살아가기》, 255.
22 반드루넨, 《하나님의 두 나라 국민으로 살아가기》, 255.
23 반드루넨, 《하나님의 두 나라 국민으로 살아가기》, 255.

4. 신학으로 본 공공신학　151

체적 상황에 어떻게 적용할지 자유재량으로 판단하되, 다른 신자의 양심을 강요해서는 안 된다.[24]

시사점

반드루넨의 '나그네'로서의 관점은 우리 시대의 그리스도인들에게 세상을 향해 어떤 태도를 취해야 할지에 대한 훌륭한 시사점을 던져 줍니다. 보수주의 신학교의 개혁신학자로서 루터파적라는 비판을 받으면서까지 두 왕국론을 주장하는 데는 신칼빈주의가 놓친 부분에 대한 깊은 고민과 애정 어린 조언이 담겨 있습니다.

첫째, 세상과 문화를 변혁시키려는 적지 않은 신칼빈주의자들이 세속화되어 가는 안타까운 현실을 성찰하게 합니다. 반드루넨이 두 왕국론에서 하나님 나라 백성의 정체성을 나그네와 거류민으로 규정한 진정한 동기는 다른 것이 아니라 그릇된 신칼빈주의자들의 승리주의와 세속화에 대한 정당한 우려와 맞물려 있음을 겸허히 인정할 필요가 있습니다.

둘째, 그리스도인으로 하여금 자신의 일상과 직업 속에서 문화를 변혁하여 하나님의 나라를 회복해야 한다는 과도한 짐을 지우지 않으면서도, 그분의 주권 안에서 신실하고 겸손하게 살아갈 근거와 안식을 제공합니다. 신칼빈주의자 아브라함 카이퍼의 영역주권 이론과 문화변혁적 세계관은 분명 매력적입니다. 하지만 카이퍼이기 때문에 일국의 수상으로, 신학교 총장으로, 당총재로, 언론인으로 개혁가의 삶을 살 수 있었을 것이라

---

24   반드루넨, 《하나님의 두 나라 국민으로 살아가기》, 258-62.

는 거리감과 부담감을 떨칠 수 없는 것도 사실이지요. 반드루넨은 하나님께서 허락하신 노아 언약 안에서 작동되는 보편적 자연법을 통하여 우리보다 먼저, 우리보다 많이, 우리보다 완전하게 일하시는 하나님을 바라보게 합니다. 그럼으로써 문화를 변혁해야 한다는 신자의 무거운 어깨를 한결 가볍게 해 줍니다. 나그네로서 주어진 삶을 신실하게 걸어갈 때 누리는 소박한 기쁨으로 초대합니다.

셋째, 그의 자연법 사상은 다원주의 사회에서 비신자들과 상식(common sense)에 기초한 공적인 토론의 장(場)을 마련할 뿐 아니라, 설득과 소통을 통하여 성경적 원리에 근접한 정책과 결론을 도출할 수 있는 가능성을 제공합니다. 가령, 최근 미국에 이어 한국 교회에 뜨거운 이슈가 된 동성애에 대하여 보수적 교회는 신칼빈주의 입장에서 단호하게 입장문을 발표하고 가두 시위를 진행했습니다. 거기에는 기독교의 목소리를 사회에 분명히 낸다는 의미도 있었지만, 기독교에 대한 반감을 불러일으키는 역효과적 부작용도 있었음을 부인할 수 없습니다. 반드루넨과 같이 두 왕국과 자연법 사상을 주장하는 마이클 호튼(Michael Horton)은 그리스도인이 동성애자의 권리에 대항하여 십자군처럼 대응하는 것을 멈춰야 한다고 주장합니다. 그것은 자신이 동성애를 찬동해서가 아니라 공적 영역에서 그러한 반대가 복음이 사회적, 정치적으로 울려 퍼질 기회를 가로막을 수 있기 때문이라는 것입니다.[25] 요점은 어느 쪽이 옳고 그르냐는 것이 아니라 포스트 모더니즘과 다원주의 사회에서 기독교가 사회를 향하여 어떤 입장

---

25 Michael Horton, *Beyond Culture Wars* (Chicago: Moody, 1994), 35, 83.

과 태도(stance)를 취하느냐에 따라 복음의 확산을 점화(點火)할 수도 있고 가로막을 수도 있다는 것이지요. 우리는 지난 3년 코로나 상황 속 교회의 처신에 따라 사회와 비신자들의 신뢰도의 명암(明暗)을 어떤 면에서 학습하는 시간을 가졌다고 할 것입니다.

넷째, 배제와 혐오의 시대에 존중과 포용을 강조한 것입니다. 살펴본 바와 같이 그는 그리스도인으로서 학문이나, 교육이나, 직장이나, 정치에서 자신의 관점을 다른 사람에게 강요하지 않도록 주의해야 한다고 가르칩니다. 예수님만이 구원자라는 것은 신자가 타협할 수 없는 배타적 진리임이 분명합니다. 그러나 일상생활이나 공공 영역에서 성경이 침묵하고 있는 부분에까지 자신의 신념을 강요하고 관철하려 드는 것은 현명한 태도가 아닐 뿐 아니라 성경이 가르치는 바도 아닙니다(벧전 3:15). 스콧 맥나이트(Scot McKnight)는 "복음이란 다른 이들과 세상의 유익을 위해 공동체의 정황 안에서 하나님과 연합하고 다른 이들과 교제하도록 인간을 회복시키시는 하나님의 사역이다"라고 옳게 지적합니다.[26] 자신의 주장만을 절대시하는 이 시대에 서로를 배려하는 공동선(commom good)과 상식(commom sense)이 존중받기를 세상은 요청하고 있습니다. 그러므로 교회는 나와 의견이 다른 사람을 향해 배척이나 강요보다 겸손과 존중으로 대해야 한다는 반드루넨의 시사점은 매우 적실하다고 할 것입니다.

다섯째, 일제 식민지와 남북 분단이라는 독특한 역사적 맥락에 위치한 한국 기독교가 이념과 진영논리에 휘둘리지 않고 객관적인 중립성을 담

---

26 스콧 맥나이트, 《배제의 시대 포용의 은혜》, 박세혁 역 (서울: 아바서원, 2013), 42.

보하도록 공적 신학의 활로를 열어 줍니다. 안타깝게도 한국 사회는 갈수록 이념 간, 세대 간, 남녀 간, 계층 간 양극화 현상이 심화되고 있습니다. 기독교는 막힌 담을 허무시고 유대인과 이방인, 할례자와 무할례자, 종과 자유인, 나그네와 시민, 가난한 자와 고아와 과부를 십자가 아래서 하나로 묶으신 평화의 왕 되신 예수 그리스도를 구세주로 섬깁니다. 그럼에도 그간의 보수 기독교는 자기 부인과 섬김을 통하여 용서와 화해를 추구하기보다는 정치적으로 보수나 극우 입장을 표명함으로써 역사의 질곡에서 자유롭지 못하였습니다. 반드루넨의 자연법 사상은 교회가 변혁을 이유로 세속 정치에 과도하게 개입하기보다 '소박한 공동선'과 '보편적 정의'를 따라 평화로운 공존을 보존하도록 일정한 거리를 두는 것이 어쩌면 지금의 한국적 상황에서는 보다 현실적인 정치신학 비전이 아닐까 싶습니다.[27]

여섯째, 일상의 영역에서 그리스도인의 비그리스도인을 향한 승리주의적, 진취적 태도를 지양하고, 신실한 겸손과 섬김의 태도를 촉진시킵니다. 그럼으로써 그리스도인에 대한 호감과 교회에 대한 사회의 신뢰도의 향상을 기대할 수 있을 것입니다. 가령, 문화의 영역은 하나님 나라의 시민이라고 해서 특권이 있는 것이 아니며, 오히려 세상 나라의 시민들이 더 탁월한 지혜와 능력을 발휘할 수도 있습니다. 또, 그리스도인과 비그리스도인이 똑같이 정치 공동체의 삶에 참여한다면, 비그리스도인이 정치 공동체의 구조와 본질이 어떠해야 한다는 것에 대해 무지하지 않음을 보여 줍니다.[28] 기독교인이라고 해서 정치를 더 잘한다거나, 더 잘 가르친다거나, 더

---

27 반드루넨, 《기독교 정치학》, 275.
28 반드루넨, 《기독교 정치학》, 263.

위대한 작품을 만든다거나, 반드시 더 윤리적이라는 보장은 없다는 것입니다. 이러한 주장이 항상 옳다고 할 수는 없겠지만 적어도 교회 지도자들이 과도하게 정치적으로 연루되거나 반사회적 발언으로 기독교가 비판의 대상이 되는 교회의 정황 속에서는 시사하는 바가 크다고 할 것입니다.

평가

흥미롭게도 반드루넨은 대부분의 개혁주의나 복음주의 신학자들이 주장하는 '문화명령'을 부정합니다.[29] 반드루넨은 현대의 많은 개혁과 사회 사상에 반대될지라도 자신의 두 왕국론은 지상 국가에 드러난 구속적인 그리스도의 나라를 보고 싶어 하지 않는다고 못 박습니다.[30] 이 책이 목회자나 신학생을 대상으로 한 것이 아니므로 그의 이론에 대한 신학적 비판과 논거를 여기에서 장황하게 다루는 것은 적절치 않아 보입니다.[31] 다만, 이해를 돕기 위해 개혁신학의 전통적 입장과 무엇이 다르고 어떤 비판을 왜 받는지는 간략히 짚고 넘어가고자 합니다.

반드루넨이 주장하는 '두 왕국론'은 역사적으로 개혁주의(칼빈주의)라기보다는 루터파의 입장으로 분류됩니다.[32] 루터파는 두 왕국론을 통해 교회와 국가, 하나님 도성과 지상 도성을 구분 짓고 서로 거리를 둡니다. 반면

---

29 반드루넨, 《하나님의 두 나라 국민으로 살아가기》, 82-84, 182; 《오직 하나님의 영광》(서울: 부흥과개혁사, 2017), 271.
30 반드루넨, 《자연법과 두 나라》, 650.
31 반드루넨의 신학적 주장과 그에 대한 개혁신학적 비평에 대해 보다 상세히 알고 싶은 분은 아래 논문을 참고하시기 바랍니다. 황경철, "제임스 스미스와 데이비드 반드루넨의 공적신학 비교연구" (철학박사학위논문, 합동신학대학원대학교, 2021).
32 John M. Frame, *The Escondio Theology* (Lakeland, FL: Whitefield Media Productions, 2011), 13.

에, 개혁파는 하나의 하나님 나라(one kingdom of God)를 가르칩니다. 반드루넨의 방대한 연구와 정교한 주장에도 불구하고 개혁파에서 제기되는 아쉬움을 세 가지로 제시합니다.

첫째, 그는 문화명령을 부정합니다. 이유는 마지막 아담으로 오신 예수님이 십자가 사명을 완수하셨기에 첫 아담에게 주어진 사명도 완성되었다는 것입니다.[33] 그러나 십자가의 구속으로 신자 개인이 칭의만 완성되었을 뿐 여전히 성화의 여정은 남아 있습니다. 십자가 사건으로 성화까지 완성된 것이 아니므로 날마다 성령의 능력으로 거룩을 이루어 가야 합니다(빌 2:12). 마찬가지로 신자는 그리스도의 십자가 사건으로 문화명령을 수행할 자격을 획득한 것이지 문화명령이 종료되었다고 주장하는 것은 전통적인 복음주의 입장과는 거리가 있습니다.

둘째, 문화명령을 부정하는 근거로 이생의 삶이 철저히 종결되었다고 주장합니다.[34] 즉, 이생과 내생의 불연속성을 주장하는데, 이것은 개혁신학의 일반적 입장이 아닙니다. 죠지 래드(George E. Ladd), 벌코프(Louis Berkhof), 헤르만 바빙크, 아브라함 카이퍼, 안토니 후크마(Anthony Hoekema) 등 다수의 학자들이 이생과 내생의 연속성이 성경의 가르침이라고 말합니다(계 21:24-26).[35] 미로슬라브 볼프(Miroslav Volf)는 종말론적으로 이 세상의 멸절과

---

33 반드루넨, 《하나님의 두 나라 국민으로 살아가기》, 82.
34 반드루넨, 《하나님의 두 나라 국민으로 살아가기》, 83.
35 G. E. Ladd, 《요한계시록 주석》, 이남종 역 (서울: 크리스챤 서적, 1990), 370; V. S. Poythress, 《요한계시록 맥잡기》, 유상섭 역 (고양: 크리스챤 출판사, 2002), 212; R. Bauckham, 《요한계시록 신학》, 이필찬 역 (서울: 한들출판사, 2013), 199-200; G. B. Caird, *A Commentary on The Revelation of St. John The Divine* (NY: Harper & Row Publishers, 1966), 279; Abraham Kuyper, 《일반은혜》 (서울: 부흥과개혁사, 2017), 687; Richard J. Mouw, 《미래의 천국과 현재의 문화》, 한화룡 역 (서울: 두란노, 1986), 37, 105; Herman Bavinck, 《개혁주의 종말론》, 246-47; Wayne A. Grudem, 《성경 핵심 교리》, 박재은 역 (서울:

책임성 있는 사회 참여가 양립할 수 있다는 주장은 신학적으로 모순이라고 지적합니다.[36]

셋째, 자연법에 대한 지나친 낙관론입니다. 하나님께서 온 인류를 보존하기 위해 노아 언약을 체결하시고(창 9장), 모든 사람에게 자연 만물을 통해 하나님을 알 수 있는 양심을 주셨다는 것(롬 1:20, 2:15)은 자연법 사상을 인정하는 성경적 근거가 됩니다. 그러나 개혁신학자들은 자연법의 존재를 인정하되[37] 자연법의 한계와 오용의 위험을 심각하게 지적했습니다. 칼빈은 자연법을 통해서는 결코 구원자 예수 그리스도를 알 수 없을 만큼 우리의 지성이 오염되어 있다고 말합니다. 인간은 죄성으로 인하여 자연법을 온전히 인식할 수 없을 뿐 아니라, 그것을 올바르게 사용할 수도 없을 만큼 전적으로 부패해 있습니다.[38]

| 변혁가로 살아가기 |

여러분은 반드루넨이 제시하는 공공신학의 실천적 대안을 어떻게 읽으셨습니까? 그가 던져 주는 시사점은 교회가 지탄받고 기독교가 혐오를 받는 시대에 무척 유용하고 적실해 보이기도 합니다. 그러나 하나님 나라와

솔로몬, 2018), 735–36; Hoekema, 《개혁주의 종말론》(서울: 부흥과개혁사, 2012), 390; Venema, 《개혁주의 종말론 탐구》(서울: 부흥과개혁사, 2014), 562–69; John M. Frame, 《조직신학》, 김진운 역 (서울: 부흥과개혁사, 2019), 1104.

36 Miroslav Volf, *Work in the Spirit* (Eugene: Wipf and Stock, 2001), 90–91.

37 Calvin, *Institutes*, 1. 5. 2.

38 Calvin, *Institutes*, 2. 2. 13; 2. 8. 1.

세속 나라를 이분법적으로 구분하는 두 왕국론이나, 문화명령을 부정하는 것이나, 이생에서의 모든 삶이 종말에 철저히 종결된다는 주장은 복음주의 입장에서 생소하게까지 느껴질지도 모르겠습니다. 문화 승리주의나 기독교의 세속화에 대한 반드루넨의 진지한 반성에는 수긍이 가면서도 문화 참여에 소극적인 순례자적 영성을 주장하는 것이 다소 불편하게 다가올 수도 있을 것입니다. 그래서 이번에 만날 신학자는 칼빈 대학교에서 철학과 신학을 가르치는 제임스 스미스입니다. 그는 신칼빈주의자로서 반드루넨이 지적한 신칼빈주의의 문제점에 동의합니다. 그러나 스미스가 제시한 대안은 반드루넨과는 사뭇 다릅니다.

그리스도인의 정체성 - 변혁가

스미스는 하나님 나라 백성으로서 이 땅을 살아갈 때 신자의 예배 생활을 정치, 사회, 교육, 문화 등과 영역을 구분 짓는 것을 매우 경계합니다. 이 지점이 반드루넨의 두 왕국론과 스미스의 현저한 차이점이라고 할 수 있습니다. 그래서 반드루넨이 공적이고 일상적인 영역을 세상 왕국으로 공간화함으로써 신자의 예배와 분리했다고 비판합니다.[39] 스미스는 자신이 아브라함 카이퍼의 복음을 듣기 전까지 편협하고 확고한 북미 복음주의의 이원론적인 분파 안에서 도시 계획이나 화학 공학이나 개발도상국의 수자원 확보에 관해 어떻게 혹은 왜 관심을 기울여야 하는지 모른 채 휴거에 대비하는 천국 중심의 경건이었다고 회고합니다.[40] 그러나 카이퍼를 통

---

39 제임스 스미스, 《왕을 기다리며》, 박세혁 역 (서울: IVP, 2019), 96.
40 스미스, 《왕을 기다리며》, 159.

해 자신의 문화에 대한 이해와 관점이 획기적으로 변화되었다고 다음과
같이 말합니다.

> 카이퍼의 복음을 들었을 때, 나는 큰 충격을 받은 동시에 약간 화가 났다. 나는
> 죄와 영혼 구원뿐만 아니라 창조, 문화 만들기, 정의에 대한 관심을 포함하는 구
> 속에 대한 통전적 이해를 아우르는 성경 서사에 대한 더 풍성한 이해를 접하게
> 되었다. 나는 하나님이 비물질적인 영혼에만 관심을 기울이시는 것이 아니라 만
> 물을 속량하시며 피조물을 갱신하신다는 것을 깨달았다. 그리스도께서 하신 일
> 이 이 세상의 구속도 성취했다. 복음은 우리의 영혼을 위한 탈출 장치에 관한 선
> 언이 아니라 샬롬의 틈입(闖入)이다.[41]

예수 그리스도의 십자가와 부활을 통한 구속 사건은 우리에게 은혜와
능력을 주셔서 우리의 욕망을 재정향하고, 궁극적 목적을 재조정합니다.
하나님의 형상으로서 세상을 향해, 또 세상을 위해 변혁가로 살아가라는
소명을 감당하게 합니다.[42] 우리는 그 나라의 온전한 도래를 대비하며 그
때까지 문화적 대리인이자 하나님 나라의 증인으로 훈련받기 위해 그분
의 백성으로 모입니다.[43] 스미스는 창조-타락-구속-완성으로 이어지는
기독교 세계관적 관점에서 세상을 바라보며, 온 피조 세계에 하나님의 영
광을 드러내야 한다고 그리스도인의 문화적 사명을 강조합니다. 스미스

---

41 스미스, 《왕을 기다리며》, 159-60.
42 스미스, 《하나님 나라를 욕망하라》, 276.
43 스미스, 《하나님 나라를 욕망하라》, 277.

가 공공신학에서 제시하는 그리스도인의 정체성은 변혁가요, 때로는 세상의 전투자입니다.

> 왕이신 그리스도를 예배한다는 것은 왕국을 지향하는 자세를 지닌 백성이 되는 것을 뜻하며, 이런 자세는 때로는 초연해 보일 것이고 때로는 우리를 전투에 몰아넣을 것이다. 천상의 시민이 취하는 자세는 소망으로 오실 왕께 매여 들려 올라가는 자세다.[44]

반드루넨이 그리스도인과 세속국가를 두 왕국으로 설명했다면, 스미스는 이 둘의 관계를 어떻게 규정하는 것일까요? 스미스는 두 왕국을 두 개의 영역이나 공간으로 깔끔하고 명확하게 구별하는 것에 대하여 회의적인 입장을 취합니다. 대신에 둘은 '준(準)궁극적인 것(세속국가)'과 '궁극적인 것(하나님 나라)'으로서 서로 겹쳐져 있다고 설명합니다.[45] 즉, 정부와 공공기관이 일종의 종교적 성격을 지니는 동시에[46] 교회도 세상 속에서 하나님의 왕권을 증언하는 정치 공동체(폴리스)라고 강조합니다.[47] 그러므로 그리스도인의 책무는 교회와 국가 사이에 하나를 선택해야 하는 것이 아니요, 국가와 공적인 삶에서 물러나는 것도 아닙니다. 오히려 이웃 사랑 계명과 결합된 문화명령을 실천하는 '순례자와 나그네'로서 지역사회에 공적

---

44 스미스, 《왕을 기다리며》, 20.
45 스미스, 《왕을 기다리며》, 81.
46 스미스는 그 예시로 로마의 황제로부터 현대의 쇼핑몰, 스마트폰에 이르기까지 이것들은 단순히 세속적인 것이 아니라 우리의 시간과 마음을 빼앗아 숭배의 대상이 되려고 한다는 점에서 종교적 성격을 지닌다고 설명합니다. 《하나님 나라를 욕망하라》, 33; 《왕을 기다리며》, 67.
47 스미스, 《왕을 기다리며》, 42.

인 책임을 다해야 합니다. 여기서 스미스가 '순례자와 나그네'라는 용어를 사용하고 있기에 언뜻 반드루넨과 비슷해 보여서 혼란스러운 분도 있을 것입니다. 핵심적 차이점은 이것입니다. 반드루넨이 두 왕국을 구분하여 나그네로서의 정체성에 중점을 두었다면, 스미스는 이 둘을 겹쳐진 동심 원으로 보고 '준궁극적인 세속국가'를 '궁극적인 하나님 나라'로 회복하는 변혁가적 정체성에 방점을 찍었다는 것입니다. 아래 그림을 보십시오.

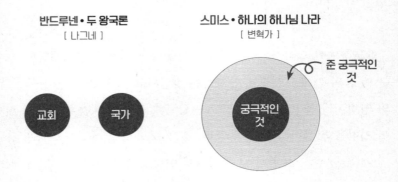

반드루넨 • 두 왕국론
[나그네]

교회   국가

스미스 • 하나의 하나님 나라
[변혁가]

준 궁극적인 것

궁극적인 것

[교회와 국가의 관계에 대한 반드루넨과 스미스의 이해 비교]

반드루넨은 두 왕국론에 입각하여 교회와 국가의 관계를 구분하였습니 다. 현세적인 국가와 천상 도성인 교회 사이에는 교집합이 없습니다. 신자 는 현세의 국가와 문화 활동에 참여하고 누리지만, 변혁하려 하지 않습니 다. 신자는 나그네이기 때문입니다. 반면에 스미스에게 천상 도성은 그저 내세적인 것이 아닙니다. 하나님은 교회를 통해 지상 도성의 영혼을 구하 는 데 관심을 가지시지만, 지상 도성을 소환하고 긍정함으로써 물질적, 사 회적, 문화적, 정치적 삶을 하나님의 통치 아래 회복하길 원하십니다. 왜냐하면 신자는 지상 도성의 피조물을 가꾸도록 부름 받았기 때문입니다. 신자는 지상 도성[준 궁극적인 것]을 천상 도성[궁극적인 것]에 병합하여서 피조물의 삶이 다시 궁극적 샬롬을 지향하게 함으로써 지상 도성의 안녕을 추구합니다.[48]

> 이처럼 순례하는 천상 도성은 "죽을 수밖에 없는 인간의 삶을 돕기 위해 만들어진 것들을 규제할 지상 도성의 법에 순종하기를 주저하지 않는다. 그리고 이 순종의 목적은, 이러한 죽을 수밖에 없는 인간의 조건이 두 도성에 의해 공유되기 때문에 이 조건과 연관된 것들에 있어서 둘 사이의 조화를 보존하기 위함이다. 이것은 '이방인 거류민'으로 살 것인지 말 것인지의 문제가 아니라, 어떻게 살 것인지의 문제다.[49]

이 '어떻게'에 대한 스미스의 공공신학적 답은 그리스도인의 '변혁가'로서의 삶입니다. 이제 우리는 스미스가 제시하는 구체적 변혁의 방식과 그 변혁을 가능하게 하는 원천이 무엇인지 살펴보겠습니다. 그리고 반드루넨이 성찰한 신칼빈주의의 부작용을 스미스는 신칼빈주의 입장을 견지하며 어떻게 대안을 제시하는지 추적해 보고자 합니다.

변혁의 방식 - 복음의 분화구[50]

스미스는 이미 이 땅에서 구속의 약속과 성령을 선물로 받은 그리스도

---

48 스미스, 《왕을 기다리며》, 98–99.
49 스미스, 《왕을 기다리며》, 20, 강조는 덧붙인 것.
50 '분화구(噴火口)'란 화산이 폭발하여 가스나 수증기, 불 따위의 분출물이 나오는 구멍 또는 그 흔적을 말합니다. 스미스는 그리스도인이 이 세상에서 문화명령을 수행함으로써 폭발력 있는 복음의 위력을 가정, 교육, 문화, 정치, 경제, 사회, 예술, 스포츠 다양한 영역에서 흔적을 남겨야 한다는 의미로 '복음의 분화구'라는 표현을 사용하고 있습니다.

인이 공적인 영역에서 퇴각할 것이 아니라 복음의 분화구 자국을 냄으로써 변혁하는 순례의 여정을 살아가야 한다고 촉구합니다. 그러면서 역사 속에서 존재했던 복음의 분화구를 예시적으로 열거합니다. 가령, 절대왕정이 붕괴되고 입헌군주제가 등장한 것, 독재정권이 물러가고 자유 민주주의가 수립된 것, 대의정치의 확립, 노예제도의 폐지와 흑인과 여성의 참정권 획득, 이를 통한 온 인류의 공동체성 회복과 형제자매 됨 등.[51] 이러한 분화구들은 교회가 세워진 기초인 동시에 교회가 선포하는 십자가와 부활을 통해 주어진 복음적 자유의 반향(反響)이라는 것입니다. 또한 세속 정부의 사법적 심판 역시 십자가의 심판에 의해 대체되지 않고 오히려 강화되었다고 합니다. 그 이유가 무엇인지 스미스의 설명을 직접 들어 봅시다.

> 사회 안의 세속적 (사법) 기능은, 말하자면 하나님의 심판을 계속 상연함으로써 그것을 증언하는 것이었다. 반면에 교회는 송사를 피하고 용서를 통해 갈등을 삼켜 판단하지 않음으로써 하나님의 심판을 증언해야 한다. 이 둘이 함께 '사회'를 이루며, 기독교적 사회의 가능성을 형성한다.[52]

정부의 사법적 심판은 십자가에 비추어 재정향되고 부활에 의해 갱신될 뿐만 아니라 종말에 의해 제어됩니다. 왜냐하면 십자가의 구속은 피조물의 회복이며, 정부가 온전히 판단할 수 있도록 능력을 회복하기 때문입니다. 요컨대 교회의 사명은 창조신학의 향수에 젖어 '창조질서'로의 회귀나

---

51 스미스, 《왕을 기다리며》, 187, 191, 204, 279.
52 스미스, 《왕을 기다리며》, 185.

'자연법'에 대한 무(無)역사적 호소가 아니라, 창조질서의 역사와 부활 안에서 그리스도의 몸으로 세상에서 살아가는 것입니다.[53]

교회는 그저 영혼 구원의 방주 역할만 하며 재림의 시점까지 우리가 '정치'라는 세속적 짐을 지고 힘겹게 살아가도록 방치하는 곳이 아닙니다. 교회는 신자로 하여금 어떻게 정치가 달라질 수 있는지 상상하도록 초대하는 정치 공동체(폴리스)라는 것이지요. 예배를 통해 신자는 이 정치적 상상력을 훈련합니다. 예수 그리스도만이 경배받기에 합당한 유일한 왕이라고 선언하는 것 자체가 고도의 정치 행위입니다. 이제 우리는 예배를 마치고 우리 이웃을 향해 그리스도의 형상을 지닌 몸으로 섬기도록 보냄을 받습니다. 우리는 번영에 이바지하지만 특히 고아, 과부, 이방인과 같은 약한 이들에게 관심을 갖습니다. 우리는 일상의 구석구석에서 피조물에 대한 청지기직을 수종듭니다. 이러한 맥락에서 스미스는 교회의 예배는 단순히 격리되고 고립된 공간으로 후퇴한 '대안적' 폴리스가 아닙니다. 오히려 이미 '세상' 속에서 정치적으로 개입하기 시작한 정치 공동체입니다.[54] 즉, 예배 자체가 정치적 행위자들을 형성하고 입법자들에게 문화라는 창조된 질서가 더 높은 법에 복종해야 함을 선포하는 이중적인 정치 행위라는 것이지요.[55] 여기서 스미스는 예배와 예전[56]적 습관의 훈련을 강조합니다. 이유는 예배가 변화의 원동력이라고 확신하기 때문입니다. 그런데 그

---

53 스미스, 《왕을 기다리며》, 186.
54 스미스, 《왕을 기다리며》, 116.
55 스미스, 《왕을 기다리며》, 119.
56 예전(liturgy)이란 교회의 정해진 예배 전통 및 예배 형식을 지칭하지만, 스미스는 예전과 예배(worship)를 동의로써 사용한다고 그의 책에서 밝히고 있습니다. 《하나님 나라를 욕망하라》, 35.

가 예배를 강조하는 이유가 꽤 흥미롭습니다.

변화의 원천 - 예배

예배가 기독교에서 매우 중요하다는 사실에는 대부분의 그리스도인에게 이견이 없을 것입니다. 그런데 스미스는 예배의 중요성을 하나님과의 관계라는 신론적 관점이 아니라 인간이 근본적으로 '욕망하는 피조물'이라는 인간론적 관점에서 이야기를 풀어갑니다. 먼저 스미스의 인간 이해가 무엇인지 확인한 후에, 그가 예배의 중요성을 어떻게 위치시키는지 살펴보도록 합시다.

데카르트(Descartes)를 비롯한 계몽주의, 합리주의 시대의 철학자들은 인간을 '생각하는 존재'로 인지(認知) 중심적 인간관을 주장했습니다. 이에 대응하여 개혁주의 전통에서는 인간의 생각이 결코 중립적이거나 객관적이지 못하며 오히려 믿음에 근거해서 생각이 작동한다는 '믿는 존재'로서의 인간관을 강조했습니다. 여러분은 어느 쪽이 옳다고 생각하십니까? 스미스는 제3의 대답을 제시합니다. 인간은 자신의 생각이나 믿음을 따라 사는 존재가 아니라 '욕망을 따라 사는 존재'라는 것입니다. 이해하기 쉽게 예를 들면, 건강이나 외모를 위해 다이어트를 한다고 합시다. 다이어트가 건강에 좋은지도 알고 열심히 노력하면 멋진 몸매를 갖는다는 믿음도 갖고서 냉장고 문에 몸짱 연예인 사진도 붙여둡니다. 그러나 그러한 생각이나 믿음과 상관없이 우리는 애석하게도 냉장고 문을 열고 조금씩 혹은 폭풍흡입하며 음식을 먹는 자신을 발견합니다. 물론 예외도 있겠지만 일반적인 예시를 드는 것입니다. 여기서 스미스는 두 가지 인간관(생각하는 존재와 믿는 존재로서의 인간)이 우리의 신체성을 무시한다는 점에서 지나치게 협소하다고 비판합니다. 또 시간에 따라 신체의 변화와 발전의 감각을 배제한다는 점에서 지나치게 정태적이라고 지적합니다. 분명히 인간은 지성이나 신념을 따라 사는 존재가 아니라 욕망과 사랑하는 것을 따라 사는 존재라는 것입니다. 즉, "내가 사랑하는 것이 곧 나다"[57]라는 사랑하는 존재로서의 인간관을 다음 그림을 통해 설명합니다.

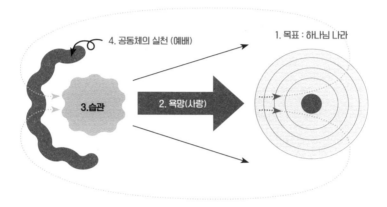

[예전적 인간: 욕망하는 동물로서의 인간][58]

신자가 추구할 최고의 목표는 '1. 하나님 나라'입니다. 스미스는 그 목표에 도달하는 방편으로 생각이나 믿음이 아니라 '2. 욕망(사랑)'이라고 주장합니다. 그 욕망을 훈련하는 것이 '3. 습관'이고, 이 습관은 '4. 공동체적 실

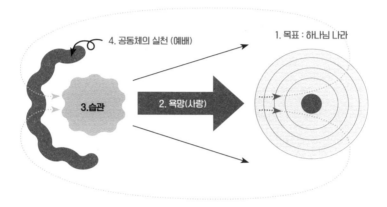

57 스미스의 책 《습관이 영성이다》, 박세혁 역 (파주: 비아토르, 2018)의 원제는 *You are What You Love*입니다. 이 책에서 스미스는 인간이 욕망하는 존재이기 때문에, 그 욕망의 방향을 하나님께로 재정향하기 위해서는 지성이나 세계관 훈련이 아니라 습관의 훈련이 근본적이라고 주장합니다. 그리고 이 훈련은 바로 예전적 습관의 훈련에서 시작되어야 한다고 강조합니다.
58 스미스, 《하나님 나라를 욕망하라》, 70.

천인 예배'를 통해 형성된다는 것입니다.

이러한 사례는 다양하게 들 수 있을 것입니다. 전혀 불합리한 충동 구매, 이성이 아닌 감성에 따른 판단과 결정, 쇼핑 중독, 스마트폰 중독, 게임 중독 등을 떠올려 보십시오. 이것은 인간의 실존이 인정하고 싶지 않겠지만 '욕망하는 동물로서의 인간'임을 고스란히 증명합니다. 스미스는 이러한 인간관을 논증하기 위해 천상 시민과 지상 시민의 핵심 차이는 장소나 영역이 아니라 사랑(욕망)의 방향이라는 아우구스티누스의 글을 인용합니다.[59] 그리고 이 욕망을 훈련하는 현장이 곧 예배이므로 예배가 중요하다고 말합니다.

> 세계 곳곳에서 새롭게 생겨나고 있는 수많은 다른 성전들과 마찬가지로 이 성전은 우리의 마음을 끌어당기는 풍성하며 생생한 시각적 전도 방식을 제시한다. 이 복음이 지닌 힘은 아름다움으로 우리의 가장 심층적인 욕망에 호소하며, 끔찍한 도덕주의보다는 이렇게 눈에 보이는 좋은 삶을 나누자고 초대하며 우리가 찾아오도록 만든다.[60]

예배를 통해 우리의 욕망은 새롭게 빚어집니다. 예배를 통해 하나님 나라를 상상하고, 우리의 그릇된 욕망이 하나님께로 재정향됩니다. 하나님

---

59 스미스, 《하나님 나라를 욕망하라》, 67; James K. A. Smith, "Is Deconstruction an Augustine Science? Augustine, Derrida, and Caputo on the Commitments of Philosophy," in *Religious with/out Religion: The Prayers and Tears of John D. Caputo*, ed. James H. Olthuis (London: Routledge, 2001), 50−61.
60 스미스, 《하나님 나라를 욕망하라》, 29.

나라를 욕망하게 되는 것이지요.[61] 예배자는 과거의 십자가 사건을 토대로 현재 자신의 정체성을 규정하는 기억의 사람들입니다. 동시에 미래의 소망의 빛 아래서 현재를 해석하는 소망의 사람들입니다.[62] 현대인은 '현재의 삶' 밖에 상상하지 못하는 현재주의에 길들여져 있습니다. 빌보드 차트나 곧 일어날 일들이나 CNN 속보에는 관심 있으나 영원한 본향에는 소망을 두지 않습니다. 현재에 묶여 있기 때문입니다. 예배는 이러한 우리로 하나님 나라를 고대하도록 종말론적 상상력을 훈련시킵니다. 종말이 미래에만 매달려 있는 것이 아니라 현재 일상의 삶 가운데 메시아의 오심, 정의의 도래, 샬롬의 침투가 재연되도록 욕망의 습관을 훈련시키는 것이 예배입니다. 스미스는 경건한 상상력을 동원하여 예배의 요소와 하나님 나라의 의미를 다음과 같이 연결합니다.

예배 요소	하나님 나라의 상상
예배를 준비하는 시간	소망과 리듬의 운율
예배로의 부름	하나님의 택한 백성으로의 초대
하나님의 인사와 상호 간의 인사	환대, 공동체, 은혜로운 의존
찬양	하나님 나라 언어로 노래하기
율법	질서, 규범, 선을 위한 자유
죄 고백과 사죄의 확신	깨어짐, 은혜, 소망
세례	왕 같은 제사장으로의 입문식, 새로운 백성의 구성

---

61   스미스, 《하나님 나라를 욕망하라》; 《하나님 나라를 상상하라》.
62   스미스, 《하나님 나라를 욕망하라》, 235-38.

신앙고백	믿음의 좌표 설정
기도	하나님 나라의 언어 배우기
성경과 설교	세상에 대해 다시 이야기하기
성만찬	왕과 함께 하는 저녁식사
봉헌	하나님 나라의 감사의 경제
파송	문화명령이 지상명령을 만나다
예배, 제자도, 훈련	주일을 넘어서는 실천
신자는 매주 예배를 통해 언약을 상기	신자는 삶의 예배를 통해 피조세계를 갱신
공교회적 예배	일상이 예배

[스미스의 예배의 실천과 하나님 나라의 의미][63]

신칼빈주의에 대한 성찰과 대안

스미스는 반드루넨이 지적한 신칼빈주의 세속화와 문화적 승리주의를 어떻게 바라보는 것일까요? 우리의 관심을 집중시키는 것은 스미스 역시 반드루넨과 똑같은 문제의식을 가지고 있다는 것입니다. 반드루넨은 이 문제를 해결하기 위해 '하나의 하나님 나라'를 전면에 내세우는 신칼빈주의를 배척하고 두 왕국론을 채택합니다. 보수적 복음주의 입장에서 볼 때 루터파적 두 왕국론을 채택한 그의 주장은 큰 틀에서 아쉬움을 주지만, 오늘날 다원주의 사회에 놓인 교회에 꽤나 유익한 시사점을 던져 줌을 확인

---

63 스미스, 《하나님 나라를 욕망하라》, 233–327에서 서술한 내용을 간략하게 도표로 필자가 정리한 것임을 밝힙니다.

하였습니다. 흥미롭게도 스미스는 오히려 철저한 카이퍼리안(kuyperian), 곧 신칼빈주의 입장에서 이 문제점을 지적하고 해결책을 모색합니다.

> '이 세상의' 정의와 문화 만들기를 향한 나의 카이퍼적 회심은 그 나름의 내재성으로 빠져들기 시작했다. 다시 말해서, 신자들조차도 '이 세상'을 긍정한다는 미명 아래 자신도 모르는 사이에 이 세상만 귀하게 여기는 사회적 상상에 굴복하고 말 수도 있다. 우리는 '피조물의 선함'을 긍정하는 태도 안에 스스로 갇히게 되며, 피조물은 하나님의 영광을 드러내는 극장이 아니라 우리 자신의 관심만 메아리처럼 울려 퍼지는 공간이 되고 만다. 요컨대, 나는 카이퍼적 세속주의자라는 가장 이상한 종류의 괴물이 되었다. 피조물에 대한 나의 개혁주의적 긍정은 기능적 자연주의로 변질되고 말았다. 샬롬에 대한 나의 헌신은 '진보' 정당의 정치적 강령과 구별할 수 없는 것이 되고 말았다. 그리고 유기체로서의 교회를 소중히 여기는 나의 마음은 조직으로서의 교회를 비난하는 마음으로 변질되고 말았다.[64]

어떻습니까? 스미스는 반드루넨이 지적한 신칼빈주의의 폐해를 동일하게 진단하고 있지 않습니까? 그는 오늘날 신칼빈주의의 세속화와 왜곡된 부작용을 '가장 이상한 종류의 괴물'이라고 시인합니다. 스미스는 문제의 핵심을 무엇이라고 규정합니까? 카이퍼입니까, 아니면 신칼빈주의를 왜곡하고 오용한 우리입니까? 스미스는 문제는 카이퍼가 아니라 카이퍼가

---

64   스미스, 《왕을 기다리며》, 160.

옳게 가르친 것을 세속주의로 분리하고 왜곡시킨 우리라고 고발합니다.[65] 즉, 샬롬에 관한 통치자들의 권세와 예수의 부활을 분리하였고 세속왕국의 정의와 이신칭의를 분리하였으며, 문화변혁과 예배를 통한 성화를 분리한 것은 카이퍼가 아니라 우리의 책임이라는 것입니다.

그러면 스미스의 대안은 무엇입니까? 두 가지로 요약될 수 있습니다. 첫째, 예배의 훈련을 강조합니다. 예배는 '샬롬'이 진보주의적 사회 개선이 아니라 장차 올 왕국을 갈망하라는 그리스도의 소명을 일깨웁니다. 예배는 우리 힘으로 유토피아를 건설할 수 있다는 그릇된 신념을 깨뜨리고, 새 예루살렘은 하늘에서 내려오는 것임을 깨닫게 합니다(계 21:2,10). 예배는 피조물의 선함과 세상의 정의가 하늘의 대체물이 될 수 없음을 자각하고, 승천하신 예수 그리스도의 재림을 통해서만 완성되는 하나님 나라에 우리의 시선을 고정시킵니다.[66] 예배를 통해 우리의 그릇된 욕망은 하나님께로 재정향되고 우리의 파편화된 시각은 하나님의 통전적 관점으로 재조정되며, 하나님의 왕국을 건설해 보려는 우리의 자세를 '왕을 기다리는' 청지기의 자세로 재교정하는 것입니다.

둘째, 기독교 세계관 교육과 함께 습관의 훈련을 강조합니다. 스미스는 기독교 세계관이 필요 없다고 주장하는 것이 아닙니다. 그것은 매우 중요하지만 그것만으로는 이 세상에서 하나님 나라를 구현하는 신자로 훈련시키는 데 한계가 있다는 것입니다.[67] 이유는 그가 일관되게 강조하는 것

---

65 스미스, 《왕을 기다리며》, 161.
66 스미스, 《왕을 기다리며》, 165-66.
67 스미스, 《하나님 나라를 욕망하라》, 39.

처럼 인간은 '욕망하는 존재'이기 때문입니다. 세계관은 사상과 관념에 집중하므로 몸에 대해 충분히 강조하지 못한다는 것이지요. 아무리 그것이 옳다고 인식하고 확신해도, 우리의 내면 깊은 곳에서 죄의 쾌락을 욕망한다면 그 삶을 살 수 없다는 것입니다.[68] 교회는 신자가 중심으로 하나님을 욕망하도록 예배의 습관을 훈련하고, 그것을 살아내는 공동체를 세워 가야 한다는 것입니다. 이러한 토대 위에서 교회와 교실, 기독교 대학, 기숙사, 봉사 활동, 학문 활동을 수행하도록 올바른 습관(habitus) 형성(formation)을 도와야 한다고 강조합니다.[69]

평가

반드루넨과 스미스의 공공신학을 한 단어로 정리하기에는 무리가 있지만, 개괄적 이해를 위해 이렇게 정리해 보았습니다. 반드루넨이 이 땅에서 그리스도인의 삶을 '순례자'로 그리고 있다면, 스미스는 '변혁가'로 제시한다고 할 수 있습니다. 반드루넨이 두 왕국론에 기초해서 교회와 세속왕국 사이에 적절한 거리 두기에 방점을 둔다면, 스미스는 세속사와 구속사를 겹쳐서 보도록 우리를 훈련시킵니다. 반드루넨도 예배를 강조하지만 그것은 순례자의 영성을 강화하는 방편일 뿐이며, 세속왕국을 향해서는 자연법을 제시합니다. 반면 스미스는 예배의 습관과 훈련 자체가 교회를 강화하는 동시에 세속왕국을 향한 이중적 정치 행위라고 설명합니다.

먼저 스미스의 의미 있는 기여를 밝힌 후에, 한계와 약점을 지적하고자

---

68   스미스, 《하나님 나라를 욕망하라》, 65.
69   스미스, 《하나님 나라를 욕망하라》, 350.

합니다. 첫째, 스미스의 공공신학은 예배의 훈련을 강조하였습니다. 신칼빈주의는 세속화와 그것의 원인으로 경건과 예배의 약화라는 문제점이 지적되어 왔습니다. 팀 켈러(Timothy Keller)는 신칼빈주의의 문화변혁은 종종 교회에 대하여 저평가하는 경향이 있다고 우려했습니다.[70] 그러나 스미스는 신칼빈주의자로서 예배의 회복을 강조함으로써 그러한 우려를 차단하였습니다. 그는 예배를 단지 공공신학의 연료로 간주한 것이 아니라, 예배 자체가 분명한 공공신학적 행위요 정치적 행위라고 천명합니다.[71]

둘째, 스미스의 공공신학은 성경신학에 충실하였습니다. 그는 기독교 정치신학은 단순히 복음적 정치신학이 아니라 성경 안에 계시된 구속사에 뿌리 내린 역사적이고 기독론적이며, 정경적이고[72] 선교적인 것이라고 역설합니다.[73] 스미스는 오도노반(O'Donovan)의 글을 인용함으로써 이러한 그의 주장을 다음과 같이 피력합니다.

복음이 불어넣는 정치적 상상력은 하나님이 이스라엘, 예수, 그분의 몸이신 교회와 맺으신 언약의 역사라는 우물에서 물을 긷는다. 정치신학을 위한 단 하나의 적합한 틀은 이스라엘의 "정경적 역사", 즉 이스라엘의 소명을 총괄 갱신하신(recapitulate) 그리스도의 삶에서 절정에 이르는 역사다.[74]

---

70 팀 켈러, 《센터 처치》, 418.
71 스미스, 《왕을 기다리며》, 123.
72 정경(正經)이란 기독교에서 공식적으로 채용하고 있는 신구약 66권의 경전을 가리킵니다. 정경에서 제외된 문서에는 외경과 위경이 있습니다. 그러므로 정경적이란 말은 성경적이라는 말로 이해해도 무방합니다.
73 스미스, 《왕을 기다리며》, 128.
74 Oliver O'Donovan, *The Desire of the Nations: Rediscovering the Roots of Political Theology* (Cambridge: Cambridge University Press, 1996), 21, 스미스, 《왕을 기다리며》, 129에서 재인용 (강조는 덧붙인 것).

셋째, 스미스의 공공신학은 기독교 세계관을 중시하는 신칼빈주의를 계승하는 동시에 습관의 훈련을 균형 있게 강조하였습니다. 그럼으로써 문화변혁이 지나치게 관념적이거나 지성인의 전유물로 치우칠 위험을 경계하였습니다. 즉, 세계관의 도식적 차원에서 벗어나 하나님 나라에 대한 내러티브(narrative)적 접근[75]을 통해 문화명령을 일구도록 발판을 제공한 것입니다.[76] 살펴본 바와 같이 이것은 '인간이란 욕망(사랑)을 따라 사는 존재'라는 아우구스티누스의 인간 이해와 동일선상에 있습니다. 정보화 시대요, 지식산업사회로 특징지어진 오늘날 많은 정보나 교육이 우리를 변화시키지 못함을 우리는 경험적으로 잘 알고 있습니다. 지식과 신념의 교육으로 치우친 기존의 기독교 교육은 스미스의 제안을 통해 몸과 습관의 훈련에 주목하게 됩니다. 그래서 전인적(全人的)이고 통전적인 성숙으로 나아가는 균형점을 스미스가 안내했다고 할 것입니다(골 1:28, 엡 4:13).[77]

넷째, 스미스의 공공신학은 문화변혁의 주체로서 '공동체'를 강조하였습니다. 스미스는 개인의 성숙과 훈련도 중요하지만, 그것에만 천착할 경우 기독교가 하나의 신념 체계나 감정적인 경험으로 축소될 위험이 있다고 경고합니다.[78] 가령, 예배당은 단순히 우리의 감정을 고양하거나 영적

---

75 스미스는 세계관의 형성이 교육이나 토론을 통해서만 일어나는 것이 아니라, 우리를 포용하는 이야기들(내러티브)을 통해서 사회적 상상력이 형성, 확장된다고 말합니다. 물론 이러한 이야기를 형성하는 가장 뼈대가 되는 이야기는 우리가 예배를 통해 얻게 되는 구속사적 내러티브입니다. 이것이 스미스가 예배를 그렇게 강조하는 이유이기도 합니다.

76 오경환, "제임스 스미스의 아비투스를 통한 몸의 욕망과 형성: 뉴노멀 시대의 고찰", 「신앙과 학문」 26/2 (2021. 6): 76.

77 유은희, "James, K. A. Smith가 제안하는 기독교 교육 및 형성에 관한 고찰", 「기독교교육 논총」 60 (2019. 12): 189.

78 스미스, 《하나님 나라를 욕망하라》, 342.

필요를 충족시키는 곳이 아니라, 하나님 나라를 실천하기 위해 모여서 상상력을 형성하고 예배의 실천에 참여하는 공간이라는 것입니다. 기독교 대학의 채플은 교회 예배의 대체물이 아니라, 교수와 학생들이 함께 가르침과 배움, 학문 활동과 문화적 형성이라는 공동의 책무를 위해 더 많은 자양분을 제공하는 '공동생활'(본회퍼)의 한 모형이라는 것입니다.[79]

그렇다면 스미스 공공신학의 약점은 무엇일까요? 살펴본 바와 같이 스미스는 반드루넨보다 훨씬 문화에 대해 적극적인 참여와 변혁을 강조합니다. 그 까닭은 반드루넨이 '두 왕국론'의 전제 위에서 논의를 전개하는 반면에, 스미스는 구속된 '하나의 하나님 나라' 회복을 그 토대로 삼기 때문입니다. 그런데 아이러니하게도 다원주의 세상에서 정치에 참여하는 방식, 비신자와의 논쟁에 응수하는 태도, 낙태, 동성애, 작은 정부와 큰 정부, 진보와 보수, 자연법과 법실증주의, 경제성장과 분배적 복지정책 등 다양한 영역에서 첨예한 대립을 보이는 이슈에 대하여 훨씬 전문적이고 상세한 대안을 제시하는 측은 반드루넨입니다.[80] 그래서 신학자 중에는 스미스의 변혁주의적 공공신학이 다소 현실성이 떨어지는 낭만적인 주장이라고 비판하는 사람도 있습니다.[81]

그와 관련해서 또 하나의 약점은 이것입니다. 하나님 나라를 상상하고 욕망하는 예배자를 육성하고 예배공동체를 세운다고 해서 그것이 세속왕국의 문화변혁과 직결되지는 않는다는 것입니다. 오히려 역사는 그 반대

---

79 스미스, 《하나님 나라를 욕망하라》, 344.
80 이와 관련해서는 반드루넨, 《기독교 정치학》을 참조하라.
81 팀 켈러, 《센터 처치》, 419; 안덕원, "한국 개신교 상황에서 고찰하는 James. K. A. Smith의 예배신학", 「복음과 실천신학」 54 (2020): 160.

의 궤적을 그리는 것만 같습니다. 종교개혁의 때에 포퓰리즘은 농민전쟁으로 모습을 드러냈고, 그것이 엄청난 살육의 원인이 되었습니다(약 100,000명이 죽었습니다!).[82] 그것은 대각성 운동에서도 모습을 드러내었고, 경건한 그리스도인과 교회의 증가와 무관하게 차별금지법이 통과되고 동성결혼이 합법화되었습니다. 믿고 싶지 않지만 역사적 현실입니다. 왜 이런 일이 발생하는 걸까요? 이 질문을 들고 집요하게 사회와 종교와 문화의 역학관계를 파헤친 사람이 있습니다.《기독교는 어떻게 세상을 변화시키는가》의 저자이자 우리가 만날 세 번째 학자인 제임스 데이비슨 헌터입니다. 헌터는 문화를 변화시키는 원인이 무엇이라고 진단하였을까요? 또 세속 사회 속에서 그리스도인이 어떤 자세로 살아야 한다고 주장하는 것일까요?

| 신실한 함께함으로 살아가기 |

확고한 믿음 vs 비참한 현실

제임스 데이비슨 헌터는 18세기 초 영국과 미국을 뜨겁게 달군 대각성 운동과 이를 배경으로 형성된 복음주의 운동의 확고한 믿음을 다음과 같이 요약합니다. "사람들이 변하면 문화도 변한다." 상술하면, ① 진정한 변화는 한 개인의 거듭남으로 출발한다. ② 변화된 개인들의 결정이 사려 깊고 일관된다면 문화변혁은 일어나도록 의도할 수 있다. ③ 변화된 개인이 늘어날 때

---

82 제임스 데이비슨 헌터, 《기독교는 어떻게 세상을 변화시키는가》, 배덕만 역 (서울: 새물결플러스, 2014), 124.

변화는 일반 시민들 속에서 아래로부터 발생한다. 그러므로 기독교적 세계관을 가지고 기독교적으로 생각한다면 당신도 세상을 바꿀 수 있다.[83]

그러나 이러한 확고한 믿음은 역사를 통해 치명적 실패와 비참한 현실로 드러났다고 헌터는 주장합니다.[84] 물론 헌터는 복음 전도가 그리스도인의 정체성과 삶의 목표를 드러내는 핵심이라는 점에 동의합니다. 제자 삼는 것이 기독교 신앙의 본질이요 사람들의 삶이 은혜의 선물을 받을 때 근본적으로 변화되며, 그들의 변화된 삶이 주변 사람들에게 긍정적인 영향을 끼칠 수 있다는 것도 인정합니다. 비슷한 맥락에서 법, 공공정책, 정치가 그리스도인이 추구할 만한 소명인 것도 부인하지 않습니다. 그럼에도 "그것들이 세상을 바꾸는가?"라는 질문에 대체로 "아니오"라고 힘주어 말합니다.[85] 팀 켈러가 동의하듯이 문화는 매우 복잡하고 어떤 수단으로도 통제되지 않으며, 그리스도인들이 만들 수 있는 변화는 점진적이기 때문입니다.[86]

이에 대한 근거로 헌터는 설득력 있는 데이터를 제시합니다. 진화론이 공립학교의 신조로 채택된 원인은 무엇일까요? 복음주의자들의 전제에 따르면 "진화론자가 훨씬 많기 때문이다"일 것입니다. 하지만 설문에 따르면 진실은 그 반대입니다. 응답자의 45%가 창조론, 38%가 진화론적 창조론[87], 하나님이 아무런 일도 하지 않으셨다는 진화론은 13%에 불과했습니다. 즉, 83%가 인류의 기원에 대해 섭리주의적(복음주의적) 관점을 취한 상황에서 진

---

83 헌터, 《기독교는 어떻게 세상을 변화시키는가》, 36–37.
84 헌터, 《기독교는 어떻게 세상을 변화시키는가》, 39.
85 헌터, 《기독교는 어떻게 세상을 변화시키는가》, 39–40.
86 팀 켈러, 《센터 처치》, 420.
87 하나님이 덜 발달된 형태의 생명체로부터 하나님의 인도하심에 따라 인간을 창조하셨다는 입장으로 '유신진화론'이라고도 합니다.

화론이 공립학교의 공적 신조로 채택되었다는 것입니다.[88] 헌터가 말하고자 하는 요점은 무엇일까요? "법과 정책은 다수의 의견을 단순하게 따르거나 반영하고 있지 않다"는 것입니다.[89] 문화란 우리가 생각하는 것보다 훨씬 복잡한 역학관계로 작동되며, 종종 다수의 의견과 상관없이 형성되기 때문이라는 것입니다. 그것이 좋든 나쁘든 창조적 소수에 의해 문화가 형성되고 확산된 것을 역사 속에서 어렵지 않게 확인할 수 있습니다.

문화는 어떻게 형성되는가?

그렇다면 헌터가 규명한 문화의 형성요인은 무엇일까요? 문화는 단순한 세계관 이상의 것으로 문화의 핵심은 사물로 구성되며, 그 사물을 우리가 만든다는 것입니다. 즉, 문화는 구체적 생산물 또는 가공품의 집합체라는 것입니다.[90] 간단히 말해 우리의 사상, 상징, 세계관은 이러한 가공품을 통해 매개되고 형성된다는 것이지요. 쉬운 예로 아이패드, 에어팟, 인스타, 유튜브, 콘돔, 피임약 등을 떠올려 보십시오. 이것들은 우리가 세상과 접촉하고 이해하는 방식을 형성하는 광범위한 문화적 인공물들입니다. 문화의 핵심이 가공품이라면, 문화를 변혁하는 현실적이고 실질적인 대안은 무엇일까요? 헌터는 앤디 크라우치(Andy Crouch)의 말을 인용함으로써 이 질문에 답합니다.

---

88 헌터, 《기독교는 어떻게 세상을 변화시키는가》, 44.
89 헌터, 《기독교는 어떻게 세상을 변화시키는가》, 45.
90 헌터, 《기독교는 어떻게 세상을 변화시키는가》, 54.

사람들이 더 많은 더 좋은 문화를 실제로 만들어 낼 때 문화는 변한다. 우리가 문화를 변형시키고 싶다면 우리가 실제로 해야 할 일은 인간의 문화적 활동 속으로 뛰어 들어가 사람들이 세상을 상상하고 경험하는 방식으로 재구성할 새로운 문화적 상품들을 만들어 내는 것이다. … 우리는 모든 문화의 변혁을 추구한다. 하지만 우리가 그 일을 성취하는 방법은 실제로 문화를 만드는 것이다.[91]

헌터는 종교사회학자로서 우리가 성경적인 문화적 가치관을 고수할 만큼 담대해야 하지만, 그 문화가 실제로 작동하는 방식과 현상을 간과할 만큼 순진해서는 안 된다고 경고합니다.[92] 문화와 사상은 본래부터 그것이 진실하거나 옳아서가 아니라 그것이 강력한 제도와 네트워크, 상징 속에 담겨지는 방식 때문에 힘을 발휘한다는 사실을 알 필요가 있습니다. 좀 더 명확한 이해를 위하여 헌터가 제시한 문화변혁의 원리 10가지를 살펴보도록 합시다.

문화는 어떻게 변혁되는가?

헌터는 문화의 특징과 작동 방식을 10가지 명제로 제시합니다.[93] 많은 내용이지만 독자들의 이해를 돕고자 최대한 간추려서 정리하기 위하여, 중복된 내용은 과감히 생략하고 쉬운 용어로 대체하였습니다.

---

91 Andy Crouch, Inter-Varsity 웹진, Student Soul에 있는 크라우치와의 인터뷰(2007. 1. 19), 헌터, 《기독교는 어떻게 세상을 변화시키는가》, 55에서 재인용.
92 헌터, 《기독교는 어떻게 세상을 변화시키는가》, 77.
93 헌터, 《기독교는 어떻게 세상을 변화시키는가》, 61-78.

1. 문화는 일종의 진리 주장이자 도덕적 의무체계이다.

2. 문화는 역사적 산물이다.

3. 문화는 개인과 제도 사이에서 변증법적으로 형성, 작동된다.

4. 문화는 그 자체로 자원이며, 권력 및 지위구조를 형성한다.

5. 문화는 천재적 한 개인이 아니라 네트워크에 의해서 형성된다.

6. 문화는 자율적이지도 일관적이지도 않은데, 규칙, 이해, 의미, 활동, 관계들과 얽혀 있기 때문이다.

7. 문화는 가끔 아래에서 위로 변하지만, 대체로 위에서 아래로 변한다.

8. 문화는 대개 중심부 바깥 주변부의 엘리트에서 시작된다.

9. 세계변혁의 집중력은 엘리트들의 네트워크와 그들이 주도하는 제도들이 중첩될 때 극대화된다.

10. 문화는 변한다. 하지만 '투쟁' 없이 이루어지는 것은 없다.

문화의 작동과 변혁에 대해 헌터가 발견한 10가지 명제를 토대로 그가 문화변혁을 꿈꾸는 그리스도인에게 던지는 실질적인 교훈은 무엇일까요? 우리 사회에서 문화를 형성하고 전달하는 제도들(교회는 말할 것도 없이 시장과 정부가 후원하는 문화 조직, 교육, 광고, 오락, 출판, 뉴스미디어)을 근본적으로 재구성해야 한다는 것입니다. 그러지 않는다면 전례 없는 제3차 대각성 부흥운동이 일어나더라도 문화변혁에는 별 영향을 끼치지 못한다는 것이지요.[94] 핵심은 그리스도인의 어떤 정치적, 정책적, 사회적 운동도 문화 속의

---

94 헌터, 《기독교는 어떻게 세상을 변화시키는가》, 79-80.

보다 커다란 구조적 변화와 연결되지 않는다면 문화의 방향과 과정에는 아무런 영향도 끼치지 못한다는 것입니다. 문화 자체가 권력이 되어 그것을 바꾸려는 우리의 열정에 맹렬히 저항하기 때문입니다. 우리의 노력이 아무리 훌륭하고 의도가 좋더라도 말입니다. 그러면 우리는 어떻게 해야 할까요? 헌터는 먼저 지금까지 복음주의 그리스도인들이 주력해 온 비효과적인 전략을 소개합니다. 그리고 그것을 극복하기 위한 효과적인 대안을 제시합니다. 하나씩 차례로 살펴보겠습니다.

비효과적인 전략

헌터는 기독교가 문화에 대하여 취해 온 입장을 3가지로 요약합니다.[95] 첫째, "문화에 대한 방어"입니다. 주로 신학적 보수주의나 복음주의가 취하는 입장입니다. 이들은 세계의 주된 문제가 세속화라고 규정하고, 두 가지 전략을 구사합니다. 하나는 복음 전도이고, 다른 하나는 기독교 세계관으로 세속화의 적들을 공격함으로써 기독교적 가치를 방어하는 것입니다. 둘째, "문화에 대한 적응"입니다. 신학적 자유주의와 진보적 복음주의자들이 채택한 패러다임입니다. 이들의 방식은 영적이기보다 윤리적이고, 신학적 순결보다는 사회적 개량에 더 큰 비중을 둡니다. 아동 노동, 노동 운동, 시민 운동, 인권과 여권 신장, 경제적 분배, 환경 보호 등에 관심을 갖습니다. 이들의 특징은 ① 동시대 문화와 호흡, ② 실천과 행동, ③ 대화와 선교입니다. 셋째, "문화로부터의 정결"입니다. 신재세례파나 수도원

---

95 헌터, 《기독교는 어떻게 세상을 변화시키는가》, 316-23.

주의, 골수 보수주의와 일부 오순절 교단이 수용하는 입장입니다. 이들은 교회의 참된 과제가 세상의 악한 세력으로부터 자신을 구출하는 것이라고 믿습니다. 세상으로부터 물러나 공동체를 형성하여 가난한 사람들과 경제적 자원을 공유하고, 명상적 삶에 헌신하는 특징을 갖습니다. 헌터의 분석을 도표로 요약하면 아래와 같습니다. 이해를 돕기 위해 니버와 팀 켈러의 분류와도 연결을 지어 보았습니다.

리처드 니버의 5가지 분류	문화를 변혁하는 그리스도	문화와 역설적인 그리스도	문화 속의 그리스도	문화 위의 그리스도	문화와 대립하는 그리스도
팀 켈러의 4가지 분류	변혁주의 모델	두 왕국 모델	적응 모델		반문화주의 모델
데이비슨 헌터의 3가지분류	문화에 대한 방어		문화에 대한 적응		문화로부터의 정결
분류 모델 교회의 과제	복음 전도, 기독교 가치관 수호		사회적 개량		세상의 악으로부터 자신을 구출
주도 세력	보수적 복음주의		자유주의	로마 가톨릭	신재세례파
특징	정통교리, 회심 강조		동시대와 대화, 실천과 행동		세속과 분리된 대안 공동체

[그리스도인의 문화에 대한 태도에 관한 분류표 – 리처드 니버 · 팀 켈러 · 데이비슨 헌터]

니버가 5가지로 분류한 것을 팀 켈러는 4가지로, 헌터는 다시 3가지로 간결하게 요약했다고 할 수 있습니다. 헌터는 기존의 그리스도인의 문화에 대한 태도가 '오래된 문화적 포도주 부대'라고 비판합니다. 그 이유는 무엇일까요? 보수주의의 '문화에 대한 방어'건 자유주의의 '문화에 대한 적응'이건 분노에 근거하여 정치 권력을 행사하고, 상대 진영에 대한 비방과 증오를 동반했기 때문입니다.[96] 그것은 짙은 안개를 만들어 서로를 동료 인간으로 인식하지 못하게 하고 세상 안의 좋은 점을 인식하지 못하게 합니다. 이것은 "네 이웃을 네 몸과 같이 사랑하라"는 주님의 가장 큰 사랑의 계명을 담아내지 못하는 낡은 부대라는 것이지요. 보수주의도 자유주의도 대안이 아니라면, 세속 왕국과 문화를 배척하려는 신재세례파가 해답일까요? 헌터는 이에 대해서도 명백히 아니라고 대답합니다. 교회와 세상 사이에 날카로운 선을 그으려는 신재세례파의 모든 노력은 명백히 실패할 수밖에 없다고 일축합니다.[97] 왜냐하면 교회는 사람들로 구성되기 때문에 교회와 세상이 공유하는 힘이 분명히 있기 때문입니다.

> 많은 신재세례파들이 주장하는 교회와 세상 사이의 명백한 차이점은 지나치게 과장되고 기만적인 것이다. 권력 문제와 관련해서 "힘 없음"은 일종의 허구다. 심지어 정치적, 경제적 영역에서 "힘 없음"은 상대적일 뿐이다.[98]

헌터가 기존의 오래된 문화적 포도주 부대를 향하여 비판하는 핵심은 무엇입니까? 기독교 우파와 보수주의는 정치 권력을 획득함으로써 번영의 신학과 타협하였고 군사주의와 민족주의에 흡수되었으며, 공적 영역

---

96 헌터, 《기독교는 어떻게 세상을 변화시키는가》, 264.
97 헌터, 《기독교는 어떻게 세상을 변화시키는가》, 274.
98 헌터, 《기독교는 어떻게 세상을 변화시키는가》, 274.

에서 기본적 에티켓도 제대로 지키지 못하여 비난의 대상이 되었고, 극단적·분열적 의제를 확산시키기 위해 기독교 언어를 사용해 왔습니다.[99] 한편, 기독교 좌파와 자유주의는 어떻습니까? 그들은 자신들의 정치적 이해를 정당화하기 위해 성경을 선택적으로 사용하는 것에서, 공적인 것과 정치적인 것을 혼합하는 것에서, 신학과 국가적 정체성을 혼동하는 것에서 기독교 우파를 흉내 냅니다.[100] 양측은 핵심 의제와 주장의 방향만 다를 뿐 정치 권력을 획득하여 영향력을 행사하려는 행태는 본질적으로 같습니다. 기독교 보수주의와 자유주의는 권력 자체가 지니는 강압과 배제의 위험성을 모두 간과하였습니다. 기억할 것은 정치는 세상에 관여하는 한 가지 방법일 뿐이라는 것입니다. 정치만이 가장 고귀하고 효과적이며 세상을 변혁하는 유일한 방법은 아닙니다.[101]

보수주의와 자유주의의 문제점이 권력의 위험성을 간과한 것이라면, 신재세례파나 경건주의는 실존하는 제도나 권력을 지나치게 과소평가하였다는 것입니다.[102] 그리하여 엄연히 존재하는 국가와 정치권력을 백안시하고, 분리주의와 수도원적 분파주의를 채택하였습니다. 신재세례파는 문화명령은 세상에서 하나님의 뜻을 반영하는 방식으로 "권력을 사용하라"는 명령임을 옳게 파악하지 못했습니다.[103] 그렇다면 헌터가 제시하는 새로운 가죽 부대는 무엇일까요?

99   헌터, 《기독교는 어떻게 세상을 변화시키는가》, 215-16.
100   헌터, 《기독교는 어떻게 세상을 변화시키는가》, 225.
101   헌터, 《기독교는 어떻게 세상을 변화시키는가》, 278.
102   팀 켈러, 《센터 처치》, 421.
103   헌터, 《기독교는 어떻게 세상을 변화시키는가》, 274.

효과적인 대안 - 신실한 함께함

우리가 사는 시대가 갈수록 갈등이 심화되고, 세속화의 풍랑이 가속화되고 있습니다. 다원주의로 인한 세대 간, 계층 간, 이념 간, 개인 간 차이는 절망적일 만큼 현저해지고, 객관적 진리, 권위, 공동체, 심지어 자존감마저 해체의 도전 앞에 서 있습니다.[104] 헌터는 이러한 도전 앞에서 해답의 실마리를 우리가 아닌 하나님 안에서 찾고자 추적합니다. 하나님은 패역한 하나님의 백성들을 향해 선지자를 통해 말씀으로 책망하고, 위로하고, 함께하셨습니다(히 1:1, 벧전 1:23). 어둠 속에서 혼란과 절망에 빠진 죄인을 향하여 말씀이신 예수님을 보내 주셨습니다(요 1:14). 심지어 예수님이 승천하신 이후에도 우리에게 모든 것을 가르치시고 영원토록 우리와 함께 계실 보혜사 성령님을 보내 주셨습니다(요 14:16). 이 같은 하나님의 신실한 현존(presence)은 헌터가 대안으로 제시하는 신실한 함께함(presence)의 신학적 토대가 됩니다.

사냥개가 결코 멈추지 않고 점점 거리를 좁히면서, 하지만 서두르지 않고 꾸준히 토끼를 추적하듯이 하나님이 도망가는 영혼을 그분의 거룩한 은총으로 추적하신다. 비록 죄나 인간적 사랑 속에서 하나님으로부터 멀리 떨어진 영혼은 자신을 감추려 하지만, 거룩한 은총은 그를 추적한다. 결코 지치지 않고 꾸준히 추적한다. 그렇게 결코 끝나지 않는 추적에서 그 영혼이 그분을 향해 돌아서라는 압력을 느낄 때까지 말이다.[105]

---

104   헌터, 《기독교는 어떻게 세상을 변화시키는가》, 294, 295, 297.
105   프랜시스 톰슨, "천국의 사냥개(The Hound of Heaven)", 헌터, 《기독교는 어떻게 세상을 변화시키는

그렇다면 우리는 구체적으로 누구에게, 어떻게, 얼마만큼 신실한 함께함으로 다가가야 할까요? 우리는 '서로에게' 그리 해야 합니다. 교회 안이든 밖이든, 거류민과 소외된 사람에게 더욱 세심하고 온화한 관심으로 나아가야 합니다. 신자든 비신자든, 매력적이든 매력적이지 않든, 존경할 만하든 경멸할 만하든, 정직하든 비열하든 간에 모든 사람은 하나님의 형상을 지니고 있기 때문입니다(마 25:34-40). 또 우리는 우리의 사명, 곧 일터와 노동을 향해서도 신실하게 임해야 합니다(골 3:22-24).

우는 자들과 함께 울라

헌터는 "신실한 함께함"은 생명의 말씀이 그리스도의 몸 전체에 살아 있는 내러티브로 실행되도록 단어와 문법이 된다고 말합니다. 물론 그 내러티브는 하나님의 구속의 완성을 가리킵니다.[106] 헌터는 "신실한 함께함"을 수행하는 과정에서 우리의 자세가 어떠해야 하는지 설명합니다.[107] 첫째, 그 권력은 하나님 아버지에 대한 친밀한 복종입니다(요 14:10). 둘째, 그 지위에 수반되는 특권을 자발적으로 거절하는 낮아짐입니다(빌 2:6-8). 셋째, 하나님 나라의 권력은 긍휼히 여기는 마음입니다(막 10:45). 넷째, 신앙 공동체 바깥의 사람들을 향한 비강제적인 자세입니다(마 5:44, 벧전 3:9). 하나님 나라는 편견 없이 모든 남자, 여자, 청년, 노인, 주인, 노예, 자유민 유대인, 사마리아인, 이방인에게 주어진 것입니다.

가》, 358-59에서 재인용.
106   헌터, 《기독교는 어떻게 세상을 변화시키는가》, 377.
107   헌터, 《기독교는 어떻게 세상을 변화시키는가》, 282-86.

평가

헌터의 가장 큰 기여 중 하나는 '문화'가 구체적으로 어떻게 형성되고 변혁되는지 객관적인 데이터를 토대로 사회학적으로 추적하였다는 것입니다. 보수적 복음주의자들의 기대처럼 복음을 전하여 회심자가 증가함으로써 문화가 변혁된다는 단순한 메커니즘을 따르지 않음을 역사적 사실을 통해 논증하였습니다. 세상을 바꾸기 위해 기독교 좌파도 우파도 정치 권력을 행사하고자 애썼습니다. 그러나 그들의 선한 의도와 상관없이 '권력' 자체가 지니는 강압과 부패의 위험성을 헌터는 날카롭게 지적하였습니다. 그렇다고 세속국가를 부정하는 신재세례파로 치우지지도 않았습니다. 하나님이 요구하시는 바는 권력 자체를 부정하는 것이 아니라 엘리트주의를 거부하고 섬김의 리더십으로 문화명령을 수행하는 것임을 강조하였습니다.

언뜻 헌터가 주장한 "신실한 함께함"은 반드루넨의 두 왕국론과도 흡사해 보입니다. 심지어 두 학자가 주장하는 근거 성구도 예레미야 29장 4-7절로 동일하기까지 합니다.[108] 그러나 반드루넨과의 차이점은 이것입니다. 반드루넨이 두 왕국론에 기초해서 문화변혁에 소극적 입장을 취하는 반면에, 헌터는 온 세상 모든 영역에서 변혁을 초래하는 것에 찬동한다는 것입니다. 헌터는 "온 천하에 다니며 만민에게 복음을 전파하라"는 대위임령에서 '온 천하'를 사회 구조적 차원에서 생활의 '모든 영역'이라고

---

108 헌터, 《기독교는 어떻게 세상을 변화시키는가》, 407-408; 반드루넨, 《하나님의 두 나라 국민으로 살아가기》, 121.

해석합니다.[109] 따라서 교회는 이러한 영역들 속으로 사람들을 보내야 한다고 강조합니다.

그럼 헌터의 주장은 스미스와 같은가요? 같다면 뭐가 같고, 다르다면 뭐가 다를까요? 변혁의 범위가 모든 영역이라는 점에서 같습니다. 차이점은 변혁의 방식이지요. "신실한 함께함"이라는 그의 방식은 분명히 정치적, 정책적, 제도적, 사회적 변혁을 전면에 내세운 카이퍼적인 신칼빈주의 방식과 구별됩니다. 그것은 문화의 생성과 변혁을 본질을 간파하지 못한 순진한 접근으로 신칼빈주의 주장이 거의 전적으로 남용된다고 한탄합니다.[110] 헌터는 그리스도인들이 아무리 노력해도 완벽히 새로운 세상을 만들지는 못할 것이라고 인정합니다. 하지만 모든 타인을 위해 신실한 함께함으로 샬롬을 추구할 때, 더 나은 세상을 만드는 데 도움을 줄 수 있고 충분히 가능하다고 결론을 맺습니다.[111]

지금까지 우리는 그리스도인의 세상 문화에 대한 태도에 관하여 세 학자의 입장을 살펴보았습니다. 리처드 니버의 도움을 받아 5가지 유형을 개괄적으로 그려 보았습니다. 이번 챕터인 〈4. 신학으로 본 공공신학〉은 이 책에서 가장 넘기 힘든 팔부능선이라고 할 수 있습니다. 신학을 접하지 않은 분께는 난해한 신학 용어가 힘들고, 다양한 입장 소개가 지루하게 느껴졌을지도 모르겠습니다. 그것이 이 챕터를 후반부에 배치한 이유이기도 합니다. 이제 고지가 코앞입니다. 그래도 이 정상을 떠나 현장으로 내려가기 전

109   헌터, 《기독교는 어떻게 세상을 변화시키는가》, 381.
110   헌터, 《기독교는 어떻게 세상을 변화시키는가》, 37.
111   헌터, 《기독교는 어떻게 세상을 변화시키는가》, 422.

에 "그래서 어떡하라는 거냐?"와 같은 어느 정도의 정리가 필요할 것입니다. 이를 위해 기독교와 가톨릭 모두에게 존경받는 인물이자 초대 교회의 위대한 교부요 은혜의 신학자인 아우구스티누스에게 길을 묻고자 합니다.

| 아우구스티누스에게 길을 묻다 |

서기 410년 8월 18일 서고트족의 왕 알라릭이 군대와 병거를 이끌고 로마를 침공하였습니다. 사흘 만에 로마 시내는 약탈당했고, 도시는 불타올랐습니다. 풍전등화와 같은 로마의 운명 앞에서 로마 시민들은 두려움과 당혹감을 떨칠 수 없었지요. 왜냐하면 "모든 길은 로마로 통한다"는 말처럼 로마 제국은 당시 세계질서의 패권을 장악했던 위대한 제국이었기 때문입니다. 그리스도인들조차 깊은 혼란에 사로잡혔습니다. 예수님이 돌아가신 후 초대 교회 때만 해도 기독교에 대한 박해는 극심했습니다. 지금도 튀르키예(전 터키)의 갑바도기아에는 카타콤 같은 지하동굴이 있습니다. 이를 통해 당시의 박해가 얼마나 심했는지 엿볼 수 있습니다.

그러나 복음이 확산되고, 로마 황실까지 회심자들이 생겨나자 상황은 달라졌지요. 로마 황제의 끔찍했던 열 차례의 기독교 박해는 막을 내렸습니다. 핍박 가운데 신앙은 더욱 견고하고 뜨거워졌습니다. 영지주의나 아리우스 등의 이단에 대항하면서 순전한 믿음은 더욱 바른 교리로 무장되었습니다. 마침내 313년 콘스탄틴 황제는 기독교를 포함한 모든 종교의 자유를 허락하는 밀라노 칙령을 선포합니다. 이제 기독교에 대한 박해가 멈춘 것이지요. 그리고 392년 테오도시우스 황제 때, 기독교는 로마 전역에서 국교로 채택됩니다.

이러한 배경에서 "하나님을 섬기는 로마의 도성이 어떻게 이교도에 의해 멸망하도록 하나님은 내버려 두시는 걸까?" 하는 의문이 고개를 들었습니다. 아우구스티누스(Augustinus, 354-430)는 이교도에 대한 변론과 혼란스러워하는 성도들에게 하나님의 섭리와 고난의 의미를 설명하고자 붓을 들었습니다. 이것이 《하나님의 도성》(De Civitate Dei)의 저술 배경입니다.

두 도성의 대립성

아우구스티누스는 이 책에서 지상 도성과 천상 도성(하나님의 도성)을 대조시킵니다. 지상 도성의 시민은 지상에 도시를 건설하지만, 천상 도성의 시민은 나그네로 살아갑니다. 지상 도성은 음녀 바벨론에 비유된다면, 천상 도성은 거룩한 성 예루살렘에 비유됩니다. 전자는 여종 하갈에게서 육체를 따라 난 이스마엘의 계보를 잇습니다. 반면에, 후자는 주인 사라에게서 약속을 따라 난 이삭이 계보를 잇지요(갈 4:22, 23). 이스마엘은 유업을 얻지 못하나, 이삭은 유업을 이을 자입니다. 아우구스티누스는 지상 시민과 천상 시민의 특징을 다음과 같이 비교합니다.

> 지상 시민이 죄의 본성으로 가득 찬 진노의 그릇이라면, 천상 시민은 은혜로 죄에서 해방된 긍휼의 그릇이라고 할 것이다. 지상 시민의 삶의 양식은 사람을 따르고 거짓을 따르지만, 천상 시민은 하나님과 진리를 따라 산다. 따라서 지상 시민의 평화와 승리와 행복은 일시적이고 제한적이고 거짓되지만, 천상 시민은 영

원한 평화, 완전한 승리, 참된 행복을 누린다. 신약의 관점에서 전자는 육신에 속한 자요, 후자는 성령에 속한 자이다. 종말의 관점에서 전자는 영원한 형벌을 받지만, 후자는 영원히 주와 함께 왕 노릇 한다.[112]

그리스도인은 아우구스티누스의 설명과 같이 신자와 비신자의 선명한 차이점을 성경을 통해 발견합니다. 그래서 신자에게는 영원한 생명이, 비신자에게는 영원한 형벌이 있음을 압니다. 신자의 삶은 은혜가 지배하고 비신자의 삶은 죄가 지배합니다. 신자는 빛의 자녀이나 비신자는 어둠의 자녀입니다. 신자는 하나님 나라를 유업으로 받는 상속자이지만 비신자는 그렇지 못합니다. 아우구스티누스가 《하나님의 도성》에서 설명한 두 도성의 대립성을 다음과 같이 표로 정리해 보았습니다.

	지상의 도성	천상의 도성
시조(始祖)	가인(창 4:6,7)	아벨(창 4:25)
지상의 삶	도시를 건설함(창 4:17)	아래에서는 나그네(히 11:13) 위에서는 시민(빌 3:20)
비유	음녀 바벨론	거룩한 성 예루살렘
상징적 대표자	여종 하갈	주인 사라(갈 4:22–24)
계보	이스마엘: 육체를 따라 난 아들	이삭: 약속을 따라 난 아들
상속	유업을 얻지 못할 자(창 21:10)	유업을 이을 자(갈 4:1)

---

112 Augustinus, 《하나님의 도성》, 15. 1.

지배	죄의 지배	은혜의 지배
인간의 실존	진노의 그릇(롬 9:22)	긍휼의 그릇(롬 9:23)
삶의 양식	사람을 따라 산다 거짓을 따라 산다	하나님을 따라 산다 진리를 따라 산다
평화	소송과 전쟁으로 일시적 평화	영원한 평화
승리	많은 생명을 희생시키는 제한된 승리	영원한 승리
행복	행복을 추구하기 위해 육체의 소욕을 따라 죄를 짓지만 그 결과는 불행이다	창조질서와 성령의 소욕을 따라 창조주 뜻을 행하며 그 결과는 참 행복이다
소속	육신에 속한 자(고전 3:3)	성령에 속한 자(고전 2:15)
종말	영원한 형벌	영원히 주와 함께 왕 노릇

[아우구스티누스의 지상의 도성과 천상의 도성 비교]

아우구스티누스가 말한 지상 도성과 천상 도성의 대립성은 우리의 공공 신학에 어떤 통찰을 줄까요? 간혹 이러한 대립성을 공간과 영역의 대립으로 생각하는 성도들이 있습니다. 예를 들어, 교회 일은 열심히 봉사하는데 직장 일은 그렇지 못하는 경우입니다. 기업에서 신입사원 채용을 담당하는 인사팀장 장로님께 이런 이야기를 들은 적이 있습니다.

"목사님, 저는 갈수록 기독교인은 채용을 안 하게 되네요."

순간 저는 제 귀를 의심하며 생각했습니다. '아니, 장로님이신데 기독교인을 채용 안 하다니!'

"네? 이유가 있으신가요?"

"저도 교회 다니지만, 교회 다니는 사람들이 너무 이기적입니다. 신앙이 좋다고
할수록 팀원들과 어울리지 못하니 참 아이러니죠."

고개를 갸우뚱하며 그분의 설명을 기다렸습니다.

"다들 돌아가면서 잔업을 해야 하는데 수요예배 간다, 금요예배 간다 미꾸라지
처럼 쏙쏙 빠지니 미움을 살 수밖에요. 그래 놓고는 신우회 준비한다며 점심시
간 5분 전에 나가서, 점심시간 5분 후에 들어옵니다. 정말 같은 그리스도인으로
부끄럽기도 하고 때로는 화가 치밉니다. 차라리 신우회 활동하지 말고, 자기 일
이나 제대로 하라는 말이 턱 밑까지 차오를 때가 한두 번이 아니랍니다."

얘기를 들으며 저도 얼굴이 확 달아올랐습니다. 얼마 전 대학 선배에게
비슷한 얘기를 들었기 때문입니다. 직장에서 믿음으로 살아간다는 것이
무엇인지 졸업한 제자들에게 이런 부분을 제대로 알려주지 못했다는 자
책감도 몰려왔습니다.

아우구스티누스가 말한 두 도성의 대립이란 장소와 공간의 대립이 아닙
니다. 교회 일은 영적이고 세상 일은 세속적이라고 할 수 없습니다. 종교
개혁자 마틴 루터(Martin Luther)는 이러한 이원론적 사고를 깨뜨리는 혁명적
인 말을 했습니다. "하나님은 소젖 짜는 하녀의 직업을 통해 하나님께서
친히 우유를 짜고 계신다." 모든 직업이 하나님의 거룩한 부름에 의한 거
룩한 직업이라는 것이지요. 칼빈은 이것을 '직업소명설'로 발전시켰습니

다. 목사나 사제 등의 성직만 거룩한 것이 아니라, 일반 직업도 하나님께서 허락하신 거룩한 일이라는 것이지요.

그러면 아우구스티누스가 말한 대립의 핵심은 무엇일까요? 그것은 장소나 공간의 대립이 아니라 '사랑의 방향성의 대립'입니다. 그의 말을 직접 들어 봅시다.

> 굶주리는 그리스도인에게 그리스도인이기 때문에 빵을 주는 사람이라면, 자기에게 주는 의의 빵인 그리스도를 거부하지 않을 것이다. 하나님께서는 누구에게 선물을 주느냐 하는 것보다 어떤 정신으로 주느냐 하는 것을 중요시하시기 때문이다. 그러므로 그리스도인 안에 계신 그리스도를 사랑하는 사람은 그리스도인에게 자선을 행할 때에 그리스도 앞으로 나아가는 때와 같은 정신으로 하며, 벌만 받지 않는다면 그리스도라도 버린다는 정신으로 해서는 안 된다. 그리스도께서 금하시는 일을 사랑하는 사람은 그만큼 그리스도 자신을 버리는 것이기 때문이다. … 그와 같이 그리스도인에게 자선을 행하더라도 만일 그의 안에 계신 그리스도를 사랑하지 않는다면 그 자선은 그리스도인에게 행한 것이 아니다.[113]

우리는 예배당에서 예배를 드리면서도 '주식이 올랐을까, 이번 휴가는 어디로 갈까, 어머니 선물은 뭘 준비할까…' 이런 생각들로 분주할 수 있습니다. 몸은 예배당에 있지만 마음속 사랑의 방향은 하나님이 아닌 땅의 것을 향한 것입니다. 거꾸로 사무실에서 맡겨진 일에 최선을 다하고, 동료

---

113 Augustinus, 《하나님의 도성》, 21. 27.

에게 안부를 묻고 위로를 전한다면 어떨까요? 그것이 천상 시민의 모습일 수도 있습니다. 로렌스(Lawrence) 형제는《하나님의 임재 연습》에서 매일 쳇 바퀴 같은 일상 속에서 좀처럼 하나님을 떠올리지 못하는 그리스도인을 안타까워하며 다음과 같이 조언합니다.

> "저에게는 일하는 시간이 기도 시간과 다르지 않습니다. 주방의 소음들과 달그락거리는 소리 속에서 몇 사람이 동시에 여러 가지를 요구하지만, 저는 복된 성사 때 무릎을 꿇고 앉아 있는 것처럼 깊은 고요 속에서 하나님을 소유합니다. … 모든 일을 하나님 사랑을 위해 한다고 할 때, 우리는 사소한 일들을 하는 것에 싫증을 내서는 안 되는데, 이는 우리의 일이 얼마나 크고 위대하냐가 아니라 그 일을 사랑으로 하느냐에 그분의 관심이 있기 때문이다."[114]

얼마나 아름다운 고백인가요! 아브라함 카이퍼와 다소 접근은 다르지만 그리스도인의 적극적 문화변혁과 문화명령을 강조한 스킬더도 비슷한 맥락에서 마음의 태도를 강조합니다. 비신자의 노동에 의한 산물이나 신자의 노동에 의한 산물이나 거의 비슷하지만, 그 차이는 사람들의 마음이라는 것입니다.[115] 비신자는 하나님이 부여하신 재능으로 하나님께 순종함 없이 일하지만, 신자는 하나님을 경외하는 자세로 문화 사역을 감당합니다. 그래서 문화 활동이 곧 하나님을 섬기고 예배하는 수단이 되는 것이

---

114 로렌스 형제, 《하나님의 임재 연습》, 53-55 (강조는 덧붙인 것).
115 K. Schilder, *Christ and Culture*, trans. G. van Rogen and W. Helder (Winnipeg, Mannitoba: Premier, 1977), 55-56.

지요. 바울도 그리스도인의 일상에서 어떻게 살아야 할지를 이렇게 강조합니다. "무슨 일을 하든지 마음을 다하여 주께 하듯 하고 사람에게 하듯 하지 말라"(골 3:23). "그런즉 너희가 먹든지 마시든지 무엇을 하든지 다 하나님의 영광을 위하여 하라"(고전 10:31). 아우구스티누스는 우리가 어디에 서 있느냐보다 우리의 마음이 어디로 향해 있는지를 돌아보라고 권면합니다. 그리스도인은 예배당 안에서 뿐 아니라 일상에서도 마음속 사랑의 방향을 하나님께로 향하는 사람입니다. 그럴 때에 우리가 매일 하는 평범하고 지루한 직업 활동은 다른 많은 사람들에게 하나님의 사랑을 전달하는 거룩한 도구가 될 것입니다. 우리의 가정과 일터는 하나님의 임재로 빛나는 영광스러운 무대가 될 것입니다.

두 도성의 혼합성

아우구스티누스 연구가들은 그의 사상을 명확하게 규정하기 힘들다고 합니다. 거기에는 이유가 있습니다. 한 곳에서는 두 도성의 대립성을 강조하다가, 다른 곳에서는 두 도성의 혼합성을 말하기 때문입니다. 우리는 위에서 두 도성의 대립성을 얘기했습니다. 그리고 그 대립성의 핵심이 공간이나 영역이 아니라 우리 내면의 사랑의 방향인 것도 확인하였습니다. 이제는 좀 더 다른 측면에서 혼합성에 대해 말씀드리고자 합니다.

교회는 천상 도성이라고 할 수 있지만, 교회가 거침없이 확장됨에 따라 그 안에는 세상에 버림받은 자들과 선택받은 자들이 함께 섞여 있습니다.[116] 예수님도 마태복음 13장에서 천국을 비유하면서 알곡과 가라지가 함께 섞여 있다고 말씀합니다(마 13:29-30). 또 그물에 좋은 물고기와 못된 것이 섞여 있듯이 교회 안에 신자와 비신자가 공존합니다(마 13:47-48). 우리는 누가 구원받을지, 누가 영원한 형벌에 처할지 알지 못합니다. 누가 지상 시민이고, 누가 천상 시민인지 명확하게 분간할 수 없습니다. 구원은 철저히 하나님 주권에 속하였기 때문입니다(롬 9:16-23). 아우구스티누스는 하나님의 도성 시민이 이 세상에서 순례의 길을 걷는 동안에 지상 도성 시민과 어떻게 공존했는지를 설명하기 위해 앗시리아, 바벨론, 그리스, 로마의 역사와 왕들의 이름을 거명합니다. 그리고 그 당시 활동하던 성경 인물과 선지자들의 이름을 제시합니다.[117] 두 도성 사람들은 꼭 같이 복도 누리고 화도 입습니다. 그들이 이 세상에서 함께 얽혀 있고 혼합되어 있기 때문이지요. 이것은 언뜻 불공평하고 불공정해 보이기도 합니다.

제가 이토록 장황하게 두 도성의 혼합성을 설명하는 이유가 무엇일까요? 그것은 이러한 두 도성 시민의 혼합성을 깊이 묵상할 때 주어지는 깨달음이 있기 때문입니다.

첫째, 혼합성은 우리에게 겸손을 일깨웁니다. 위에서 말한 것처럼 우리는 누가 하나님의 백성이고, 누가 아닌지 모릅니다. 기껏해야 누가 교회를 다니고 누가 안 다니는지를 파악할 따름입니다. 교회 다닌다고 해서 모든 사람이 죽은 다음에 천국에 가는 것은 아니지요. 마찬가지로 지금 망나니 같은 삶을 사는 불신자라도 언제 바울처럼 변화되고(딤전 1:13), 언제 마가

---

116 Augustinus, 《하나님의 도성》, 18. 49.
117 Augustinus, 《하나님의 도성》, 18. 2-36.

처럼 괄목상대할 만큼 성장할지 모를 일입니다(딤후 4:11). 그러므로 우리는 그저 하나님의 능하신 손 아래서 겸손으로 허리를 동일 뿐입니다. 나의 기준으로 다른 사람을 판단하려는 재판관의 자리에서 내려와야 합니다. 그리고 최고의 재판장이요, 가장 공의로우신 하나님께 판단을 맡겨 드려야 합니다. 바울은 남을 함부로 업신여기거나 판단하지 말라고 가르칩니다(롬 14:3-4). 이유는 우리 눈에 보기에 연약한 그 사람 역시 하나님이 받으셨고, 하나님의 형상이기 때문이라는 것입니다.

광야 같은 세상에서 순례자로 살아갈 때, 우리는 이해하기 어려운 다양한 삶의 문제들과 마주합니다. 학교에서, 직장에서, 심지어 가정에서조차 우리는 달라도 너무 다른 사람들로 고통스러워합니다. 교회와 국가, 거룩한 것과 속된 것, 영적인 것과 정치적인 것을 깔끔하게 구분할 수 있다면 얼마나 편하고 좋을까요? 스스로를 아우구스티누스의 추종자라고 밝히는 제임스 스미스는 이 둘이 깔끔하게 분리될 수 없을 만큼 얽혀 있다고 말합니다. 그래서 이 땅의 신자는 아우구스티누스의 '대립성과 함께 혼합성'을 동시에 붙잡아야 하며, 이러한 통찰을 '거룩한 양가성'(兩價性, holy ambivalence)이라고 부릅니다.[118] 대립성의 측면에서 그리스도인은 죄와 싸우되 피 흘리기까지 싸워야 합니다. 육체의 소욕을 뿌리치고, 성령의 소욕을 따라야 합니다. 끊임없이 죄를 죽이고, 은혜의 지배가 우리 삶을 장악하도록 추구해야 합니다. 그러나 혼합성 측면에서 이 거룩한 열망이 이원론적 삶으로 치닫지 않도록 경계해야 합니다. 남을 정죄하고 미워하는 자기 의

---

118   Smith, 《왕을 기다리며》, 51.

나 빗나간 열정에 빠지지 말아야 합니다. 혼란한 이 땅의 실존을 잠잠히 인정하고, 선하고 공의로운 주님의 최종 심판을 겸손히 기다릴 수 있어야 합니다. 전능자 하나님은 일을 숨기시어 그 일의 시종을 알 수 없게 하셨기 때문입니다(잠 25:2, 전 3:11). 이것이 '대립성이면서 혼합성'을 겸손히 붙드는 거룩한 균형입니다.

둘째, 혼합성은 우리로 현실 너머의 하나님을 주목하여 그분의 시각으로 다시 혼잡한 현실을 재조명하게 합니다. 지상 시민과 천상 시민의 혼합성 때문에 한 가지 더 혼란스러운 것이 있습니다. 우리는 이것을 하박국의 질문에서 발견합니다. 하박국 당시 유다 왕국은 정치적, 도덕적, 종교적으로 매우 부패하였습니다. 그래서 하박국은 하나님께 따지듯 묻습니다. "하나님, 어찌하여 죄악과 패역과 겁탈과 강포를 관망만 하십니까? 율법은 무너지고, 정의가 굽어진 것을 보고만 계십니까?"(합 1:2-3)

이 질문에 대하여 하나님은 갈대아인(바벨론 군대)을 통해 유다를 처단하겠다고 말씀합니다. 그러자 하박국이 재차 묻습니다.

"주께서는 눈이 정결하시므로 악을 차마 보지 못하시며 패역을 차마 보지 못하시거늘 어찌하여 거짓된 자들을 방관하시며 악인이 자기보다 의로운 사람을 삼키는데도 잠잠하시나이까"(합 1:13).

이스라엘은 하나님의 언약 백성인데 어찌 이들보다 더 악한 이민족 바벨론을 들어 징계하시냐는 물음입니다. 이것은 마치 이교도 고트족에 의해 침략을 받아 멸망 위기에 놓인 로마 제국 그리스도인의 물음과도 흡사합니다. 인생을 살아가다 보면 이해할 수 없는 고난을 경험하거나 목격하게 되는 때가 있습니다. 고난의 무게가 얼마나 끔찍한지 아찔할 지경입니다. 그리고 자연스레 의문이 꼬리에 꼬리를 물고 수면 위로 떠오릅니다.

"하나님은 선하신데 어떻게 이런 일을 허락하실 수 있을까?"

이 의문은 하나님의 사랑에 대한 의심으로 발전합니다.

"과연 하나님이 나를 사랑하시는 게 맞나?"

마침내 구원에 대한 확신마저 흔들리곤 합니다.

"내가 이렇게 의심하는데, 정말 난 구원받은 게 맞을까?"

사역했던 캠퍼스의 대학생이 암 투병 끝에 꽃다운 스물한 살에 생을 마감했습니다. 친구를 잃은 학생들에게도, 아들을 잃은 어머니께도 제가 해줄 수 있는 말은 없었습니다. 무슨 말로 그 상실한 마음을 위로할 수 있을까요? 무슨 설명으로 그 혼란스러움을 해소할 수 있을까요? 그럼에도 그리스도인에게는 소망이 있습니다. 이 혼란스러운 고난을 하나님 앞에 가져가는 것입니다. 말씀의 빛 아래서, 성령의 조명 가운데, 주님의 임재 안에서 고난을 전망하는 것입니다. 아우구스티누스는 이 혼돈과 혼란 속에 갈팡질팡하는 성도들을 향하여 고난의 섭리를 탁월하게 설명합니다. 우리 눈으로 보기에 악인과 선인에게 무차별하게 쏟아지는 고난은 납득하기 어렵습니다. 그러나 주님은 악인을 선용하시고 자기의 예정된 고난을 실현하심으로 그분의 '공의'를 드러내십니다. 또한 악인들을 오래 참고 견디는 그분의 '사랑'을 교회에 나타내십니다.[119] 동일한 고난이 무차별하게 주어진 것 같지만, 악인에게는 그것이 주님의 공의를 드러내는 방편입니다. 동시에 당신의 백성을 연단하시는 하나님의 지혜와 사랑의 방편입니다. 마치 복음이 핍박을 통해 더 강력하게 확장되고, 이단들을 통해 순전한 정통 신앙이 확립되는 것처럼 말입니다.

그래서 신자는 고난이라는 환경을 통해 하나님의 성품을 규정짓지 않습니다. 오히려 신실하신 주님의 성품을 신뢰함으로 고난을 전망하고 환경을 해석합니다. 그의 눈은 당장 자신의 멱살을 쥐고 머리채를 잡아 흔드는 고난에만 머물지 않습니다. 고난 너머에 하늘의 지혜로 빚으시고 완전한 섭리로 이끄시는 십자가의 예수님을 응시합니다(히 12:2). 우리도 욥과 같이 고백할 수 있었으면 좋겠습니다. "내가 주께 대하여 귀로 듣기만 하였사오나 이제는 눈으로 주를 뵈옵나이다"(욥 42:5). 하박국과 같이 고난 너머의 하나님을 노래하는 믿음의 안목을 지녔으면 좋겠습니다. "비록 무화과나무가 무성하지 못하며 포도나무에 열매가 없으며 감람나무에 소출이 없으며 밭에 먹을 것이 없으며 우리에 양이 없으며 외양간에 소가 없을지라도 나는 여호와로 말미암아 즐거워하며 나의 구원의 하나님으로 말미암아 기뻐하리로다"(합 3:17-18). 이 위대한 찬양은 혼잡한 현실에서 부여

---

119   Augustinus, 《하나님의 도성》, 18. 49.

잡은 주님에 대한 깊은 신뢰에서 길어 올린 것입니다(합 2:4).

셋째, 혼합성은 우리에게 하나님의 은혜를 일깨웁니다. 혼돈과 고난 속에서 인간의 자연스러운 반응은 원망과 불평입니다. 30대 초반 간경화 말기 판정을 받은 저는 캠퍼스 사역을 중단해야 했습니다. 병원에서 더 이상아무것도 해줄 수 없다는 의사의 말은 청천벽력과도 같았습니다. 서울에서 사역을 중단하고 용인으로 요양을 왔습니다. 밤마다 4살, 2살, 1살 어린자녀들에게 동화책을 읽어 주고, 머리에 손을 얹고 기도해 주었습니다. 그리고 안방으로 가는 대신 거실 귀퉁이로 가서 무릎을 꿇었습니다. 살려 달라는 기도로 시작했지만, 그것은 원망과 불평으로 점철된 넋두리였습니다. 생의 끝을 예감하며 저는 하나씩 정리하기 시작했습니다. 미안한 사람에게 전화로 용서도 구하고, 그동안 고마웠던 분에게 감사하다는 인사도드렸습니다. 빌린 돈도 갚고, 아내와 자녀들에게도 날마다 마지막처럼 사랑했습니다. 20년이 지난 지금, 주의 은혜로 완치를 받았습니다. 돌아보니매 순간이 은혜였습니다. 하루하루가 끝을 의식한 종말론적인 삶이었습니다. 육체의 가시를 제거해 달라고 기도했던 바울이 이렇게 기도 응답을받았습니다.

"내 은혜가 네게 족하도다. 이는 내 능력이 약한 데서 온전하여짐이라"(고후 12:9). 바울은 고난 속에서 은혜를 발견했습니다. 그의 약함이 해결되지는 않았습니다. 여전히 그 문제를 안고 살아야 합니다. 혼란스러운인간의 실존입니다. 하지만 역설적이게도 그 속에서 은혜의 환호성이 터져 나옵니다. 심지어 그는 자신의 약함을 크게 기뻐하고 자랑하겠다고 선언합니다. "그러므로 도리어 크게 기뻐함으로 나의 여러 약한 것들에 대하여 자랑하리니 이는 그리스도의 능력이 내게 머물게 하려 함이라"(고후 12:9). 고난이라는 그릇에 부어지는 하나님의 은혜입니다.

아우구스티누스는 도나투스(Donatus)와 논쟁했습니다. 논쟁의 핵심은 이것입니다. 로마의 극심한 박해가 끝나갈 무렵, 기독교를 버리고 배교한 무리들이 다시 교회에 돌아옵니다. 이때 도나투스파는 교회의 순결성을 유지하기 위해 이들을 받아들일 수 없고, 이들의 세례와 가르침도 무효라고 주장하였습니다. 이에 대응하여 아우구스티누스는 성례가 올바르게 삼위일체의 이름으로 행해졌다면 다시 세례를 받을 필요가 없다고 했습니다. 참된 교회란 이미 거룩해진 또는 거룩해 보이는 사람들의 공동체가 아니라, 자격 없어 보이지만 그리스도를 의지하고 그분과 연합한 성도들의 모임이라고 은혜의 교리를 선포한 것입니다. 아우구스티누스를 은혜의 신학자라고 부르는 이유가 여기에 있습니다. 젊은 날 방탕한 생활로 사생아를 낳고, 신플라톤 사상과 마니교를 방황하던 그를 이곳까지 인도한 것은 하나님의 은혜임을 깨달은 것입니다. 실타래처럼 헝클어지고 혼란한 내 삶에 선명하게 찍힌 하나님의 은혜의 손자국을 발견하고 자랑할 수 있었으면 좋겠습니다. 바울처럼, 아우구스티누스처럼.

결론

지금까지 우리는 그리스도인의 문화에 대한 다양한 태도에 대해 개괄적으로 살펴보았습니다. 리처드 니버는 그 유형을 5가지로 제시하였고, 팀 켈러는 이것을 4가지로 요약하였고, 헌터는 다시 3가지로 간추렸습니다.[120] 구체적으로 어떻게 그리스도인이 문화에 대응해야 하는지 도움을 얻기 위해 우리 시대의 세 명의 학자에게 찾아갔습니다. 반드루넨은 두 왕국론의 입장에서 세속왕국은 일반은총인 자연법의 통치에 맡기고, 교회는 순례자로서 더욱 교회다움에 집중하자고 말합니다. 스미스는 카이퍼를 잇는 신칼빈주의 입장에서 문화변혁을 강조하며 그 방안으로 예배와 습관의 훈련을 강조합니다. 헌터는 종교사회학적 입장에서 문화의 형성과 변혁의 패턴을 추적하며 보다 현실적인 대안으로 신실한 함께함으로 살아가자고 주장합니다. 헌터의 주장은 스미스의 문화변혁과 반드루넨의 두 왕국론 사이의 어딘가에 위치한다고 할 수 있습니다. 왜냐하면 적극적인 문화변혁 운동이 아쉽게도 세속화되거나, 그 운동에 참여하는 사람의 증가와 상관없이 극소수의 문화가 세상을 점령하는 아이러니한 현상이 역사적으로 속출했기 때문입니다. 그렇다고 해서 재림시 문화가 철저히 종결되므로 문화명령을 부정하자는 반드루넨의 의견에 찬동하지도 않습니다. 오히려 그리스도인들이 자기가 속한 제도 속으로 들어가 삶의 모든 영역 내에 새로운 제도를 형성할 정도로 확장될 필요가 있다고 말합니다.[121] 그리고 이 새로운 제도의 형성과 확장은 '신실한 함께함'으로 가능하다는 것이지요.

이 챕터의 서두에서 저는 여러분께 성경적 원리가 허용되는 범위 내에서 문화에 대한 태도로 하나의 카드만 쥔 경직된 자세가 아니라 유연성을

---

120   이 책의 174쪽, [표. 그리스도인의 문화에 대한 태도에 관한 분류표 – 니버, 팀 켈러, 헌터]를 참조하시기 바랍니다.
121   헌터, 《기독교는 어떻게 세상을 변화시키는가》, 411.

가질 필요가 있다고 말씀드렸습니다. 기본적으로 저는 이 책의 독자들을 보수적 복음주의로 상정하고 썼기에 로마 가톨릭이 취하는 '문화 위의 그리스도', 자유주의 신학이 표방하는 '문화 속의 그리스도', 문화 활동 자체를 거부하려는 신재세례파의 '문화와 대립하는 그리스도'에 대해서는 다루지 않았습니다. 여러분은 보수적 복음주의 권에서 제시되는 모델인 '나그네'(반드루넨), '변혁가'(스미스), '신실한 함께함'(헌터) 중에서 어느 쪽에 수긍이 가십니까?

　결론부터 말씀드리면, 자신의 신앙의 색깔이나 양심의 자유를 따라 이 세 가지 카드를 쥐고 있다가 유연하게 대응할 수 있다고 저는 믿습니다.[122] 무책임한 결말이라는 비판이 들리는 듯하지만, 열린 결말이라고 해 두어도 좋을 것입니다. 성경이 허락하는 범위 내에서, 믿음의 거인들의 어깨 위에서 보다 폭넓은 시야를 갖게 된 것을 감사하게 여깁니다. 기독교의 영향력, 교회의 사회 속에서의 위치, 당면한 시대적 정황에 따라 우리는 이 카드들을 적절히 응용하여 대처할 수 있습니다. 그래도 이 셋 중에 저의 관점은 무엇이냐고 집요하게 물으신다면, 저는 스미스의 '변혁가' 입장입니다. 그 관점이 챕터 1에서 다룬 복음의 총체성과 하나님 나라의 현재성과 긴장성을 비교적 잘 담아낸다고 생각하기 때문입니다.

　그러나 우리가 믿고 추구하는 원리와 우리를 둘러싼 세상의 실존 사이에는 늘 간극이 존재합니다. 각 챕터마다 수록된 토의 질문들을 보면 금새 고개가 끄덕여질 것입니다. 낙태는 옳지 않다고 말해야 하지만, 원치 않는

임신을 당하거나 생명의 위험에 처한 산모를 보호할 여지는 열어 두어야 합니다. 안락사와 존엄사에 대해 생명의 주권은 하나님께 있다는 명제로 반대할 수 있지만, 극심한 고통을 덜어 주어야 할 환자가 있고 수년째 뇌사상태로 산소호흡기만 단 환자에게 무엇이 진정 의미 있는 삶인지 묻게 됩니다. 성경이 동성애를 죄로 정죄하지만(저는 그렇게 알고, 믿습니다), 우리와 이웃한 동성애자들의 고민과 한숨을 어떻게 도와야 할지에 대한 논의는 또 다른 이슈입니다. 공공신학은 성경적 원리와 가치를 우리 모든 삶의 지평에 드러내고자 하기에 이러한 간극에 직면하는 것이지요.

신학자인 동시에 선교사로서 저는 다양한 나라를 방문하여 선교사님들의 소식을 듣고, 선교현장의 소식을 접합니다. 한편으로 공공신학의 원리인 복음의 총체성과 하나님 나라의 회복을 그분들께 강조합니다. 다른 한편으로 각 지역과 민족, 교회의 상황, 신앙의 성숙도, 사회에서 차지하는 기독교의 영향력, 교회에 대한 비신자들의 신뢰도에 따라 이 카드가 얼마든지 바뀔 수 있다는 생각에도 도달합니다. 아니 교회는 세상의 소망이자 빛이고, 소금이기 때문에 세상과 적실하게 소통하고 응답하기 위해서는 자신의 입장을 지혜롭게 선택하고 바꿀 수 있어야 합니다. 실례로 국제 CCC는 최근 20여 년 전부터 아프리카에 있는 국가들을 대상으로 TLGS(변혁적 리더십 훈련, Transforming Leadership and Governance Seminar)를 통해 정부 기관과 기업 임원들을 성경적 가치를 따라 자신이 속한 공동체를 이끌도록 훈련해 왔습니다.[123] 이를 통해 아프리카 여러 나라에서 부패지수가 감소하고,

---

123   TLGS KOREA, 《변혁적 리더십의 원리들》 (서울: 예진, 2017).

변혁적 리더십의 과정
Transforming Leadership Process

▼

창조적 리더십
Creative leadership

역량 강화하기
Capacity Building

지속성
Continuation

공동체 세우기
소명
인격
실력
리더의 변화

코칭
Coaching

축하의 리더십
Celebrative leadership

◀   ▶

의사소통
Communication

협업의 리더십
Collaborative leadership

변화의 리더십
Change leadership

▼

[변혁적 리더십의 12가지 원리]

국가의 청렴도와 신뢰도가 향상되는 결과가 나타났습니다.[124] 그래서 아시아 지역의 개발도상국 국가의 지도력 개발 프로그램으로 확장되고 있습니다. 이것은 스미스가 주장하는 '문화변혁' 모델의 좋은 사례가 될 것입니다. 그러나 2018년 중국 정부의 대대적인 기독교 탄압이 강화되었고,

---

124 한국기독신문, 2017. 6. 20 기사, http://www.kcnp.com/news/view.php?no=2645.

2019년에는 300여 명의 선교사들이 추방을 당하였습니다.[125] 이러한 형편에서 중국 교회는 문화변혁을 시도하기조차 현실적으로 어려울 것입니다. 오히려 핍박당하는 가정교회와 지하교회의 성도들과 '신실한 함께함'으로 위로가 되어 주는 것이 적실할 것입니다. 군부 독재로 사회 전체가 혼란스럽고 두려움에 휩싸인 미얀마에도 교회는 '신실한 함께함'으로 국민들에게 소망을 안겨 줄 수 있을 것입니다. 한편, 후기 기독교 사회로 접어들면서 기독교의 입지가 매우 약화되기는 했지만 여전히 교회의 대사회적 영향력이 큰 미국이나 한국 사회는 어떨까요? 트럼프나 전OO 목사 등 극우 기독교로 인해 교회가 지탄과 혐오를 받는 시점에서는 반드루넨의 조언이 절실할지도 모르겠습니다. 교회가 과도한 승리주의적 목소리를 내기보다 겸손하고 묵묵한 섬김으로 교회다움에 충실하려는 순례자의 영성에 힘쓰자는 조언 말입니다.

21세기의 이 복잡하고 혼란스러운 공공신학 주제를 훌륭한 신학자들을 통해 들었지만 여전히 머리는 복잡합니다. 아니 더 혼란스러운 것 같습니다. 그래서 비록 '공공신학'이라는 용어는 사용하지 않았지만, 1500여 년 전에 이 작업을 수행한 초대 교회 아우구스티누스에게 이 질문을 들고 간 것입니다. 어쩌면 아우구스티누스는 이 질문에 대한 해답을 시원하게 주지는 않았습니다. 그러나 이 질문을 어떤 맥락에 위치시켜야 하는지는 알려 주었습니다. 그것은 무엇일까요? 그것은 그리스도인은 지상 도성에 살지만, 천상 도성을 향해 걸어가는 순례자라는 것입니다. 그것은 깔끔하게

---

125   합동투데이, 2019. 9. 9, http://www.hapdongtoday.com/news/articleView.html?idxno=94.

분리하고 싶은 우리의 유혹을 비웃기라도 하듯 얽혀 있고 혼재되어 있습니다. 이유는 지상 도성과 천상 도성 간의 대립의 핵심이 장소나 공간이 아니라 우리 마음속 사랑의 방향에 놓여 있기 때문입니다. 그것은 천상에 도달하기까지 이 땅에서 순례자로만 살도록 내버려두지 않습니다. 천상 도성은 미래의 어떤 곳일 수도 있지만, 그리스도의 오심으로 이미 이 땅에 드러난 하나님 나라이기 때문입니다(실현된 종말론). 우리는 아우구스티누스의 통찰을 따라 우리의 질문들을 성경적으로 올바른 하나님 나라의 맥락에 위치시킵니다. 그렇게 함으로써 보다 맥락을 갖춘 질문, 보다 과녁을 겨냥한 질문으로 나아갈 수 있습니다. 이러한 작업을 통해 우리는 시대와 환경이 바뀌었지만 하나님 나라의 대립성, 혼합성, 이중성(긴장성)의 맥락에서 질문하고 토론하며 답을 찾아갈 수 있을 것입니다. 기도를 하고 책을 뒤져도 때로는 그 답을 찾지 못한 채 공황상태에 서 있는 듯한 기분이 들 수도 있습니다. 그래도 수확은 있습니다. 무엇일까요? 깨어진 세상에서 하나님 나라를 드러내려고 몸부림치는 가운데 단단해지는 여러분의 영적 근육입니다. 또렷해진 하나님 나라를 앙망하는 시력입니다. 분명해진 하나님 나라 백성의 정체성입니다. 혼란한 상황에서 하나의 카드만 쥔 채 당을 짓고 배척하는 것이 아니라, 다양한 카드로 상황에 적실하게 대응하는 넉넉한 여유와 빛나는 지혜입니다. 이제 아우구스티누스를 비롯한 훌륭한 신학자들의 통찰을 안고, 우리의 삶의 현장으로 돌아갈 채비를 해야겠습니다. 신학자들이 말하는 공공신학이 우리의 교회와 일상에 열매 맺기 위해서는 건너야 할 몇 개의 징검다리가 있습니다.

토의
질문

1. 반드루넨(나그네), 스미스(변혁가), 헌터(신실한 함께함) 세 학자의 주장을 자신의 말로 간략히 설명해 보고, 차이점을 말해 봅시다.

2. 세상의 문화에 대하여 그리스도인으로서 당신의 입장은 세 학자 중 어디에 속하며, 그것을 지지하는 이유는 무엇인가요? 혹시 자신이 세 학자 이외에 니버의 5가지 모델 중 하나에 가깝다면 그 이유를 얘기해 봅시다.

3. 저자는 세 학자의 입장을 상황에 따라 유연하게 선택할 수 있다는 열린 결말을 제시합니다. 지금의 한국적 상황에서 교회됨을 회복하기 위해 가장 필요한 입장은 무엇이라고 생각하나요? 또, 정치와 문화를 향해 그리스도인이 취할 적실한 입장은 무엇인지, 왜 그런지 얘기해 봅시다.

일상 속
공공
신학

기후위기와 탄소 중립

1. 매스컴에서 말하는 '기후위기'를 실생활에서 경험하는 사례에는 어떤 것이 있는지 말해 봅시다.

2. 창세기 1장 26-28절을 읽으십시오. 이 구절은 전 지구적 기후위기에 대하여 그리스도인과 교회에 대한 어떤 사명을 일깨워 줍니까?

3. 기후위기에 대응하여 2015년 파리 기후협정에서 195개 국가는 2050년까지 온실가스 배출량을 '0'으로 만들자는 탄소 중립 실현을 합의했습니다. 산업화 이전 대비 지구 평균온도가 1.5℃ 이상 상승하지 않도록 온실가스 배출량을 단계적으로 감축하자는 것이지요. 이를 위해 개인이나 가정과 교회에서 실천할 수 있는 사항은 무엇일까요? 기업이나 정부가 힘을 기울여야 할 부분은 무엇인지 얘기해 봅시다.

Chapter 5

공공신학으로
가는
징검다리

5. 공공신학으로 가는 징검다리

1884년 언더우드(Underwood)와 아펜젤러(Appenzeller)가 제물포를 통해 조선에 들어온 지가 150년도 채 못 되었습니다. 그럼에도 하나님의 은혜로 1907년 평양 대부흥 운동으로 부흥의 불길이 타오르고, 제주도(이기풍)와 중국 산동(김영훈, 박태로, 사병순)으로 선교사를 파송하였습니다. 극심한 일제의 탄압 속에도 부흥회, 사경회, 새벽기도로 재림신앙을 굳건히 하였습니다. 3.1운동을 주도하고 독립선언서에 서명한 민족대표 33인 중 절반이 넘는 16명이 그리스도인이었습니다. 한국전쟁으로 폐허가 된 이 땅 위에 기독교는 나라를 재건하고 경제를 발전시키는 데 정신적 견인차 역할을 감당하였습니다.

50~60년대에는 CCC, IVF, JOY, UBF 등 학생선교단체가 태동하였고, 한국 교회는 그와 함께 70~80년대 폭발적인 성장을 거듭해 왔습니다. 74 EXPLO와 80 세계복음화대회 등 대각성 전도집회는 이러한 성장의 기폭제가 되었고, 88년 선교한국이 시작되어 30년간 64,918명이 참석하고, 36,658명이 선교자원으로 헌신하였습니다. 한국세계선교협의회(KWMA)의 발표에 따르면 2021년 한국 교회에서 파송된 선교사는 22,259명으로 미국 다음으로 세계에서 두 번째로 많은 선교사 파송 국가가 되는 은혜를

누렸습니다.[1]

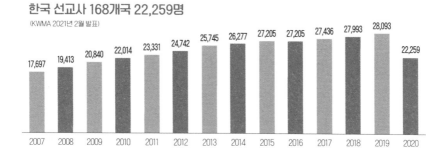

한국 선교사 168개국 22,259명
(KWMA 2021년 2월 발표)

2007	2008	2009	2010	2011	2012	2013	2014	2015	2016	2017	2018	2019	2020
17,697	19,413	20,840	22,014	23,331	24,742	25,745	26,277	27,205	27,205	27,436	27,993	28,093	22,259

[한국 교회 선교사 파송 현황][2]

　물론 그 속에는 기독교의 아픈 상처와 부끄러운 민낯도 있습니다. 일제 치하에서 신사참배에 굴복하였고, 한국전쟁 후 첨예한 좌익과 우익의 이념 간 갈등을 봉합하기보다 심화시켰고, 교단은 분열하고 교회는 쪼개지는 부끄러운 행태를 반복하였습니다. 하나님의 은혜로 부흥과 성장을 경험했지만 어느덧 하나님보다 성장이 목표가 되어 교회는 대형화, 기업화, 세속화의 유혹을 뿌리치지 못했습니다. 자기를 부인하는 주님을 따르라는 제자도와 십자가의 복음보다 이생의 축복을 부추기는 번영의 신학과 간음하였습니다.

1　김장생 · 이혜란 공저, 《커넥션스쿨》 (서울: CCC 커넥션스쿨, 2022), 61.
2　김장생 · 이혜란 공저, 《커넥션스쿨》, 62.

캠퍼스에서 전도를 하다 보면 교회의 이러한 이중적 모습 때문에 상처받아 교회에 안 나간다는 얘기를 듣곤 합니다. 목회자의 한사람으로 너무나 안타깝고 면목이 없다고 사과하며 저는 짤막한 '오렌지 예화'를 들려줍니다. 5살 아이가 식탁에 놓인 오렌지를 발견합니다. 너무 먹고 싶어 껍질을 까려고 손가락에 안간힘을 쥐어 보기도 합니다. 뜻대로 안 되자 이로 깨물어 보기도 합니다. 아직 손가락에 힘이 없는 어린아이가 벗기기에는 오렌지 껍질이 너무 두꺼운 것이지요. 그러면 아이는 어떡할까요? 오렌지를 통째로 버릴까요? 그렇지 않습니다. 엄마에게 들고 가 "엄마, 오렌지 까주세요" 얘기하면 됩니다. 엄마는 두꺼운 껍질을 까서 시원하고 달콤한 오렌지를 아이의 입 속에 넣어 줍니다.

아우구스티누스의 지적대로 지상의 교회는 온전하지 않습니다. 엄밀하게 말하자면, 교인은 의인이 아니라 용서받은 죄인입니다. 죄인들이 모인 까닭에 문제도 많고 탈도 많습니다. 고린도교회를 보십시오. 교회 안에 다툼과 파당이 있고, 음행이 있고, 우상숭배가 있고, 시기 질투로 세상 법정에 고발까지 합니다. 하나가 아닌 여러 개의 문제로 고린도교회는 몸살을 앓고 있었습니다. 그럼에도 바울은 문제 많은 고린도교회를 버리지 않습니다. 두꺼운 문제의 껍데기를 벗겨 내고 예수 그리스도를 드러냅니다. 우리가 머리 되신 그리스도의 몸 된 지체라고 상기시킵니다. 한국 교회는 여전히 안타깝고 가슴 아픈 모습이 많습니다. 그렇다고 눈에 보이는 가시적 교회를 내팽개쳐서는 곤란합니다.

초대 교회의 위대한 교부 키프리아누스(Cyprianus)는 "교회를 어머니로 모시지 않는 사람은 하나님을 아버지로 모실 수 없다"고 하였습니다. 우리는 가시적 교회를 포기하는 대신에 교회를 핏값으로 사시고 붙드시는 주님의 신실하심을 신뢰할 수 있습니다. 하나님의 지혜와 성령의 능력과 성도의 사랑으로 그 껍질을 벗겨낼 수 있습니다. 이번 챕터에서 저는 이러한 껍질들에 대해 얘기하려고 합니다. 주님이 핏값으로 사신 교회가 더욱 건강하게 공적 책임을 감당하는 교회가 되도록 말입니다. 그것이 한국 교회가 성숙한 공공신학으로 나아가는 징검다리가 될지도 모르겠습니다. 공공신학을 수행하는 성숙한 교회로 나아가기 위해 지금의 한국 교회가 건너야 할 5개의 징검다리를 제안드리고 싶습니다.

[공공신학으로 가는 징검다리]

| '회심'을 넘어 풍성한 '구원의 서정'[3]으로 |

140여년 한국 교회의 특징을 간략히 표현한다면 어떻게 표현할 수 있을까요? 짧지 않은 시간이기에 정확히 묘사하기는 어렵겠지만 커다란 붓으로 윤곽을 그릴 수는 있을 것입니다. 한국 교회는 회심과 부흥을 강조한 '보수적 복음주의' 특성을 띤다고 할 수 있습니다. 크게 두 가지 근거를 제시할 수 있습니다. 첫째로, 유럽이나 서구 교회와 비교할 때 한국 교회는 보수적 복음주의인 것이 분명합니다. 안식년 때 종교개혁과 청교도의 중심지였던 독일, 스위스, 프랑스, 영국, 네덜란드를 방문하며 텅 빈 교회들이 박물관으로만 사용되는 모습에 마음이 아팠습니다. 한국에 위대한 신앙의 유산을 전해 준 유럽 교회가 어쩌다 이 지경이 되었을까요? 여러 가지 이유가 있겠지만 빼놓을 수 없는 것은 자유주의 신학의 확산입니다. 자유주의 신학은 성경의 무오성을 인정하지 않고, 역사적 사건이 아닌 신화로 간주합니다. 동정녀 탄생도, 예수님의 기적이나 부활도 실제 사건이 아닌 상징일 뿐입니다. 그 안에서 윤리적 의미나 도덕적 교훈만 추출하려고 합니다. 그런 면에서 한국 교회를 보수적 복음주의로 보호해 주신 것은 하나님의 특별한 은혜라고 생각합니다.

둘째로, 조선에 복음을 전한 초창기 선교사들은 이러한 부흥 운동이 가장 뜨거웠던 때에 파송을 받아 온 것입니다. 18세기 영국, 웨일즈, 스코틀

---

3 구원의 서정(order of salvation)이란 구원받은 신자가 경험하게 되는 구원의 순서, 또는 구원의 여정을 의미합니다. 신학자마다 약간의 차이는 있지만, 바빙크는 예정-부르심-중생-믿음과 회심-칭의-성화-견인-영화의 순서로 설명하였습니다. 헤르만 바빙크, 《개혁교의학 Ⅲ》 (서울: 부흥과개혁사, 2011), 49장.

랜드에서 일어난 1차 대각성 운동은 조지 휫필드(George Whitefield), 찰스 웨슬리(Charles Wesley), 요한 웨슬리(John Wesley)를 중심으로 일어났습니다.[4] 이것은 미국 동부에 자리한 뉴잉글랜드의 조나단 에드워즈(Jonathan Edwards)로 이어져 부흥의 불길이 확산됩니다. 이후 19세기 이성주의와 합리주의, 진화론, 자연신론, 유니테리언[5]이 득세하자 회개와 영적 체험을 동반한 2차 대각성 운동이 일어납니다. 무디(Moody)와 찰스 피니(Charles Finney)의 영향이 컸고, 이 흐름 속에서 사무엘 밀즈(Samuel Mills)를 중심한 건초더미 기도 운동과 학생자원자운동(Student Volunteer Movement)이 일어나게 되었습니다. 1886년 헐몬산 대학생 집회가 학생자원자운동의 도화선이 되었고, 1940년까지 20,500명이 해외선교사로 헌신하였습니다. 언더우드와 아펜젤러도 이러한 배경에서 조선 땅에 선교사로 온 것입니다.[6]

　'보수적 복음주의'의 신학적 특징은 ① 성경을 오류 없는 하나님의 말씀으로 믿고, ② 인간의 전적 부패, ③ 하나님의 거룩과 주권, ④ 예수 그리스도만이 유일한 구원, ⑤ 이신칭의와 복음전도, ⑥ 재림신앙과 믿음과 성결을 강조합니다.[7] 특별히 한국 교회는 일제 강점기와 한국전쟁을 지나면서 이생보다 내세에 대한 신앙이 강화되었고, 그와 맞물려 영혼구원을 위한 복음전도와 '회심'이 강조되었습니다. 이것은 매우 고무적이며 감사한 일

4　박용규, 한국기독교사연구소, http://www.1907revival.com/news/articleView.html?idxno=10058.

5　유니테리언(unitarian)이란 기독교 정통교리인 삼위일체(Trinitarian)를 따르기를 거부하고, 성부 하나님의 신성만 인정하는 이단을 말합니다. 그래서 성자 예수를 하나님으로 인정하지 않습니다. 합리주의와 이신론의 영향을 받아 형성되었으며, 하버드 신학교가 그 대표주자라고 할 수 있습니다.

6　이재근, "20세기 세계 기독교를 만든 사람들", 뉴스앤조이, https://www.newsnjoy.or.kr/news/articleView.html?idxno=218543.

7　Richard V. Pierard and Walter A. Elwell, "Evangelicalism," *Evangelical Dictionary of Theology*, 2nd ed., 406.

이 아닐 수 없습니다. 그러나 문제는 거기에 머물렀다는 것입니다. 회심을 통한 부흥 운동은 사회변혁보다 개인 경건에 편중된 것이 사실이었습니다. 여기에는 몇 가지 원인이 있는데, 이 땅의 썩어질 것에 착념하기보다 영원한 본향에 소망을 두는 재림신앙, 믿음 좋은 신자는 세상일보다 교회 봉사에 힘써야 한다는 이원론적 사고, 그리고 경건 훈련에 이바지한 큐티와 소그룹 모임을 꼽을 수 있습니다. 저는 큐티와 소그룹, 교회 봉사, 재림신앙이 문제라고 말하려는 것이 아닙니다. 그것은 매우 중요하고 필요합니다. 문제는 그것에만 천착함으로써 그리스도인의 사회적 제자도, 교회의 공적 책임, 이 땅의 문화에 대한 변혁적 관점이 결과적으로 약화되었다는 것입니다.

오랫동안 캠퍼스 현장에서 전도와 제자 훈련을 하면서 저는 이 부분에 대한 깊은 고민과 회의에 빠졌습니다. 졸업한 제자들이 가정, 사회, 직장에서 왜 배운 대로 살지 못할까? 나의 열심, 그들의 헌신이 부족한 줄로만 알고 더 몸부림치고, 더 훈련의 강도를 높였습니다. 그러나 그것이 해결책이 되지 못했습니다. 해답은 다른 곳에 있었습니다. 개혁신학을 배우면서 인생과 세계에 대한 폭넓은 하나님의 시각을 갖게 된 것입니다. 성경적 세계관이라고도 할 수 있을 것입니다. 즉, 전도를 해서 한 영혼이 회심하는 것도 중요하지만 회심 이후 어떻게 세상을 바라보고 사회에서 책임 있는 그리스도인으로 살아가야 할지 알려 주지 못했던 것입니다. 한 사람의 구원의 여정은 가슴 터질 듯한 회심 사건만 있는 것이 아닙니다. 창세 전에 그를 택하신 예정, 때가 차매 복음으로 그를 부르시는 소명, 복음에 반응할 수 있도록 그의 심령에 새 생명의 원리를 심겨 주신 중생(重生, 혹은 거듭남), 복음 앞에 회개와 믿음, 값없이 의롭다 불러주시는 칭의, 죽을 때까지 성령의 능력으로 죄와 싸우는 성화, 마침내 영화에 이르기까지 우리를 향한 하나님의 놀라운 구원의 파노라마를 깨닫게 된 것입니다(엡 1:4, 롬 8:30). 하나님은 나이아가라 폭포와 같은 광대한 구원의 여정을 준비하셨는데, 저는 '회심'이라는 조그만 바가지만 들고서 제자들을 그 속에 담으려고 했던 것이지요. 다 담겨질까요? 천만에요! 그렇게 신자들을 억지로 작은 틀에 넣으려고 하니 왜곡이 생기고, 일그러지고, 안타까운 뒤틀림이 발생한 것입니다.

한국 교회는 구령의 열정과 회심의 강조로 지금껏 성장과 부흥의 은혜를 경험하였음을 부인할 수 없습니다. 그러나 복음이 들어온 지 140년의 시점에 성장기를 넘어 성숙기로 나아가야 할 것입니다. 그 중요한 징검다리가 신자의 구원의 서정에 대한 폭넓은 이해를 갖추는 것입니다. 즉, 회심과 전도를 계속 강조하되 회심 이후 세상을 살아가는 성숙한 그리스도인의 삶의 자세에 대한 논의와 사역과 모델이 나올 때 한국 교회는 한층 성숙기에 접어들 것입니다.

졸업을 하고 직장생활을 하면서 믿음이 식어진 제자들을 심방하며 깨달은 것이 있습니다. 이들에게 신앙의 회복, 부흥의 회복은 무엇일까요? 놀랍게도 적지 않은 숫자가 청년시절 수련회 때처럼 눈물 콧물을 쏟는 것, 모든 예배에 참석하며 뜨겁게 교회 봉사하는 것, 직장에서 전도하고 성경공부 모임을 이끄는 것 등으로 돌아가야 한다는 강한 부담을 안고 있었습니다. 물론 그러면 더없이 좋겠지요! 하지만 그것은 신앙 회복의 한 면모일 수는 있지만 전부는 아님을 기억해야 합니다. 그러면 이들은 누가 가르쳐주지도 않았는데 '부흥과 회복'을 말하면 어째서 이런 이미지를 기계적으로 떠올리는 것일까요? 바로 '바른 신앙생활 = 회심'이라는 좁은 렌즈를 끼고 있기 때문입니다. 물론 이것은 그들만의 잘못은 아닙니다. 앞서 설명한 대로 한국 기독교의 태생적 배경이 그러하고, 그 속에 목회자의 책임도 있을 것입니다. '회심 = 거듭남 = 부흥 = 바른 신앙생활'이라는 도식이 작동하여 그것을 해내는 사람은 영적 우월감을 갖고, 그렇지 못한 사람은 좌절감을 느낍니다. 이러한 도식은 오랫동안 한국 교회 안에서 이원론적 세계관을 의도치 않게 강화시켰습니다. 예배당 안의 주일예배처럼 예배당 바깥의 주중의 삶도 예배의 연장(延長)이요, 예배의 현장이라는 사실을 약화시켰습니다(롬 12:1).

어떻게 이 문제를 극복할 수 있을까요? '회심' 중심으로 구원을 바라보는 좁은 렌즈를 벗고, 성경이 말하는 '구원의 서정'으로 신앙생활을 바라보는 렌즈를 껴야 합니다. 우리의 믿음이 식어졌을 때마다 우리는 회복을 위해 반드시 수련회나 부흥회에 가서 통성기도를 해야만 하는 것은 아닙니다. 직장의 상황과 환경이 너무도 다양하기에(주일에도 근무하는 백화점 업무, 주일성수가 쉽지 않은 운수업이나 간호사 등 교대근무, 사내 종교활동 허용 정도의 다양성 등) 좁다란 깔때기로 자신뿐 아니라 타인의 신앙을 재단하지 않도록 경계해야 합니다. 대신에 예정 – 소명 – 거듭남 – 회심 – 칭의 – 성화 – 영화라는 폭넓은 구원의 렌즈를 끼고 그 속에서 하나님이 자신에게 요구하시는 성숙의 과정을 밟아가면 될 것입니다. 그럴 때 저마다 성숙의 정도와 신앙의 계절이 다름을 인정하고 수용하는 넉넉함도 가지게 될 것입니다. 양극화로 몸살을 앓고 있는 한국 사회는 한국 교회의 이러한 선순환의 좋은 영향을 받게 될 것입니다.

오렌지 이야기를 기억하십니까? 한국 교회 성도들이 복음의 부요함과 총체성을 누리며 공적인 영역에서 하나님 나라의 가치를 드러내기 위해 벗겨내야 할 껍질은 무엇일까요? 건너야 할 징검다리는 무엇일까요? 회심을 통해 구원을 얻는 것도 중요하지만, 회심 이후 기나긴 구원의 여정이 있음을 깨닫는 것입니다. 왜냐하면 회심은 신자에게 구원의 여정에서 종착지가 아니라 출발지이기 때문입니다. 이러한 강조가 영혼구원과 전도를 경시하는 쪽으로 나아가서는 안 됩니다. 4영리 전도, 관계전도, 노방전도는 여전히 필요합니다. 공공신학은 그것이 필요 없다, 무식하고, 무례하고, 세련되지 못하니 하지 말라고 말하지 않습니다. 또, 그렇게 말해서도 안 됩니다. 복음의 총체성과 문화적 관점을 강조하다가 잃어버린 영혼을 향한 하나님의 마음을 놓쳐서야 되겠습니까? 때를 얻든지 못 얻든지 말씀을 전하라, 모든 민족으로 제자를 삼으라는 지상명령(The Great Commission)에 불순종해서야 되겠습니까? 국제 CCC의 창설자 빌 브라이트(Bill Bright) 박사는 "지상 최대의 거짓말은 사람들이 그리스도에 대해 듣고 싶어하지 않는 것"이라고 했습니다. 실제로 그는 죽기 전 투병 중에도 병문안 온 간사님과 엘리베이터를 탔을 때, 거기서 환자에게 4영리를 전했습니다. 옆에 있던 간사님은 '시간이 짧아 다 읽어 주지도 못할텐데…'라고 생각했답니다. 실제로 절반 밖에 못 읽어 주고 엘리베이터에서 내려야 했습니다. 병실에 돌아와 간사님은 빌 브라이트에게 물었습니다.

"시간이 너무 짧아 다 전하지도 못하셨는데, 특별한 이유가 있으셨는지요?"
"아까 그 환자분이 하나님 앞에 섰을 때, 지상에서 만난 유일한 그리스도인이 나 한 사람이라면 그만큼이라도 복음을 전해야 주님을 뵐 수 있지 않을까요?"

캠퍼스 현장에서 저는 여전히 복음에 반응하여 돌아오는 친구들을 목격합니다. 십자가의 복음은 여전히 선포되어야 하고, 하나님의 사랑은 담대히 증거되어야 합니다. 공공신학은 이 점을 존중하면서 한 걸음 더 나아가도록 안내합니다. 회심한 그들이 우주 만물을 새롭게 하신 하나님의 통치 아래서 정치 경제 사회 문화 예술의 모든 영역에서 복음의 부요함을 드러내도록 말입니다. 이것이 회심을 넘어 구원의 서정으로, 성장을 넘어 성숙으로 나아가자는 의미입니다. 공공신학은 갑자기 뚝 떨어진 학문적 주장이나 진공상태에서 작동하는 신학이 아닙니다. 성경이 말하는 총체적 복음이 이미 시작된 하나님 나라에서 풍성하게 드러나도록 힘쓰는 과정에서 자연스럽게, 또 필연적으로 나타난 결과입니다. 안타깝게도 회심과 구령의 열정을 강조한 보수적 복음주의는 이 부분을 충분히 강조하지 못한 것이 사실입니다. 그 결과 공공신학은 자유주의 신학의 전유물처럼 여겨져 왔습니다. 남미의 해방신학이나 한국의 민중신학이 민주화 운동의 이론적 토대를 형성한 사례와 같이 말입니다.[8] 감사하게도 최근 10여 년간 보수적 복음주의권에서 이에 대한 필요를 인식하고 활발한 연구가 진행되고 있는 것은 고무적인 일이 아닐 수 없습니다.[9] 그런 까닭에 저는 한국 교회가 공공신학으로 가는 첫 번째 징검다리로 "회심을 넘어 구원의 서정으로" 나아가야 한다고 강조한 것입니다. 로날드 사이더(Ronald Sider)는 《복음전도와 사회운동》이라는 책에서 자신이 깨달은 회심의 의미를 다음과 같이 회고합니다.

이제 나는 그분이 나와 생명의 인격적 관계를 맺고자 하신다는 사실과 나를 친구로 부르신다는 사실을 발견했다. 나는 이 사랑의 구원자께서 의로우신 하나님이라는 사실도 알게 되었다. 나는 그분이 억압, 불의, 포악, 인종차별, 그리고 환경 파괴를 싫어하신다는 사실을 배웠다. 놀랍게도 하나님은 나를 그의 선한 청

---

8 김창환, 《공공신학과 교회》, 42.
9 이승구, 《광장의 신학》 (수원: 합신대학원출판부, 2010); 《우리 사회속의 기독교》, (서울: 나눔과 섬김, 2010); 김창환, 《공공신학과 교회》 (서울: 대한기독교서회, 2021); 송영목, 《하나님 나라 복음과 교회의 공공성》 (서울: SFC, 2020); 류영모 외, 《공적 복음과 공공신학》 (서울: 킹덤북스, 2021); 장동민, 《광장과 골방》 (서울: 새물결플러스, 2021); 김근주, 《복음의 공공성》 (서울: 비아토르, 2020); 차정식, 《예수, 한국 사회에 답하다》 (서울: 새물결플러스, 2020); 강영안 외, 《한국 교회 개혁의 길을 묻다》 (서울: 새물결플러스, 2016); 윤철호, 《한국 교회와 하나님 나라를 위한 공적신학》 (서울: 새물결플러스, 2019); 성석환, 《공공신학과 한국 사회》 (서울: 새물결플러스, 2019); 최경환, 《공공신학과 교회》 (서울: 도서출판100, 2019); 정승훈, 《공공신학과 신체정치학》 (서울: 동연, 2022); 문시영, 《교회의 윤리 개혁을 향하여 – 공공신학과 교회윤리》 (서울: 새물결플러스, 2016); 김승환, 《공공성과 공동체성》 (서울: CLC, 2021); 임성빈, 《21세기 한국 사회와 공공신학》 (서울: 장로회신학대학교출판부, 2017); 한규승, 《구약 예언서의 공공신학》 (서울: 새물결플러스, 2018).

지기로 부르시고 그의 창조를 훼손시키고 그의 백성들을 짓밟는 억압적 구조와 체제들을 바로잡으시는 사역에 내가 동참하기를 원하신다.[10]

| 그릇된 종말론에 대한 교정 - 종말의 기간 |

여러분은 '종말론'하면 어떤 단어가 떠오릅니까? 666, 짐승의 표, 아마겟돈 전쟁, 유황불, 일곱 대접과 나팔, 십사만사천, 천년왕국…. 물론 이 단어들은 요한계시록에 등장합니다. 그러나 이것이 요한계시록의 핵심은 아닙니다. 핵심은 무엇일까요? 오늘날 교회를 어지럽히는 많은 이단과 사이비는 종말론과 관련된 이단임을 주목할 필요가 있습니다.[11] 90년대 다미선교회는 시한부 종말론으로 사람들을 미혹하였고, 신천지의 이만희, JMS의 정명석 등은 자칭 재림 예수라며 사람들을 현혹하였습니다. 이단에 빠져 자신의 인생이 망가지고, 가정이 무너지는 것을 목회현장에서 보며 성경적 종말론을 체계적으로 가르치지 못한 한국 교회의 책임을 목회자의 한 사람으로서 통감하게 됩니다.

계시록의 핵심 주제는 심판주요 왕으로 다시 오실 예수 그리스도십니다 (계 1:1). 계시록에는 위에서 열거한 다양한 상징들이 등장합니다. 그러나 이러한 상징들은 다빈치 코드처럼 해독해야 할 '암호'가 아니라, 하나님

---

10 로날드 J. 사이더, 《복음전도와 사회운동―총체적 복음을 위한 선행신학》 이상원 · 박현국 역 (서울: CLC, 2013), 184.
11 김영재, "교회 역사에서 본 이단과 종말론: 한국 교회 이단과 종말론의 조명을 위하여" 「개혁논총」 30 (2014): 65-92.

께서 교회의 유익을 위해 열어 보여 주신 말씀으로 받아야 합니다. 따라서 계시록을 대할 때 하나님이 보여 주신 만큼 알고, 거기서 멈출 줄 아는 겸손함이 요구됩니다. 하나님께서 세우신 출석교회 목사님의 가르침이나, 그분들이 추천해 주신 신학 서적을 통해 도움을 받는 것이 안전합니다. 가장 위험한 것은 교회 바깥의 검증되지 않은 성경공부나 인터넷 등으로 자신의 지적 호기심을 채우려는 것입니다. 여기서 종말론 내용 전체를 다루는 것은 글의 성격상 적절하지도, 지면상 가능하지도 않을 것입니다. 공공신학과 관련해서 교정되어야 할 그릇된 종말론을 다룬 후, 보편적인 그릇된 종말론과 그에 응수할 성경적 가르침을 언급하는 것으로 만족하고자 합니다.

공공신학과 관련하여 특별히 지적하고 싶은 것은 '종말의 때'(기간)에 관한 것입니다. 많은 성도들이 '종말'하면 말세의 시점, 지구의 종말, 최후 심판 등을 떠올립니다. 이에 대한 가장 안전하고 확실한 답변으로 마태복음 24장을 중심으로 살펴보는 것이 좋을 것입니다. 예수님은 종말의 시기에 나타날 징조들을 말씀합니다. ① 자칭 그리스도와 거짓 선지자의 미혹(5, 11절), ② 난리와 소문(6절), ③ 전쟁과 기근과 지진과 재난(7, 8절), ④ 환란(9절), ⑤ 불법의 성함과 사랑의 식음(12절) 등이 있습니다. 그런데 여기서 우리가 주목할 주님의 말씀이 있습니다. "난리와 난리 소문을 듣겠으나 너희는 삼가 두려워하지 말라. 이런 일이 있어야 하되 아직 끝은 아니니라"(6절)입니다. 이것은 종말이 시작된 것은 맞지만, 아직 끝은 아니라는 것입니다. 그럼 종말은 언제 시작된 것이고 끝은 언제일까요? 끝은 14절에서 이렇게 밝힙니다. "'이 천국 복음이 모든 민족에게 증언되기 위하여 온 세상에 전파되리니 그제야 끝이 오리라." 이 구절은 종말의 징조에 대한 우리의 초점을 모든 민족을 향한 복음 전도의 사명으로 재조정하게 합니다.

그러면 종말의 시작은 언제일까요? 결론부터 말씀드리면, 종말은 예수 그리스도의 오심으로 시작됩니다. 챕터 1에서 설명한 두 개의 봉우리를 기억하십니까?(두 개의 봉우리가 예수님의 초림과 재림인 것도요) 구약의 성도들은 종말을 하나의 봉우리로 보았습니다. 그러나 신약의 성도들은 이것이 하나의 사건(봉우리)이 아니라 두 봉우리에 걸친 일정한 간격임을 깨닫게 됩니다. 이것은 성경이 가르치는 종말론의 매우 중요한 사항입니다. 히브리서 기자는 예수님이 오심으로 종말이 시작되었다고 말합니다. "이 모든 날 마지막에는 아들을 통하여 우리에게 말씀하셨으니"(히 1:2). 예수님도 성령을 힘입어 귀신을 쫓아내시며 하나님의 나라가 이미 너희에게 임하였다고 선포하십니다(마 12:28). 종종 우리는 '종말' 하면 아직 오지 않았으나 곧 임박한 사건을 연상합니다. 그러나 성경은 그것과 다른 그림을 제시합니다. "아이들아 지금은 마지막 때라. 적그리스도가 오리라는 말을 너희가 들은 것과 같이 지금도 많은 적그리스도가 일어났으니 그러므로 우리가 마지막 때인 줄 아노라"(요일 2:18). 우리가 너무 쉽게 지나칠 수 있지만 1세기의 사도 요한은 당시의 지금이 종말, 곧 마지막 때라고 말합니다. 초대 교회의 베드로도 요엘서 2장 28절을 인용하면서 의도적으로 이렇게 설교합니다. "하나님이 말씀하시기를 말세에 내가 내 영을 모든 육체에 부어 주리니 너희의 자녀들은 예언할 것이요 너희의 젊은이들은 환상을 보고 너희의 늙은이들은 꿈을 꾸리라"(행 2:17). 결론적으로 신약성경이 가

르치는 "종말의 기간은 초림부터 재림까지"입니다.[12]

종말의 기간에 대한 이러한 성경적 시각을 확립하면, 새롭고 또렷하게 눈에 들어오는 것들이 있습니다. 무엇일까요? 구약에 약속된 예수님의 동정녀 수태와 탄생이 종말에 이루어진 사건입니다. 예수님의 하나님 나라 선포가 종말론적 사건이며, 세상 죄를 지고 십자가에 달려 죽으신 것이 종말론적 사건이며, 그의 부활과 승천이 종말론적 사건입니다. 그러니까 종말이 '상당히 긴 기간'이 된 것이지요. 예수님의 초림부터 재림까지의 기간이 다 종말이기 때문입니다.[13] 종말의 기간을 특정한 시점이나 끝이 아니라 초림부터 재림이라는 성경적 관점으로 교정하는 것이 왜 중요할까요? 그것이 공공신학과 대체 무슨 상관이 있을까요?

대답은 이렇습니다. 그릇된 종말론의 가르침처럼 종말을 마지막 어떤 시점으로 생각할 때와 지금 이미 시작된 종말을 살고 있다고 생각할 때, 그 삶의 자세가 천양지차로 달라집니다. 물론 이것은 단순히 교훈적, 윤리적 목적 때문만이 아닙니다. 성경이 그와 같이 종말의 기간을 말하고, 종말을 사는 태도를 가르치고 있기 때문입니다(마 24:44-46, 살전 1:10, 벧전 3:17). 신자는 늘 하나님 말씀을 수용하고(receptive), 말씀에 비추어 자신의 생각과 삶을 재구성해야(reconstructive) 합니다. 내가 성경을 읽지만, 성경이 나의 심령을 읽게 해야 합니다. 내가 성경에 밑줄을 긋지만, 동시에 성경이 내 삶에 밑줄을 긋게 해야 합니다. 아래 그림과 같이 종말을 재림 직전의 특정

---

12 벌코프, 《조직신학 하》 (고양: 크리스챤 다이제스트, 2014), 931; 이승구, 《성경적인 종말론과 하나님 백성의 삶》 (서울: 말씀과 언약, 2022), 61.

13 이승구, 《성경적인 종말론과 하나님 백성의 삶》, 73.

시기로 이해하는 신자는 일상을 종말의 빛 아래서 보지 못합니다. 종말을 미래적 사건으로만 생각하기 때문이지요. 그는 교회 일은 열심일지 모르나 세상 일에 대해서는 동일한 열심을 내지 않습니다. 전형적인 영육 이원론, 성속(聖俗) 이원론의 모습입니다. 결국 복음의 공공성과 총체성을 강조하는 공공신학과 상충하는 삶으로 이어집니다. 반면에 종말을 초림부터 재림까지로 이해하는 성경적 종말론은 어떻습니까? 그는 초림과 함께 이 땅에 침투한 하나님 나라, 곧 종말을 인식합니다. 하루하루 종말론적 삶을 살기에 공공신학에 훨씬 부합된 삶이 가능해지는 것이지요. 이처럼 성경적 종말론의 관점을 확립하는 것은 공공신학적 삶과 긴밀히 연결되어 있습니다.

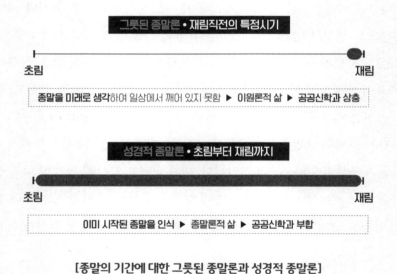

[종말의 기간에 대한 그릇된 종말론과 성경적 종말론]

그러면 이러한 성경적 종말론의 시각에서 신자는 어떻게 종말을 살아야 할까요? 첫째, 미혹받지 않도록 깨어 있어야 합니다(마 24:44). 사탄은 우는 사자와 같이 두루 다니며 삼킬 자를 찾기 때문입니다(벧전 5:8). 둘째, 이미 시작된 종말론적 세상에서 하나님의 백성다운 삶을 구체적으로 드러내야 합니다. 말씀과 기도에 힘쓸 뿐 아니라 일상에서 주어진 사명에 최선을 다하는 것이지요. 사명의 내용은 저마다 다를 수 있지만, 사명의 목적은 하나님 나라 백성들의 필요를 섬김으로 사랑하는 것입니다(벧전 4:7, 8). 셋째, 끝까지 견디고 인내하는 것입니다(마 24:13). 하나님을 대적하는 세상에서 하나님의 백성으로 살아갈 때, 환난과 핍박이 따릅니다(딤후 3:12). 그러나 하나님의 백성은 그것을 피하지 않고 끝까지 견딥니다. 사랑이 식어진 세상에 사람들의 필요를 공급함으로 그 사랑을 증거합니다. 힘들고 고달프지만 다시 오실 심판주 예수님이 모든 악인을 처단하고 모든 눈물을 닦아 주실 것을 바라봅니다. 그러므로 재림의 날, 심판의 날은 악인에게 두려움의 날이지만 신자에게는 소망의 날이요, 영광의 날입니다. 그는 이 소망의 빛 아래서 오늘의 고난을 재해석합니다. 이 영광의 빛 아래서 가정과 일터에 하나님 나라를 구현합니다. 그것이 종말론적 삶의 자세입니다. 그러므로 공공신학은 성경적 종말론의 기초 위에서 더욱 든든해지며, 더욱 온전히 수행할 수 있게 됩니다. 반대로 이러한 종말론이 확립되지 않으면, 가정과 학교와 직장을 팽개친 채 흰옷 입고 기도원에 들어가 구름 타고 오실 주님만 기다리는 기형적인 신앙이 되고 말 것입니다.

　　다음 주제로 넘어가기 전에 이단들이 가르치는 그릇된 종말론의 특징과 여기에 응수하는 성경적 종말론을 도표로나마 간략히 제시하고자 합니다. 꼼꼼히 하나씩 살펴보아 주님의 말씀처럼 그릇된 종말론에 미혹되는 것이 아니라 성경적 종말론으로 종말의 시기를 살아갔으면 좋겠습니다.

	그릇된 종말론	성경적 종말론
재림의 때	재림 날짜를 알려 준다고 함	주님도 모르고 아버지만 아심(마 24:36)
종말의 기간	세상 끝의 특정한 시점	초림부터 재림 사이
성경해석	상징적 표현을 문자적, 작위적으로 해석	교훈과 상징을 구분하고, 성경 전체의 맥락과 건전한 주석에 비추어 해석
휴거	환난을 피할 방도로써 휴거를 강조	휴거를 인정하나, 휴거의 목적은 환난을 피하는 것이 아니라 예수님을 만나 모셔오기 위한 것(살전 4:17) 신자는 환난을 견디는 자(마 24:13)
접근	두려움을 조장함	재림은 위로와 소망, 승리와 영광의 날
교회론	자신들의 교회에만 구원이 있다.	예수님을 주로 고백하는 모든 보편교회에 구원이 있다(교회의 보편성)
특징	세뇌와 보상으로 교주에 중독되어 사회적으로 고립시킴	은혜와 말씀으로 회복되어 책임 있고 균형 있는 하나님의 사람으로 성장시킴
결과	신자를 의존적이고 병들게 함 자신의 본분을 경시하게 함 가정을 망가뜨림	신자를 세우고 강건케 함 자신의 본분에 책임감과 소명감을 증진 가정을 화목하고 견고히 세움
종말의 자세	현실과 일상생활 도피	일상 속에서 하나님 나라를 드러냄

[그릇된 종말론과 성경적 종말론의 비교]¹⁴

---

14 이승구, 《성경적인 종말론과 하나님 백성의 삶》; 유영권, 《신천지, 묻고 답하다》 (서울: 세움북스, 2020); 우남식, 《데살로니가 전후서에서 만난 복음》 (서울: 지식과 감성, 2020); 조민음, 《한국의 주요이단 사이비》 (서울: 바른미디어, 2019); 탁지일, 「월간 현대종교」를 참조하여 도표로 정리한 것입니다.

한국 교회 안에 깊숙이 자리한 그릇된 종말론이 교정될 때, 성경적 공공신학은 한 걸음 더 가까워질 것입니다. 종말론과 관련하여 교정되어야 할 또 하나의 징검다리는 '문화적 산물'에 대한 이해입니다.

그릇된 종말론에 대한 교정 - 문화물의 보존

조심스러운 질문을 하겠습니다. 여러분은 만일 오늘 밤 죽는다면 천국에 있다는 확신이 있습니까? 좋습니다. 그렇다면 이 땅의 피조물, 문화적 제도나 작품은 어떨까요? 이것들은 새 하늘과 새 땅에도 연속적으로 존재하는 것일까요? 이 단락에서 핵심 쟁점은 이생의 문화물(문화적 사물, 문화 현상과 활동, 가시적 비가시적 제도를 포괄하여)이 내세의 천국에서도 보존되는가 입니다. 이것이 신자의 공공신학적 면모와 무슨 상관이 있을까요?

만일 문화물이 천국에서 보존되지 않는다고 생각하면 현세의 문화 활동에 대해 큰 의미를 두지 않을 것입니다. 어차피 문화나 제도 등이 새 하늘에서는 사라질 것이라고 믿기 때문이지요. 그러나 종말론적으로 문화물이 천국에 보존된다고 생각하면 우리는 현실 생활에 좀 더 충실하고 헌신적이며, 좀 더 하나님을 의뢰하는 자세로 살아갈 것입니다. 프란시스 나이젤 리(Francis Nigel Lee)는 종말에 대한 이러한 인식과 현재적 삶의 연관성을 다음과 같이 탁월하게 지적합니다.

그리스도인은 자신의 전문 영역이 무엇이든 하나님의 영광을 위해 바로 오늘 이

곳 땅에서 행하는 하루의 업무가 매일 그에게 더 의미 넘치는 것이 되도록 해야 할 터이니, 그 이유인즉 그런 업무의 영구적인 가치가 어떤 식으로든 새 땅에 영원히 보존되고 향유될 것이고, 또 심지어 그가 장차 수행하게 될 미래의 업무에 대해 기초를 형성할 것이기 때문이다.[15]

나아가 이러한 인식은 교회가 공적인 책임을 수행하고, 신자가 세상의 빛과 소금으로 살아가도록 자극합니다. 비록 그것이 거창하고 대단한 사회 참여나 문화변혁이 아니라고 할지라도, 일상에서 마주하는 크고 작은 사건들에 대하여 공공신학적 태도를 강화시킬 것이 분명합니다. 윌리엄 바클레이(William Barclay)는 그리스도인이 감당하는 빛의 사명을 매우 구체적으로 설명합니다.

이 기독교는 교회 안에서만 보이는 것이 되어서는 안 된다. 그 영향력이 교회의 문턱에서 끝나는 기독교는 누구에게도 별 도움이 되지 않는다. 오히려 세상의 일상적 활동에서 더욱 현시될 수 있어야 한다. 우리의 기독교는 계산대 건너편의 점원을 어떻게 대하느냐에 있어서, 식당에서 음식 주문을 하는 데 있어서, 우리의 종업원을 어떻게 대하고 고용주를

15 Francis Nigel Lee, *The Central Significance of Culture* (Nutley, N.J.: The Presbyterian and Reformed Publishing Co., 1976), 135 (강조는 덧붙인 것).

어떻게 섬기느냐에 있어서, 게임을 어떻게 하고 오토바이를 어떻게 몰고 어떻게 세우는지에 있어서, 매일의 언어 사용과 매일의 읽을거리에 대한 취사 선택에 있어서 드러나야 한다. 그리스도인은 교회에서뿐 아니라 공장, 일터, 조선소, 광산, 강의실, 수술실, 부엌, 골프코스, 야외 경기장 등에 있을 때에도 그리스도인이어야 한다.[16]

한국 교회의 종말론은 이생에서의 책임 있는 삶과 영원한 천국을 균형 있게 강조한 길선주 목사의 가르침에도 불구하고 미래적 소망에 경도되어 있음을 부인할 수 없습니다.[17] 이것은 한국 교회가 일제 강점기와 한국전쟁이라는 어둡고 긴 터널을 지나면서 자연스레 형성된 내세에 대한 갈망이라고 할 것입니다. 그의 가르침과 영향으로 천년왕국이 임하기 전에 그리스도께서 먼저 오셔서 모든 억울함을 신원해 주실 것이라는 전천년왕국설이 한국 보수교회에 주요한 흐름이 되었습니다. 당시 지상천국을 꿈꾸는 사회주의와 사회복음주의 신사조들로부터 교회와 교인들을 지키고 그들을 영적 도덕적으로 각성시키는 것이 당면한 과제였기 때문입니다. 그의 종말론에는 교회가 세상에서 그리스도인의 덕을 나타내고, 사회 도덕을 일정 수준 유지시키는 요소가 있습니다. 하지만 사회변혁과 문화 창출에는 소극적으로 이끄는 요소도 다분했습니다.[18]

---

16 William Barclay, *The Gospel of Matthew*, Vol. 1, ed. (Phildelphia: The Westminster Press, 1975), 123.

17 안수강, "길선주 교회관에 나타난 종말사상 분석", 「신학과 복음」 6 (2019): 115; 민경배, 《한국기독교사 연구》 (서울: 연세대학교출판부, 1993), 276-77.

18 문백란, "길선주의 《말세학》에 나타난 종말론", 「한국 기독교 역사 연구소 소식」 47 (2001): 26; 이만열 외, 《한국 기독교와 민족 운동》 (서울: 종로서적, 1986), 276.

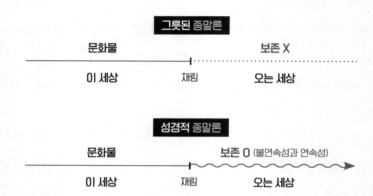

[문화물 보존에 대한 그릇된 종말론과 성경적 종말론]

"땅에 것은 썩어질 것이다", "죄 많은 이 세상은 내 집 아니다." 이러한 생각은 문화물이 재림의 때에 모조리 소멸될 것이라는 그릇된 종말론을 한국 교회 안에 은연중에 강화시켰습니다. 어차피 심판의 날에 모든 것이 불타 없어지고, 영혼만 구원받을 것이라는 이해는 현 사회의 문제나 문화의 변혁에 소극적인 그리스도인을 양산하였습니다. 70년대 이후 교회는 폭발적으로 성장하였지만, 부흥과 영혼 구원에 초점이 맞추어져서 문화물의 천국 보존에 대한 신학적 논의는 충분히 이루어지지 못했던 것이지요. 그러나 이 세상의 문화물이 재림 이후에도 보존된다는 관점을 갖는다면 세상과 문화에 대한 자세는 사뭇 달라질 것입니다. 그렇다면 이생의 문화물이 천국에서도 보존된다는 성경적 근거는 무엇일까요?

첫째, 하나님은 문화명령(cultural mandate)을 통해 문화적 노력과 결실에 대한 긍정적 의도를 드러내셨습니다(창 1:26, 28). 예수님의 구속 사건은 피조계를 단지 에덴동산으로 되돌려 놓는 정도가 아닙니다. "창조 – 타락 – 구속 – 완성"이라는 거대한 구속의 드라마 속에서 우리는 문화명령을 수행합니다. 하나님의 대리 통치자로서 피조물을 허무와 탄식과 고통에서(롬 8:20, 22) 해방하는 하나님의 회복 사역에 동참하는 것입니다.[19] 미로슬라브 볼프는 하나님이 문화명령을 지시해 놓고 문화물을 천국에서 멸절시키신다는 것은 하나님의 일관성과 신실성에 어긋나므로 신학적 모순이라고 말합니다.

> 종말론적 멸절과 책임성 있는 사회 참여가 논리적으로는 양립할 수 있다. 그러나 신학적으로는 모순이다. 세상이 종말에 가서 멸절하리라는 예상은 창조의 선함이라는 신념과 조화를 이루지 못한다. 하나님이 멸절시키는 바는 매우 악한 것이라서 구속될 수 없든지 아니면 워낙 하찮아서 구속받을 가치가 없다는 뜻일 것이다. 하나님이 완전히 멸절시키는 그 대상에게 내재적 가치와 선함이 있다고 믿기는 매우 힘들다.[20]

둘째, 예수님의 십자가에 의한 화목 효과는 만물에 미치므로 문화물도

---

19 Oliver O'Donovan, *Resurrection and Moral Order: An Outline for Evangelical Ethics* (Leicester, England: IVP, 1986), 55; 문화물의 천국 보존 논증과 관련하여 탁월하게 정리된 책으로 송인규, 《일반은총과 문화적 산물》 (서울: 부흥과개혁사, 2012)을 참조 바랍니다. 본서는 많은 부분을 이 책의 논의에 빚지고 있습니다. 그 외 리처드 마우, 《왕들이 입성하는 날》, 김동규 역 (서울: SFC, 2018); 알버트 월터스, 《창조 타락 구속》, 양성만 역 (서울: IVP, 1992); 마이클 고힌 · 크레이그 바르톨로뮤 공저, 《세계관은 이야기다》, 윤종석 역 (서울: IVP), 305–66도 보십시오.

20 Miroslav Volf, *Work in the Spirit: Toward A Theology of Work* (Eugene, Oregon: Wipf and Stock Publishers, 2001), 90–91.

포함된다고 할 수 있습니다(골 1:16, 20). 문화물의 보존에 반기를 들고 멸절을 주장하는 자들은 종종 베드로후서 3장 10-13절을 근거로 제시합니다. 그러나 이것은 피조 세계의 전폭적 파괴나 폐기가 아니라, 세상이 정화된 상태로 나타나는 제련의 과정을 묘사한 것입니다.[21] 헤르만 바빙크도 문화물의 보존을 다음과 같이 강하게 주장합니다.

> 그렇게 그리스도의 재창조하시는 권능으로 말미암아 언젠가는 새 하늘과 새 땅도 역시 이 세상의 불로 일소되는 요소들로부터 나와서, 썩어짐의 종노릇에서 영원히 해방된 영광을 지니는 광채로 일으켜질 것이다. 이 아름다운 땅보다 더 영광스럽고 땅의 예루살렘보다도 더욱 영광스러우며, 심지어 낙원보다도 더 영광스러운 것이 바로 하나님 자신께서 건축자가 되시는 그 새 예루살렘의 영광일 것이다. 영광의 상태(*status gloriae*)는 자연 상태(*status naturae*)의 단순한 회복이 아닐 것이다. 오히려 그리스도의 능력 덕분에 모든 물질이 형태로 모든 잠재력이 실제성으로 변화하는 것이며, 또한 피조물 전체가 하나님의 얼굴 앞에서, 영원한 청춘의 봄철에 꽃피는 쇠하지 않는 영광 가운데 찬란한 모습으로 나타나는 것이다. 본질상으로 아무것도 잃지 않은 것이다.[22]

웨인 그루뎀(Wayne Grudem)도 하나님께서 자신이 원래 창조하셨던 이 세상을 완전히 파괴시킬 것이라 생각하는 것은 좀 지나친 생각이라고 지적

---

21 Al Wolters, "Worldview and Textual Criticism in 2 Peter 3:10," *Westminster Theological Journal*, Vol. 49/2 (Fall 1987): 407-408.
22 헤르만 바빙크, *The Last Things*, 김성봉 역, 《개혁주의 종말론》 (서울: 나눔과 섬김, 1999), 246-47 (강조는 덧붙인 것).

합니다. 베드로후서 3장 10절, 즉 물질이 뜨거운 불에 풀어진다는 구절은 지구라는 행성 그 자체에 대한 묘사라기보다는 지구의 지각 표면에 존재하는 것들에 대한 묘사라고 보는 것이 좋다는 것입니다.[23]

셋째, 성경은 이 세상에서 문화적 업적이 오는 세상에서 보존되며 그 속에는 불연속성과 연속성이 존재한다고 말합니다. 요한계시록 21장 24, 26절은 문화물이 천국에 보존된다는 중요한 근거 구절입니다. "만국이 그 빛 가운데로 다니고 땅의 왕들이 자기 영광을 가지고 그리로 들어가리라 … 사람들이 만국의 영광과 존귀를 가지고 그리로 들어가겠고."

이에 대한 다양한 주석적 설명들이 있지만, 결론적 요점은 만국의 영광과 존귀가 새 예루살렘 성으로 입성한다는 것입니다. 매튜 헨리(Matthew Henry)는 만국의 영광과 존귀에 대해서 이 세상에서 훌륭하고 귀한 것은 무엇이든지 하늘나라에서 더 좋은 것으로 다듬어질 것이고, 그 질이 말로 형용할 수 없을 정도로 높아지고 귀하게 될 것이라고 합니다.

> 더 빛나는 왕관들, 더 좋고 오래가는 물건, 더 유쾌하고 만족스러운 잔치들, 더 영광스러운 수행원, 더욱 참된 의미의 영광스럽고 존귀한 지위, 더욱 영광스러운 성경의 마음, 이 세상의 어떤 것보다 훨씬 영광스러운 모습으로 변모될 것이다.[24]

번 포이트레스(Vern Poythress)는 '만국'의 다양한 문화들과 백성들의 독특

---

23 Wayne A. Grudem, 《성경 핵심 교리》, 박재은 역 (서울: 솔로몬, 2018), 735-36.
24 Matthew Henry, 《매튜 헨리 주석전집, 요한계시록》, 김영배 역 (고양: 크리스챤 다이제스트, 2007), 1188.

성은 단순하게 도말되지 않고 고린도전서 12장에 나오는 그리스도의 몸 안에 존재하는 통일성과 다양성 그림과 일치되게 구속받는다고 설명합니다(사 60:3-12, 계 5:9). 만국은 자기들의 광채, 곧 그것이 물질적이든, 지적이든, 예술적이든, 영적이든, 부의 모든 다양함을 가지고 성안으로 들어온다는 것이지요(사 60:3-5, 학 2:7-9).[25] 송인규 교수는 지상의 불완전한 것들이 완전해지고, 추하고 더러운 것이 온전해져서 새로운 질서 속에 보존된다는 점을 불연성과 연속성의 도표로 설명합니다.

	불연속성	연속성
재림 전	사탄의 활동(벧전 5:8) 세상 정신의 편만(요일 2:16) 죄성의 현존(약 1:15)	신자가 하나님과 함께함(마 28:20, 계 21:3) 피조물(자연물)의 동반(롬 8:21-22) 문화물의 존속(계 14:13, 마 25:21) ⇒ 재림 전후 세상의 동일성 유지
재림 후	사탄의 파멸(계 20:10) 세상 정신의 종언(요일 2:17) 죄성의 제거(히 12:23)	

[이 세상과 오는 세상 사이의 불연속성과 연속성][26]

그리스도가 재림하시기 전에는 사탄, 세상, 죄가 그 편만한 세력을 나타내지만, 재림 후에는 모두 파멸됩니다. 그 점에서 이 세상과 오는 세상 사이에는 불연속성이 존재합니다. 그러나 신자, 자연물, 문화물은 완성될 천국에 보존될 것이므로, 이 점은 이 세상과 오는 세상 사이를 잇는 연속성

---

25 V. S. Poythress, 《요한계시록 맥잡기》, 유상섭 역 (고양: 크리스챤 출판사, 2002), 212.
26 송인규, 《일반은총과 문화적 산물》, 281.

이 된다는 것입니다. 문화물 보존에 대한 이 같은 바른 종말론을 견지할 때, 우리는 이 찬송을 더욱 진정성 있게 고백할 수 있을 것입니다.

> 주 앞에 나올 때 우리 맘이 기쁘고
>
> 그 말씀 힘되어 희망 솟아오른다
>
> 고난도 슬픔도 이기게 하옵시고
>
> 영원에 잇대어 살아가게 하소서
>
> 우리의 자랑과 기쁨 구원의 하나님
>
> 우리 예배를 받아 주시옵소서 (찬송가 9장 4절)

| 교회의 공동체성 회복 |

목회데이터연구소는 2022년 한국 교회 성도들이 올해 한국 교회가 가장 주목해야 할 주제로 '공동체성/오프라인 회복'을 꼽았습니다.[27] 그 뒤로 '다음세대' 18%, '사회와의 소통' 15%, '소그룹' 13%, '디지털/온라인' 11% 순이었습니다. 코로나의 지속으로 오프라인 만남에 대한 갈망이 커진 것도 있겠지만, 다른 항목들에 비해 이 지표가 월등히 높은 것은 시사하는 바가 크다고 하겠습니다.

공동체성에 대한 목마름은 교회만의 목마름은 아닙니다. 통계청 발표

---

27 송경호, "2022년 한국 교회 최우선 과제, '공동체성/오프라인 회복'" 「크리스찬투데이」, 2022. 1. 13.

에 따르면 우리나라의 1인 가구 비율은 2021년 700만을 넘어 전체 가구의 33.4%에 달합니다. 욜로(YOLO, You Only Live Once)족[28]으로도 대변되는 MZ 세대[29]의 개인주의는 더욱 심화되고 있습니다. 김난도 교수는 소득의 양극화는 정치, 사회 분야로 확산되어 갈등과 분열이 전 세계적인 현상이 되었다고 진단합니다.[30]

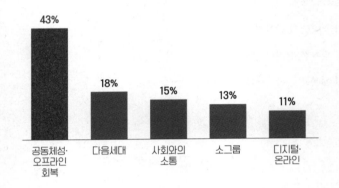

[2022년 '한국 교회 키워드' 설문 조사 결과]

이러한 상황에서 세상은 갈라지고 소외되어 아파하고 신음하고 있습니다. 우울증 환자는 증가하고 자살률도 증가하였습니다. 한국의 경우 10대~30대 연령층의 경우 사망원인 1위가 자살인 것으로 밝혀졌습니다. 안타

28 YOLO란 미래나 타인을 위해 희생하지 않고, 현재 자신의 행복을 가장 중시하여 소비하는 라이프 스타일을 말합니다.
29 1980년대 초~2000년대 초 출생한 밀레니얼 세대와 1990년대 중반~2000년대 초반 출생한 Z세대를 통칭하는 말입니다. 디지털 환경에 익숙하고, 최신 트렌드와 남과 다른 이색적인 경험을 추구하는 특징을 보입니다.
30 김난도, 《트렌드 코리아 2023》(서울: 미래의 창, 2022), 22.

깝게도 한국은 OECD 회원국 중 자살률 1위인데, OECD 평균 11.5명(인구 10만 명당)보다 2.1배나 높은 24.7명에 달합니다.[31] 산술적으로 계산하면, 매일 37명이 극단적인 선택을 하는 상황입니다. 가족이나 이웃도 모르게 혼자서 앓다가 죽는 이른바 '고독사'도 지난 5년간 2,735명에 달한다고 합니다.[32] 브레이크가 망가진 자동차처럼 사회는 빠른 속도로 개체화, 파편화, 고립화되어 가고 있습니다. 과학 기술은 발전하고 경제는 성장하고 많은 시간을 온라인상에서 연결된 채 보내지만 현대인이 느끼는 실존적 고독의 무게가 얼마나 큰지 여러 지표들이 반증합니다.

이러한 현실을 인식하며 하나님이 교회를 세상의 소망과 만물을 충만케 하시는 충만으로 보내셨다는 사명을 되새긴다면 오늘날 교회가 회복해야 할 역할이 무엇인지 드러날 것입니다. 무엇일까요? 바로 공동체성의 회복입니다. 하나님은 삼위일체의 하나님이십니다. 그분은 본질상 한 분 하나님이시지만, 성부, 성자, 성령 세 위격으로 존재하십니다. 삼위는 서로 사랑하고 존중합니다. 삼위는 서로 시기하거나 질투하지 않습니다. 갈라치거나 깎아내리지 않습니다. 왜냐하면 하나님은 사랑이시기 때문입니다(요일 4:16). 인간은 하나님의 형상을 따라 지음 받았기에 서로 관계를 맺고 사랑을 주고받으면서 그분의 영광을 반영합니다. 인간은 관계 속에서 자신을 발견하고, 관계 속에서 성장합니다. 누구도 사랑을 줄 수 없을 만큼 가난한 사람도 없고, 누구도 사랑을 받을 필요가 없을 만큼 부유한 사람은 없습니다. 러시아의 문호 톨스토이(Tolstoi)는 《사람은 무엇으로 사는가》에

---

31 목회데이터연구소, "한국인 1일 37명 자살", 「목회데이터연구소」 16 (2019. 10).
32 윤우성, "4050 중년남 덮치는 고독사…5년간 2735명 고립속 생 마감", 「연합뉴스」, 2022. 2. 21.

서 그 해답이 '사랑'임을 구두 수선공의 따뜻한 사랑과 나눔을 통해 들려줍니다. 이것은 "네 이웃을 네 자신과 같이 사랑하라"(마 22:39)는 주님의 명령을 아름다운 문학으로 각색했을 뿐입니다. 교회는 어떻게 이 사랑을 실천하는 주님의 손과 발이 될 수 있을까요?

모든 민족에게 복음을 전하라고 명하신 예수님은 네 이웃을 네 자신과 같이 사랑하라고도 당부하셨습니다. "내가 주릴 때에 너희가 먹을 것을 주지 아니하였고 목마를 때에 마시게 하지 아니하였고 나그네 되었을 때에 영접하지 아니하였고 헐벗었을 때에 옷 입히지 아니하였"다고 말씀하십니다(마 25:42, 43). 이것은 이웃을 돌보는 선행이 마지막 날 구원의 조건이라기보다는 은혜로 구원받은 하나님의 백성에게 마땅히 나타나야 할 구원의 증거요, 열매라는 뜻입니다. 야고보도 하나님을 향한 신자의 믿음은 이웃을 향한 사랑의 선행으로 나타나야 한다고 강조합니다(약 2:15-18). 혼자서는 감당하기 힘든 삶의 무게에 짓눌려 극단적 선택을 한 2014년 송파 세 모녀 사건은 수년이 지난 후에도 수원 세 모녀 사건으로 등장하여 사회의 어두운 면을 고발합니다. 교회는 그리스도의 몸입니다(고전 12:27). 그리스도께서 이 땅에 계셨더라면 하셨을 일을 고민하며 수행해야 합니다. 그분은 천국 복음을 선포하셨지만 세리와 죄인의 친구가 되시고, 우는 자와 함께 울어줌으로 하나님 나라를 보여 주셨습니다. 교회는 이 땅의 수많은 외롭고 헐벗은 사람에게 다가가 서로를 이어주는 끈이 되고, 사회적 연결망을 강화하는 역할을 할 수 있습니다. 그들은 쪽방촌에도 있고, 따돌림으로 고통받는 학교에도 있고, 혼밥하는 직장인 중에도 있습니다. 그들은 군부의 눈을 피해 식량을 구해야 하는 미얀마에도 있고, 십 대

초 조혼으로 교육조차 받지 못하는 아이티에도 있고, 마실 물을 구하러 먼 길을 가서도 더러운 웅덩이에서 물을 긷는 아프리카에도 있고, 하루 종일 일상을 포기한 채 스마트폰에서 눈을 떼지 못하는 우리의 가정에도 있습니다.

정리하면 이렇습니다. 세상은 사랑이 식어지고, 사랑에 목말라하고 있습니다(마 24:12). 영국의 유명한 무신론 작가인 줄리언 반스(Julian Barnes)는 베스트셀러가 된 그의 책에서 "I don't believe in God. But I miss Him(나는 하나님을 믿지 않지만, 그를 그리워한다)"는 표현으로 깊은 공허감을 토로했습니다.[33] 사랑의 본체이신 하나님은 세상 가운데 사랑을 흘려보내기 위해 그의 몸된 교회를 세우시고, 당신의 백성을 모으셨습니다. 교회는 어떻게 세상에 사랑을 흘려보낼 수 있을까요? 그 첫 단추는 교회 안에서 먼저 사랑을 회복하는 것입니다. 그리스도께서 성경을 통해 가르치신 교회의 본질을 따라 한 몸 됨, 즉 공동체성을 회복하는 것입니다. "너희가 서로 사랑하면 이로써 모든 사람이 너희가 내 제자인 줄 알리라"(요 13:35). 초대 교회는 그 사랑으로 세상에 칭찬을 받고 소망을 주었습니다(행 2:47). 한 지체가 고통을 받으면 모든 지체가 함께 고통을 받고, 한 지체가 영광을 얻으면 모든 지체가 함께 즐거워하는 이 사랑이 내가 속한 공동체 안에 흐르는지 돌아볼 필요가 있습니다(고전 12:26). 신앙고백으로 표현된 교회의 통일성은 설교를 통해 강화되고 성찬을 통해 다짐되며, 구제와 섬김을 통해 실현되고 확장되어야 합니다[교회의 통일성]. 한 걸음 나아가 이 땅에 흩어진 모

---

33 줄리언 반스, 《웃으면서 죽음을 이야기하는 방법》(서울: 다산책방, 2017), 9.

든 가시적 교회 안에서도 형제 됨이 드러나야 합니다[교회의 보편성]. 왜 냐하면 작금의 한국 교회 안에는 우리 교회만 강조하는 개교회주의나, 미 자립, 농어촌, 선교지 교회에 대한 무관심, 심지어 대형교회에 대한 맹목 적 비난이 너무나 짙게 깔려 있기 때문입니다. 공동체성이 아닌 개체성으 로 일그러져 있습니다.

안타깝게도 로마 가톨릭(Catholic church)이 '보편성'이란 뜻을 지닌 'Catholic' 용어를 선점하였기에, 교회의 보편성은 기독교가 아닌 가톨릭 의 전유물이라는 오해가 있는 듯합니다.[34] 결코 그렇지 않습니다. 우리는 매 주일 공예배 때 사도신경을 통해 거룩한 공교회(the holy catholic/universal church)를 믿는다고 고백합니다. 그럼으로써 교단과 교파를 초월하여 전 세 계의 모든 흩어진 교회가 그리스도를 머리로 모신 보편교회임을 선언하 는 것이지요.[35] 교회의 보편성과 통일성을 고백하는 성도답게 교회 안에서 먼저 나보다 남을 낮게 여기고, 존중하고 돌아보는 아름다운 운동이 일어 나야 할 것입니다.[36] 그럴 때 갈기갈기 갈라진 한국 교회는 성령 안에서 봉 합되어 사랑이 필요한 우리의 이웃에게 다가가는 사랑의 공동체로 세워 질 것입니다.

지난 코로나 시기에 잠실에 있는 모 교회는 교회 예산을 들여 인근 지역

---

34 이러한 연유로 로마 가톨릭은 대문자를 사용하여 'Catholic church'로, 기독교의 보편성을 소문자를 사용 하여 'the holy catholic church'로 구별합니다.
35 이승구, 《교회, 그 그리운 이름》 (서울: 말씀과 언약, 2021), 67, 96.
36 보수주의 신학자들은 교회의 속성을 사도성, 거룩성, 보편성, 통일성 네 가지로 제시합니다. 사도성이란 사도적 가르침의 전통 위에 세워져야 한다는 것이고, 거룩성이란 도덕적 거룩성이라기보다는 그리스도 의 몸인 까닭에 거룩한 신분이 되었고, 또 실제로 거룩을 추구해야 한다는 것입니다. 보편성이란 모든 세대 모든 이들이 믿어 온 바에 머물러 있어야 한다는 의미이며, 통일성이란 역사 속 아담의 때부터 재 림까지 모든 교회는 그리스도를 머리로 한 몸으로 연결되어 있다는 뜻입니다.

전통시장과 식당들을 돕기 위한 자체 상품권을 발행하여 성도들에게 나누어 주었다고 합니다. 1만 원 상품권을 받은 성도들은 자비를 보태어 물건을 구입함으로써 소상공인들에게 작게나마 힘을 드린 것이지요. 소외되고 낙후된 지역에 들어가 마을 주민과 함께하며 '마을 목회'로 섬겨온 목사님의 훈훈한 미담도 있습니다.[37] 20년 전 고양시 화전의 한 교회가 문을 닫고 창고로 팔린다는 사실을 알고 그 교회를 매입하여 "예수님처럼 봉사합시다"라는 정신으로 주민을 섬긴 것이지요. 이제 이 교회는 주민들에게 "우리 동네에 교회가 없으면 안 된다"라는 응원을 받는다고 합니다. 주민을 전도의 대상이 아니라 더불어 사는 이웃으로 대한 것이지요.[38] 사랑과 봉사를 전도를 위한 도구로 사용하지 않고, 그 자체를 선교의 중요한 활동으로 여긴 것입니다.[39] 교회가 공동체성을 회복할 때, 높은 자살률과 고독사, 각박하고 메마른 삶, 느슨해진 사회적 관계망은 교회를 통해 좀 더 촘촘해지고 위로를 얻게 될 것입니다. 또한 이 공동체성이 발판이 되어 분열 대신 통합, 비난 대신 긍휼, 혐오 대신 포용, 무례 대신 배려를 실천하는 교회의 공적 책임을 수행하게 될 것입니다. 그럴 때 한국 교회는 소통, 공감, 환대, 공적 책임을 추구하여 나만 잘되려는 개인적, 기복적 신앙을 극복하고 이웃 사랑과 사회적 제자도로 나아갈 것입니다.[40]

---

37 강대석, 《마을 목회》(서울: 밥북, 2022).

38 한국일, "복음 전도와 교회의 공적 책임", 류영모 외, 《공적 복음과 공공신학》(서울: 킹덤북스, 2021), 57.

39 김선일, 《전도의 유산, 오래된 복음의 미래》(서울: SFC, 2014), 19-38.

40 문시영, "잘되는 영성에서 사회적 영성으로: 공공신학적 조망", 「선교와 신학」 57 (2022): 57.

| 교회 교육의 실제적 변화 |

공공신학으로 가는 마지막 징검다리로 저는 교회 현장에서 이루어져야 할 실천적 제안을 드리고 싶습니다. 그것은 교회 교육의 변화가 시급하다는 것입니다. 오늘날 우리의 교회 교육은 교회에서 잘 봉사하는 일꾼을 세우는 데로 초점이 치우쳐져 있습니다. 모두가 그런 것은 아니겠지만 대체로 공예배에 빠짐없이 참석하고, 헌금 생활 열심히 하며, 봉사에 힘쓰면 소정의 교육과 절차를 거쳐 직분자로 세웁니다. 청년부의 경우도 크게 다르지 않습니다. 그렇다면 그것이 잘못된 것이라고 제가 말하는 것일까요? 그 자체로는 잘못된 것이 없습니다. 오히려 헌신과 봉사와 충성이 희미해지는 이 세대에 더 장려되어야 할 것입니다.

저의 요점은 직분자 교육이나 리더 교육 자체가 문제가 아니라 그것이 추구하는 방향에 대한 반성이 필요하다는 것입니다. 성경이 말하는 복음의 총체성과 하나님 나라의 관점에 동의한다면, 백년지대계라고 할 수 있는 교회 교육도 그에 부합되도록 조정되어야 하지 않을까요? 목회자에 충성하는 리더, 교회 일에만 열심인 직분자를 키우는 것이 아니라 세상에서 영향을 끼치는 성숙한 제자, 성숙한 시민으로 세우는 데 교회 교육의 초점이 맞추어져야 할 것입니다. 예배당과 일상, 주일과 주중을 구분 짓는 이원론적인 사고를 극복하고, 하나님을 아는 것과 믿는 것에 하나가 되어 장성한 분량으로 자라가도록 온전한 성도를 길러 내야 할 것입니다. 얼마 전 캠퍼스에서 열심히 사역하는 후배 사역자를 만났습니다. 10년 가까이 열심히 전도하고 제자들을 양육했지만, 깊은 고민에 빠지게 되었다고 합니다. 충성스런 임원들이 학과에서는 거의 고립된 채 학우들에게 영향력은 커녕 소통조차 하지 못하고 있음을 듣게 되었다는 것입니다. 선교단체 졸업생의 1~2%만 전임사역자가 되는데, 지금껏 자신은 거기에 최적화된 교육만 강조한 것 같다는 아쉬움을 털어놓았습니다. 어디 이 간사님만의 고민일까요? 교회의 청년부는 어떻습니까? 청년부에서 리더들은 사회와 직장에서도 그러한 영향력을 발휘하는 균형 잡힌 리더로 서 있는지 저는 확

신할 수 없습니다. 집사님, 장로님, 권사님들이 계신 장년부서도 별반 다르지 않아 보입니다. 아직도 헌신된 성도라면 학교나 직장이나 세상일은 뒷전이고 교회에 올인하는 이미지가 강합니다. 더 심각한 문제는 이러한 사태에 문제의식을 갖고 교회 교육을 쇄신해야 할 목회자가 자기 교회, 자기 부서, 자기 단체에만 200% 충성하기를 요구하거나, 은근히 기대한다는 것입니다. 이러한 한국 교회의 목회 생태계에서는 온전한 제자, 공적 책임을 지닌 성도, 복음의 공공성을 꽃피우기가 지난(至難)할 것입니다. 네 가지로 좀 더 구체적인 방안을 제시합니다.

첫째, 하나님 나라에 대한 이해와 복음의 총체성을 강단에서 분명하게 가르치는 것입니다. 어떤 조직이든 공동체의 변화는 리더의 변화 없이는 불가능합니다. 목회자의 권위가 강조되고, 비교적 수직적 위계질서가 강

한 교회 공동체는 더욱 그럴 수 있습니다. 목회자가 먼저 공공신학을 공부하고, 세미나도 참석하여 성경이 가르치는 교회의 공적 책임과 하나님 나라 백성의 정체성을 정리해 둘 필요가 있습니다. 이러한 수고는 바울의 표현에 따르면, 영적 자녀 같은 성도들이 그리스도의 형상을 이루기까지 해산하는 수고라 할 것입니다. 주일 오후예배나 수요예배, 혹은 수련회 때 하나님 나라, 공공신학 특강을 마련할 수도 있을 것입니다. 무엇보다 매주 강단에서 선포되는 하나님의 말씀에서 복음의 부요함을 맛보고 하나님 나라 백성으로서 이 땅을 어떻게 살아야 할지, 세상에서 어떤 자세로 이웃이 되어 줄지, 그럼으로써 하나님의 영광을 일상에서 어떻게 반영할지 영적인 양식을 공급하도록 힘써야 합니다.

둘째, 그러한 시각으로 역사와 세상과 일상을 바라보도록 기독교 세계관에 대한 강조가 수반되어야 합니다. 1980년대 에티오피아에 대기근이 닥쳤을 때, 국제기아대책기구의 회장인 테드 야마모리는 수천 명이 기거하는 난민 수용소를 찾았습니다. 어느 움막 근처에서 자지러지게 울어대는 아기의 울음소리를 듣고 들어가 보니 아기는 숨이 막혀 헐떡거리고 있었습니다. 얼른 아기의 엄마를 찾아 돌려주자, 아기 엄마는 "다시 제자리에 데려다 놓으세요. 어차피 죽을 운명이에요."라고 말합니다. 이때 테드는 "아니오! 이 아이는 살기 위해 태어난 겁니다." 여기에는 두 개의 세계관이 극명한 대립을 보입니다.[41] 운명론적 세계관과 성경적 세계관이지요. 세계관이 모든 문제를 해결하는 만능열쇠는 아니라 할지라도 가난, 억압,

---

41 대로우 밀러, 《생각은 결과를 낳는다》, 윤명석 역 (서울: 예수전도단, 1998), 80.

낙태, 학대 등 다양한 사회적 이슈와 매일 우리의 선택을 결정하는 단초임은 분명합니다. 그럼에도 교회는 성도들의 눈에 보이는 참여와 헌신을 강조하고, 선행과 봉사를 독려하는 데 주력해 온 것이 사실입니다. 어쩌면 그것이 단기간에 결과를 얻게 하는 매력적이고 효과적인 방법처럼 보이기도 합니다. 그러나 근본적이고 장기적인 변화는 세계관의 변화에 기초합니다. 니고데모의 깨달음, 바울의 비늘 같은 것이 벗겨짐, 윌버포스의 회심, 아브라함 카이퍼의 삶의 체계로서의 기독교는 이 세계관의 중요성을 웅변합니다. 교회 교육은 성도의 행동을 교정하는 것과 함께 그들의 시각과 가치관을 교정하는데 초점을 맞추어야 합니다. 그래서 거듭난 지성으로 세상을 바라보고 성경 말씀에 기대어 삶을 해석하며, 그 가치관을 따라 행동을 결정하는 성도를 세워 가야 할 것입니다.

셋째, 공동체성의 훈련입니다. 스미스가 옳게 지적한 바와 같이 인간은 세계관이나 사상을 배운다고 삶이 즉시로 바뀌는 존재가 아닙니다. 그래서 스미스는 다소 도발적 표현이지만, 인간을 욕망하는 존재로 묘사했습니다. 즉, 공동체성에 대한 강조와 함께 그것을 함양하는 습관의 훈련이 교회 교육에 포함되어야 할 것입니다. 교회 내 공동체성의 절실함은 위의 '4. 교회의 공동체성 회복'에서 이미 강조하였습니다. 여기에서는 그 실천적 방안을 사역적 경험을 토대로 몇 가지 언급하고자 합니다. 기성세대들은 젊은 MZ세대가 지나치게 개인주의적이라고 우려 섞인 시선으로 바라봅니다. 그러나 저는 20년 넘게 캠퍼스 현장에 있으면서 그렇게 비관적으로만 보지는 않습니다. 사회가 급속히 개인주의화되어 간다는 지적은 90

년대 이후 꾸준히 제기되어 왔습니다. 오히려 MZ세대는 덕후[42]를 중심으로 끈끈한 유대관계를 형성하기도 하고, 챌린지 모임[43]을 통해 비슷한 관심사를 중심으로 연결되어 정보와 격려를 주고받기도 합니다. 저는 이러한 모습을 통해 모든 사람에게 보편적으로 내재한 '연결되고 싶어 하는' 깊은 갈망을 보게 됩니다. 젊은 세대들이 스마트폰과 SNS를 통해 지속적으로 가상 공간 속의 타인과 연결되기를 열망하는 모습은 인간의 이러한 실존을 반증합니다. 이러한 현상이 정상적이라는 것이 아니라, 이러한 현상 이면에 그들의 진정한 필요를 주목해야 한다는 것입니다. 코로나 기간인 2021년도 신학기에 대학은 강의실을 봉쇄하고 전면 온라인 수업을 시행하기도 하였습니다. 캠퍼스에서 신입생을 만날 수 없는데, 어떻게 그들에게 복음을 전할 수 있을까요? 캠퍼스 순장들은 학교 인스타그램을 통해 수강신청하는 법, 레포트 작성법, 학교 앞 추천 맛집, 대학 생활 꿀팁, 즐기면서 A 학점 등을 내용으로 카드뉴스를 제작하여 홍보를 시작했습니다. 놀랍게도 매주 5~7명의 새친구들이 꾸준히 연합예배에 연결되는 것을 보았습니다. 현장에 있는 저조차도 눈으로 보면서도 믿기질 않았답니다. '공동체성 훈련'이라고 해서 거창하게 접근할 필요는 없습니다. 공동체 안에서 소외된 지체들을 찾아갈 수 있습니다. CCC는 이 기간에 각 고향에서 수업을 듣는 신입생들에게 마스크와 작은 선물을 준비해서 순장들이 팀

---

42 일본어 오타쿠를 한국식으로 발음한 '오덕후'의 줄임말로, 어떤 분야에 몰두해 전문가 이상의 열정과 흥미를 가지고 있는 사람이라는 긍정적인 의미로 사용됩니다.
43 챌린지(challenge)란 '도전'이라는 뜻인데, 혼자서는 성취하기 어려운 목표나 습관을 이루기 위해 온라인 또는 오프라인으로 함께 팀을 이루어 격려하며 목표(학업, 외국어, 저축, 다이어트, 독서, 컨닝 추방 등 등)를 이루어 가기도 합니다.

을 짜서 심방하는 시간을 가졌습니다. 순원들에게는 하나님의 사랑을 경험하는 감동의 시간이었고, 순장들에게는 공동체가 무엇인지 배우는 특별한 시간이었다고 합니다. 냉소주의로 해체되어 가는 시대의 유일한 탈출구는 근본적으로 우리의 삶을 이끌어 줄 공동체 안에서 신실한 이야기로 연결되는 것입니다.[44] 다음에 제시할 공공성의 훈련은 공동체성이라는 토대 위에서 비로소 가능한 논의가 될 것입니다.

넷째, 공공신학에 대한 강조와 연습입니다. 장애인 돕기, 청소년 멘토링 프로그램을 복지기관에 문의하여 교회 부서에 연결하는 것도 가능합니다. ESG[45]에 대한 고민과 토론, 지구 기후위기와 분리수거에 대한 논의, 사회적 관계망과 교회의 역할, 우리 교회의 지역사회 속의 역할 등에 대하여 논의하며 문화명령의 구체적 방안들을 얘기해 봄직도 합니다. 때로는 동성애, 페미니즘, 세습문제, 정치참여 등 뜨거운 감자와도 같은 이슈도 있을 것입니다. 그렇다고 이 문제들을 덮어 버리거나 피해 가기만 할 것이 아니라 함께 독서 나눔이나 전문가의 조언을 구하면서 신중하게 접근한다면 의미 있는 결과를 볼 수도 있을 것입니다. 모든 이슈들에 대한 깔끔하고 선명한 해답을 얻지 못한 채 모임이 마쳐질 수도 있습니다. 본 책에서 제시한 3장의 카드(나그네, 변혁가, 신실한 함께함)로도 해답이 묘연하게 느껴질 수도 있습니다. 그럴 때 기억할 것은 이러한 고민과 토론을 통해 해답은 못 얻어도 세상을 향한 하나님 나라 백성으로서 우리의 시각과 태도는

---

44 스탠리 하우어워스, 《교회됨》, 문시영 역 (서울: 북코리아, 2010), 246–47.
45 Environment, Social, Governance의 머리글자를 딴 단어로 기업 활동에 친환경, 사회적 책임, 지배구조 개선 등 투명 경영을 고려해야 지속 가능한 발전을 할 수 있다는 뜻으로 개별 기업을 넘어 자본시장과 한 국가의 성패를 가를 키워드로 부상하고 있습니다.

한층 성숙해갈 것이라는 사실입니다. 이미와 아직 사이의 순례의 길을 걷는 신자는 늘 긴장성과 거룩한 양가성[46]을 느끼며 세상에 복음의 분화구를 내는 제자로 구비되어야 합니다.

이러한 시도를 통해 우리가 궁극적으로 바라고 원하는 것은 무엇일까요? 공공신학의 보편화일까요? 토론 문화의 정착일까요? 지성적 그리스도인의 배출일까요? 그러한 것들은 따라오는 부차적 결과가 될 수는 있어도 우리가 추구하고 주님이 기대하시는 궁극적인 목표가 될 수는 없습니다. 우리가 기대하는 바는 복음의 부요함을 일상 가운데 누리는 것이지요. 이미 시작된 하나님 나라의 발판 위에서 마침내 이루어지고야 말 종말론적 소망에 힘입어 불안하고 두려운 현실에 직면하는 것이지요. 마침내 만물을 충만하게 하는 영광스런 교회의 사명을 회복하는 것입니다.

"교회는 그의 몸이니 만물 안에서 만물을 충만하게 하시는 이의 충만함이니라"(엡 1:23).

---

46 이미 구원받은 하나님 나라 백성으로서 찬송하면서도[하나님 나라의 현재성], 여전히 죄와 끊임없이 싸워야 하는[하나님 나라의 미래성] 이 땅에서 신자가 실존적으로 겪는 공존하는 감정.

1. 저자가 제시한 공공신학으로 가는 5개의 징검다리 중 가장 공감이 되는 것은 무엇
   이고, 그 이유는 무엇인가요?

2. 본서에 열거된 5개 외에 필요한 또 다른 징검다리가 있다면 무엇이 있을지 얘기해
   봅시다.

3. 종말론의 그릇된 오해 2가지는 무엇이고, 그에 대한 성경적으로 바른 이해는 무엇
   인지 자신의 말로 설명해 봅시다.

다문화 가정과 유학생, 매일 부딪히는 해외선교

다문화 가정은 2010년 이후 꾸준히 증가하여 한국교육개발원 발표에 따르면 2021년 현재 160,056명에 달한다고 합니다. 외국인 이주노동자의 증가와 국제결혼의 증가로 이러한 추세는 더욱 뚜렷해지고 있습니다. 따라서 외국인 노동자와 다문화 가정에 대한 관심은 한국 사회뿐 아니라 교회의 중요한 과제로 대두되고 있습니다. 2018년 중국 정부의 엄격한 종교정책으로 추방된 선교사가 공식 집계된 인원만 400명에 육박합니다. 이에 따라 해외선교는 물론 국내에 와 있는 외국인에 대한 전략적 선교가 강조되고 있습니다.

다음은 다문화 가정이 겪는 어려움을 열거한 것입니다. 자신이 생각하기에 가장 높은 순위 세 개를 꼽아 보세요.

1. 경제적 어려움, 한국 문화 이해, 자녀 문제, 외국인에 대한 편견과 차별, 언어 문제, 취업 및 직장 문제.

2. 최근의 선교 전략가들은 외국인 노동자에 대한 선교가 해외선교에 비하여 '저비용 고효율 선교'라고 설명합니다. 이 말이 어떤 의미인지 설명해 봅시다.

3. 다문화 가정이나 외국인 노동자를 이해하거나 돕기 위해 우리 목장이나 청년부에서 실천할 수 있는 것에는 무엇이 있을지 얘기해 봅시다.

부록:
인도자를 위한
토의 가이드

인도자를 위한 토의 가이드

Chapter 1. 복음, 하나님 나라, 공공신학

● 토의 질문

1. '복음의 총체성'을 자신의 말로 설명해 보십시오.

복음의 총체성이란 우리가 믿는 복음이 우리 영혼만 구원하는 것이 아니라 우리의 지, 정, 의 전인격을 하나님의 형상으로 회복시킨다는 의미입니다. 한 걸음 더 나아가 그리스도를 믿음으로 우리가 속한 모든 삶의 지평(정치, 경제, 사회, 문화, 교육, 예술 등)이 하나님의 통치 아래 있음을 깨닫고, 그분의 주권을 모든 영역에서 드러내야 함을 의미입니다.

2. 복음의 총체성이 공공신학과 무슨 관계가 있는 것일까요?

성경이 말하는 복음의 부요함과 총체성을 깨달을 때, 그리스도인은 기독교를 사적(私的) 믿음이나 정서적 위로의 수준으로 간주하지 않습니다. 모든 공적(公的) 영역에서 복음적 가치와 원리가 구현되도록 힘쓰는 것이 공공신학의 핵심입니다.

3. 하나님 나라의 세 가지 특징은 무엇인가요?

1) 천국은 죽어야만 가는 곳이 아니다. 지금 여기서 누릴 수 있다[하나님 나라의 현재성].
2) 천국은 장소가 아니다. 천국은 통치 개념이다[하나님 나라의 통치성].

3) 천국은 예수님의 오심으로 이미 시작되었으나 아직 완성되지 않았다[하나님 나라의 긴장성].

● 일상 속 공공신학 : 직장 속 그리스도인

1. 그리스도인으로서 여러분은 왜 일하는지 자신의 생각을 나눠 봅시다.

일하는 이유로 '생계'는 무시될 수 없는 중요한 이유입니다. 하나님은 우리의 필요를 공급하시기 위해 직장을 허락하시고, 일터를 활용하시기 때문입니다(살후 3:10). 일 자체 또는 일을 통해 얻은 보수로 인해 사랑하는 가족과 친구를 섬기는 것도 하나님의 분복(分福)이라고 성경은 말합니다(전 2:24). 경제활동의 수입으로 구제나 봉사를 하는 것도 의미가 있습니다. 그러나 직업 활동 자체가 문화명령을 수행하는 도구요, 이웃사랑의 일환임을 인식할 필요가 있습니다. 일반은총의 관점에서 하나님은 다양한 직업들을 통해 사람들의 필요를 채우시고, 서로 유기적으로 돌아보도록 이끄십니다. 따라서 그리스도인이라면 직업을 선택할 때 사회악을 조장하는 도박, 불륜, 성매매, 장기매매 등 비윤리적이고 반사회적인 업종을 배제해야 합니다. 우리의 직업 활동 자체가 이웃을 섬기고 협력하는 방편임을 기억할 때, 직업에 대한 우리의 태도도 한결 달라질 것입니다. 칼빈이 말한 것처럼 우리의 일터와 세상은 하나님의 영광을 드러내는 무대가 되고, 우리의 직업 활동은 그 영광을 반영하는 도구가 될 것입니다.

2. '그리스도인이기에 모든 일에 항상 참아야 하는가?' 이 질문에 대한 당신의 대답은 무엇인가요? 이런 문제로 고민해 본 적이 있다면 언제였는지 얘기해 봅시다.

그리스도인의 '오래 참음'은 나약함이나 수동적 사고와는 구분되어야 합니다. 우리가 참을 때는 반드시 거룩한 목적을 수반해야 하며 그 목적을 이루기 위해 참는 것입니다. 그것은 '할 수 없이 참는 것'이 아니라 '참는 것이 상대를 위하고 나를 위하고 하나님을 기쁘시게 하는 것'이기 때문에 지혜롭게 능동적으로 자원해서 참는 것이 되어야 합니다.

한편 이러한 갈등의 원인이 소통의 부재인지, 서로의 오해인지, 자신의 실수 탓인지, 상대의 일방적 괴롭힘인지 면밀히 파악하여 그에 상응하게 신중하고 지혜롭게 대처하는 것도 필요합니다. 이러한 과정에서 뱀처럼 지혜롭고, 비둘기처럼 순결한 성숙함과 균형감각이 함양될 것입니다.

3. 직장생활과 교회봉사를 병행하기 힘든 적이 있나요? 이러한 문제로 고민하는 성도에게 당신은 어떻게 조언해 주시겠습니까?

성경은 "안식일을 기억하여 거룩하게 지키라"는 말씀과 함께 "엿새 동안은 힘써 네 모든 일을 행할 것이라"고 명령합니다. 엿새 동안 열심히 일하는 것은 주일을 지키는 것만큼 중요하고 하나님이 기뻐하십니다. 그리고 주일에 예배를 드리는 것도 하나님의 명령입니다. 어쩌면 '주일 봉사'는 성경적인 요구라기보다는 교회의 현실적인 필요라고 할 수 있습니다. 따라서 죄의식과 미안함으로 봉사하기보다는 현재 각자가 처한 '인생의 계절'(season of life)에 맞게 자원함과 기쁨으로 섬길 수 있었으면 좋겠습니다. 그것은 절대적인 하나님의 명령이 아니라 각자가 처한 상황을 놓고 하나님께 기도하며 인생의 계절과 우선순위를 고려하는 가운데 분별하여 결정할 문제입니다.

Chapter 2. 공공신학이란 무엇인가

● **토의 질문**

1. 자신의 말로 공공신학을 한 문장으로 말해 봅시다.

성경적 가치와 하나님의 통치가 모든 영역에 드러나도록 세상과 소통함으로써 복음의 총체적 의미를 회복하려는 신학입니다.

2. 성경에 나타난 공공신학의 근거나 예시를 한 가지 이상 얘기해 봅시다.

지붕에 난간 설치, 나그네를 돌보라, 정의를 물같이 공의를 강같이, 예수님의 산상수훈, 바울의 아레오바고 광장에서의 전도 등.

3. 공공신학의 주체는 누구인가요? 또, 이것을 인식하는 것이 그리스도인으로서 나의 삶에 어떤 관점과 태도의 변화를 가져옵니까?

공공신학의 주체는 사회기관이나 시민단체가 아니라 예수 그리스도를 주로 고백하는 교회요, 구원받은 하나님의 백성입니다(마 5:14, 엡 1:23).

그리스도인이 교회당 안에서만 열심히 봉사하는 것을 넘어서 일상의 현장에서 하나님 나라를 구현하는 몸 된 교회로 살아가도록 다짐하게 합니다.

● 일상 속 공공신학 : 장애인 이동권 보장

1. 장애인들의 불편을 가까이서 공감한 적이 있습니까? 언제였고, 어떤 생각과 느낌을 갖게 되었는지 얘기해 봅시다.

2. 오랫동안 장애인 사역을 섬겨 온 목사님은 "장애인에게 필요한 것은 돌봄이 아니라 자립이다"라고 강조합니다. 이 말에 담긴 의미가 무엇일지 서로의 생각을 나눠 봅시다.

장애인 복지관의 전문가들은 비장애인이 그들에게 '장애우'라는 표현을 일방적으로 쓰지 않도록 주의를 줍니다. 이유는 '나는 당신을 본 적도 없고 친구로 맞이할 준비도 안 되어 있는데, 왜 일방적으로 장애우라고 호칭하느냐'는 것이지요. 사소한 것일 수 있지만 어쩌면 이것은 그들의 입장에 서 보려는 역지사지(易地思之)의 노력이 부족한 결과라고도 할 수 있습니다. 그 이면에는 장애인은 불쌍하니까 돌봐주어야 한다는 시혜적 관점이 깔려 있지 않은지 돌아볼 필요가 있습니다. 장애인이든 비장애인이든 개개인이 하나님의 존귀한 형상으로 자립하고, 그러한 토대 위에서 서로가 서로에게 도움을 주고받는 모습이 성경적 인간관에 충실한 자세일 것입니다.

3. 장애인 이동권 보장을 위해 정부 차원의 시설 확충이 절실해 보입니다. 그 밖에 어떤 개선 방안이 있을지 얘기해 봅시다.

장애인 이동권 보장이 중요한 이유는 이것이 장애인 인권 보장의 출발선이기 때문입니다. '이동권'은 단순히 목적지로의 이동을 위한 편의 제공이 아닙니다. 타인 및 환경과 상호작용하며 사회 구성원으로서 삶을 가능하게 하는 핵심 요소입니다. 이를 위해 저상버스 증대, 교통 여건 개선, 장애인과 비장애인 및 정책 위원 모두가 함께하는 정기적 토론, 관공서나 지역사회 복지시설과 연계를 통한 지역 주민들에 대한 홍보와 인식개선 등을 도모할 수 있을 것입니다.

4. 한국은 인구의 약 20%가 기독교인인데 비해 장애인은 고작 9%만이 기독교인이라고 합니다. 장애인 신자가 비장애인 신자의 절반밖에 되지 않는 것은 장애인에 대한 한국 교회의 관심이 얼마나 빈약한가를 반영한다고 할 수 있습니다. 교회의 크기나 역량에 따라 수행할 장애인 사역은 다르겠지만, 우리 목장, 우리 청년부에서 시작할 수 있는 것은 무엇이 있을까요?

장애인의 93%가 후천적인 원인에 의한 것이라고 합니다. 즉, 자연이 아니라 사람과 사회의 잘못 때문이라는 것이지요. 이 말은 우리가 비장애인이라면 우리 역시 '잠재적 장애인'이라는 점을 함의합니다. 때로는 자신의 잘못 때문일 때도 있지만 많은 경우 다른 사람과 사회의 잘못으로 장애가 발생한다는 점을 기억할 필요가 있습니다. 교통사고를 비롯한 각종 사고, 약물 부작용, 출생 때나 치료 과정에서 의사나 간호사가 저지른 실수, 영양실조, 질병 부작용 등 자신이 책임질 수 없는 원인에 의하여 장애인이 되는 경우가 적지 않습니다. 그러므로 장애인들의 고통에 대해서 함께 책임을 지려는 인식의 개선이 절실합니다. 목장이나 부서에서 장애인 복지기관을 방문하거나 그분들께 구체적으로 도움을 줄 수 있는 경제적, 인적, 실질적 방안들을 묻고 실천하는 것도 좋은 시작이 될 것입니다.

Chapter 3. 인물로 본 공공신학

● 토의 질문

1. 마틴 루터 킹은 '제도와 인간을 구분'하여 저항했습니다. 이러한 그의 정신이 오늘날 극한 대립으로 치닫는 사회 및 정치 운동에 어떤 시사점을 줄 수 있을까요?

한국 사회 안에 세대 간, 이념 간, 지역 간, 빈부 간, 계층 간, 성별 간 양극화 현상이 현저해지면서 상대 진영에 대한 비판과 문제 제기가 인격적 비난이나 혐오로까지 비화되는 것을 보게 됩니다. 마틴 루터 킹 목사는 흑인들을 차별하는 백인들의 제도나 관습에 대하여는 비폭력 저항운동을 지속하였습니다. 그러나 이 저항의 표적이 백인들이 되지 않도록 힘썼고, 또 흑인 동료들에게 그러지 못하도록 설득하고 독려하였습니다. 종종 사회운동에 열심을 내는 사람 중에 그 동기가 상대측을 향한 증오와 타도로 비쳐지기까지 합니다. 사회 개혁에 대한 우리의 동기는 언제나 죄로 인해 굴절된 연약하고 악한 인간들에 대한 긍휼이 되어야 합니다. 그럴 때 개혁과 변혁은 분열과 상처를 남기지 않고 성숙한 모습으로 나아갈 것입니다. 이것이 킹이 제도와 인간을 구분하여 저항한 이유입니다.

2. 카이퍼의 '영역주권론'을 설명해 보십시오. 그가 주장하는 영역주권론과 다원주의는 어떻게 구별된다고 생각합니까?

영역주권론이란 정치, 경제, 사회, 가정, 교회, 교육 등 각 영역마다 고유한 주도권을 보장하여 자체적으로 하나님의 통치를 드러내야 한다는 의미입니다. 카이퍼 당시 네덜란드의 상황은 국가가 교회나 가정이나 학교를 국가 이념에 따라 지배하려고 했기 때문에, 카이퍼가 이러한 주장을 개진한 것입니다. 영역주권론은 다양성과 독립성을 존중한다는 점에서 언뜻 다원주의와 비슷해 보일 수도 있지만, 전혀 그렇지 않습니다. 다원주의는 상대에 대한 존중을 과도하게 강조한 나머지 절대 진리나 객관적 가치마저 상대화시킵니다. 그러나 영역주권론은 개별적인 영역들이 하나님의 주권이라는 큰 우산 아래 포섭된다는 점에서 다원주의와 구별됩니다.

3. 회심 체험 후 신학을 고민하는 윌버포스에게 정치인으로서 하나님 나라 확장에 기여하라고 조언해 준 사람은 누구입니까? 이러한 일화를 통해 느낀 점을 서로 얘기해 봅시다.

이 땅에서 하나님 나라를 확장하고 회복하기 위해 필요한 사람은 선교사나 전임 사역자만은 아닙니다. 주님은 회심한 마태가 세리의 직업을 내려놓자 제자로 부르시기도 했지만, 회심한 삭개오가 청렴한 세리의 삶을 지속하도록 인도하시기도 하셨습니다. 이것을 오스 기니스(Os Guinness)는 일차적, 이차적 소명으로 설명하였습니다.[1] 일

---

1   오스 기니스, 《소명》, 홍병룡 역 (서울: IVP, 2006), 62-63.

차적 소명은 "누가 나에게 소명을 주셨는가?"와 관련됩니다. 제자로, 세리로, 목사로, 간호사로 부르신 분은 그 직업이나 지역에 상관없이 하나님이십니다. 이차적 소명은 "모든 사람이 모든 곳에서, 모든 것에서 전적으로 그분을 위하여 생각하고, 말하고, 살고, 행해야 한다는 것"입니다. 즉, 교사나 간호사나 변호사나 가정주부로 부르심을 받은 것은 일차적 소명이 아니라 이차적 소명에 해당합니다.

● 일상 속 공공신학 : 그리스도인의 정치참여

1. 그리스도인이 정치에 무관심할 것이 아니라 참여해야 한다는 성경적 근거는 무엇입니까?

하나님은 모든 피조물과 온 우주의 하나님이십니다(롬 11:36, 골 1:16). 만왕의 왕이신 주님은 그분의 형상을 따라 지음 받은 사람을 그분의 대리통치자요 청지기로 세우시고, 문화명령을 위임하셨습니다(창 1:27, 28). 하나님은 그분의 성품이신 정의와 공의가 물같이, 강같이 흐르길 원하시고(암 5:24), 당신의 인애와 사랑이 사회 속에 드러나길 명하셨습니다(신 22:8, 레 19:9, 10). 정치는 이러한 활동이 지속적이고 체계적으로 이루어지게 하는 제도이므로 하나님은 이것에 관심을 가지시고 이를 통해 일하시며, 이들을 위해 기도하라고 명하십니다(롬 13:1-4, 딤전 2:2). 왕이신 그리스도께서는 모든 삶 속에서, 우리의 청지기직을 통하여 현재의 발걸음을 조심스럽게 인도하심으로써 우리를 완성으로 이끌고 계십니다.

2. 그리스도인은 어떤 경우에 정부에 불복종할 수 있나요? 그때 불복종의 자세는 어떠해야 합니까? 성경에 나타난 불복종의 사례들을 말해 봅시다.

기본적으로 그리스도인은 위정자들에게 순복해야 합니다. 이유는 그들이 무섭거나 아첨하기 위해서가 아니라, 그들을 권세자로 세우신 분이 하나님이심을 경외하기 때문입니다. 즉, 권세자에 대한 순복은 하나님께 대한 신앙의 표현인 것입니다. 그러나 우리가 신앙을 버리도록 위협을 받거나 강요를 당할 때, 우리는 그러한 명령에 불복하여 저항할 수 있습니다. 이때에도 저항의 자세는 비폭력이고 순교자적 자세임을 성경과 역사를 통해 확인하게 됩니다.

모세도 바로의 정부에 불순종의 태도를 취했고, 베드로와 요한도 당시 유대의 정치 기관인 산헤드린 공회에 불순종의 태도를 취했습니다(행 4:19, 20). 로마 정부가 황제 숭배를 강요했을 때, 제자들은 순교의 길을 택했고, 초대 교회의 순교자 폴리캅(Polycarp)도 그러했습니다. 라틴 신학의 대변자 터툴리안은 "순교자의 피는 교회의 씨앗"이라고 함으로써 그리스도인의 정부에 대한 불복종의 자세가 어떠해야 하는지를 시사했습니다.

3. 담임목사가 예배에서 정치적 발언을 하는 것에 대하여 어떻게 생각하십니까? 이것은 그리스도인이 정치에 참여하는 것과 어떻게 다른가요?

담임목사가 예배 때 특정 정치인을 지지하거나, 정치적 입장을 표방하는 것은 매우 주의 깊게 경계되어야 합니다. 이것은 국가와 교회가 서로 구분되어야 한다는 루터나 칼빈의 가르침과도 어긋납니다. 또한, 각 기관은 하나님의 주권 아래서 고유한 독립성을 지닌다는 카이퍼의 영역주권론과도 충돌합니다. 목회자는 정치적 소신을 표명할 때는 공동체의 대표가 아니라 시민 개인으로서 해야 합니다. 이것이 현명한 그리스도인의 정치참여 방식입니다. 물론 대형 교회나 큰 기관의 대표자는 순전히 개인적으로 정치적 발언을 하기가 현실적으로 어려울 것입니다. 그래서 더욱 신중함과 주의가 요구됩니다.

사람마다 개개인의 정치적 성향과 양심의 자유는 존중되어야 합니다. 그것이 하나님이 지으신 다양성을 긍정하는 것이요, 민주주의의 매력입니다. 정치와 관련하여 목회자에게 요청되는 직무가 있다면, 성도들이 성경적 가치에 부합하는 정치적 관점을 함양하도록 하나님 말씀을 건실하게 가르치는 것입니다. 나아가 청중이 성숙한 교인일 뿐 아니라 성숙한 시민으로서 살아가도록 교훈과 책망과 바르게 함과 의로 교육하고 훈련해야 합니다. 성경에 기초한 자신의 입장을 명확히 견지하면서도 타인의 의견을 경청할 줄 알고, 그들과 건강하게 소통하며 토의할 수 있는 교양 있는 시민으로 말입니다.

4. 학자마다 교회와 국가의 관계에 대한 입장이 달라 혼란스러울 때가 많습니다. 당신의 입장은 무엇이고 그렇게 주장하는 근거는 무엇입니까?

교회와 국가의 관계가 학자마다 다른 것은 역사 속에서 그 관계가 유동적으로 변천되어 왔기 때문입니다. 역사적으로 간략히 살펴보면, 초대 교회 300년은 로마 황제가 교회 위에 군림하였습니다. 313년 기독교가 공인된 후에는 이러한 형태가 더욱 뚜렷해졌습니다. 중세에 와서는 교황이 국왕을 임명할 만큼 강력해집니다. 토마스 아퀴나스는 '은혜 아래 자연'이라는 이층 구조적 자연신학을 통하여 신정통치라는 이름으로 '교회 아래 국가'라는 구조를 더욱 강화시킵니다. 종교개혁 시대에 와서 교황주의적 신정정치 형태가 무너지고, 교회와 국가가 독립적이고 대등한 지위로 재편됩니다. 루터는 두 왕국론을 통해 교회와 국가는 하나님의 통치 아래서 서로 간섭해서는 안 된다는 것에 강조점을 두었습니다. 칼빈은 국가는 교회가 바른 신앙생활을 영위하도록 보호하고, 교회는 영적 도덕적 방법으로 국가에 영향을 미쳐야 한다는 상보적 관점을 강조하였습니다. 이후 영국의 청교도들은 국가가 교회를 지배하려는 에라스투스주의(Erastianism)에 항거하여 정교분리를 천명하는 미국을 신대륙에 세웠습니다(미국 수정헌법 1조). 결론적으로 교회와 국가의 관계는 고정된 관계가 아닙니다.[2]

교회와 국가에 대한 우리의 책임과 사명을 혼동해서는 안 됩니다. 그리스도인의 우선적이고 본질적이고 궁극적인 책임과 사명은 하나님 나라에 충성하며 하나님의 뜻과 의를 선도하고 증진하는 일입니다. 그러나 동시에 세속 정부에 하나님의 뜻과 통치가 드러나도록 시민으로서의 책무를 다해야 합니다. 그리스도인은 이러한 이중 시민권의 정체성을 기억하며, 하나님의 주권이 온 세상 구석구석에 침투되도록 주어진 사명을 감당합니다. 때로는 직접적으로 투표나 선거나 시위를 통해 정치에 참여할 수도 있고, 때로는 간접적으로 도덕적 영적 감화력을 미쳐 하나님 나라 회복에 기여할 수도 있습니다. 시민 불복종이나 저항에 대해서는 각자의 양심에 따라 기도하며 선택할 수 있다고 봅니다. 위에서 언급하였듯이 다만, 그 방식은 순교자적 비폭력이고, 그 동기는 증오가 아니라 긍휼이어야 합니다.

---

2   김명혁, "교회사적 측면에서 본 교회와 국가", 《현대교회와 국가》, 김명혁 외 (서울: 엠마오, 1988), 39–57.

Chapter 4. 신학으로 본 공공신학

● 토의 질문

1. 반드루넨(나그네), 스미스(변혁가), 헌터(신실한 함께함) 세 학자의 주장을 자신의 말로 간략히 설명해 보고, 차이점을 말해 봅시다.

    1) 반드루넨 : 신자는 이 땅에서 천국을 향해 가는 순례자입니다. 그리스도의 십자가 구속 덕분에 더 이상 우리에게 문화명령은 없습니다. 이생의 모든 삶은 재림시 철저히 종결될 것이므로 신자의 주안점은 문화변혁보다는 이 땅의 나그네로서 교회다움의 회복에 두어야 합니다.

    2) 스미스 : 신자는 초림을 통해 이미 시작된 하나님 나라의 토대 위에서 완성될 하나님 나라를 고대하며 일상에서 하나님의 통치를 드러내는 변혁적 삶을 살아야 합니다.

    3) 헌터 : 두 왕국론의 입장에서 나그네와 같이 세상에 거리를 두는 것과 스미스의 입장에서 세상을 변혁시키는 것 사이의 어떤 지점이라고 할 수 있습니다. 그래서 세속 문화를 향해 나그네도 아니고 변혁가도 아닙니다. 다만 주어지고 부르신 자리에서 만나는 이웃들에게 신실한 함께함으로 살아갈 때, 세상은 좀 더 하나님이 기뻐하시는 방식으로 변화되는 데 도움을 줄 수가 있습니다.

2. 세상의 문화에 대하여 그리스도인으로서 당신의 입장은 세 학자 중 어디에 속하며, 그것을 지지하는 이유는 무엇인가요? 혹시 자신이 세 학자 이외에 니버의 5가지 모델 중 하나에 가깝다면 그 이유를 얘기해 봅시다.

    서로의 입장을 얘기하며 그것의 장점과 약점을 말해 봅시다. 토론의 과정 속에 자신이 미처 보지 못한 것을 보게 되고, 현실을 바라보는 지평이 더 넓어지는 것을 경험할 수도 있을 것입니다.

3. 저자는 세 학자의 입장을 상황에 따라 유연하게 선택할 수 있다는 열린 결말을 제시합니다. 지금의 한국적 상황에서 교회됨을 회복하기 위해 가장 필요한 입장은 무엇이라고 생각하나요? 또 정치와 문화를 향해 그리스도인이 취할 적실한 입장은 무엇인지, 왜 그

런지 얘기해 봅시다.

제 개인적인 입장을 소개하는 것이 허락된다면 저는 이론적으로는 스미스의 변혁가의 입장입니다. 하지만 현재 한국 사회 속의 기독교의 입장을 고려할 경우 반드루넨과 헌터의 입장이 적실하다고 생각합니다. 이유는 2000년도 이후 한국 교회는 양적으로 쇠퇴기에 접어들었습니다. 비단 양적으로뿐 아니라 교회는 번영의 신학에 물들어 세속화되고, 한국 교회에 대한 신뢰도의 추락은 교인수의 감소로 나타났습니다. 사회학자뿐 아니라 목회자들도 인구절벽과 고령화 추세로 한국 교회의 감소를 예측하였지만, 지난 코로나 3년은 이러한 예측을 더욱 앞당겼습니다. 교회의 대사회적 영향력은 위축되고, 목회자의 신뢰도는 곤두박질치고, 기독교에 대한 반감정서는 깊어진 것이 현실입니다. 이러한 국면에서 교회는 세상과 사회를 향하여 어떤 자세를 취해야 할까요? 카이퍼나 스미스가 제시한 변혁적 자세보다는 반드루넨과 같이 교회다움을 회복하는 순례자의 영성에 초점을 맞추는 것이 시급해 보입니다. 가르치거나 나서서 변화시키려 하기보다 오히려 말을 아끼고 묵묵히 소외된 이웃들과 함께하며, 그들의 신음을 들어 주며, 우는 자와 함께 울어 주는 신실한 함께함이 현재로서는 더 적실하다는 것이 저의 소견입니다.

● 일상 속 공공신학 : 기후위기와 탄소 중립

1. 매스컴에서 말하는 '기후위기'를 실생활에서 경험하는 사례에는 어떤 것이 있는지 말해 봅시다.

폭염, 가뭄, 홍수, 대기 오염, 이상 고온 현상으로 인한 잦은 산불(예. 2019. 9 ~ 2020. 2 호주 산불).

2. 창세기 1장 26-28절을 읽으십시오. 이 구절은 전 지구적 기후위기에 대하여 그리스도인과 교회에 대한 어떤 사명을 일깨워 줍니까?

인간은 하나님의 형상을 따라 지음을 받은 하나님의 대리통치자로서 하나님이 지으신 피조세계를 돌보고 가꿀 책임이 있습니다. 이 책의 1장에서 천국 개념을 설명한 것과 같이 천국은 죽은 다음에 가는 극락이나 천당이 아니라, 예수님의 재림으로 만물이 새롭게 회복되는 것입니다(롬 8:19-22, 계 21:5). 그리스도인은 모든 민족에게 복음을 증거하는 지상명령을 수행해야 하지만, 온 세계에 하나님의 통치가 드러나도록 이웃을 사랑하고 피조계를 돌보는 문화명령을 감당해야 합니다. 그런 의미에서 교회는 선교공동체인 동시에 회복공동체요, 생명공동체입니다.

3. 기후위기에 대응하여 2015년 파리 기후협정에서 195개 국가는 2050년까지 온실가스 배출량을 '0'으로 만들자는 탄소 중립 실현을 합의했습니다. 산업화 이전 대비 지구 평균온도가 1.5℃ 이상 상승하지 않도록 온실가스 배출량을 단계적으로 감축하자는 것이지요. 이를 위해 개인이나 가정과 교회에서 실천할 수 있는 사항은 무엇일까요? 기업이나 정부가 힘을 기울여야 할 부분은 무엇인지 얘기해 봅시다.[3]

　개인, 가정: 플라스틱 및 일회용품 사용 줄이기, 재활용 분리수거, 전력 사용 줄이기, 다회용기 사용 늘리기, 배달음식 줄이거나 주문 시 일회용 포크나 수저 안 받기, 걷거나 대중교통 이용하기, 육류소비 줄이고 채식 늘리기, 플로깅(조깅하며 쓰레기 줍는 캠페인), 환경에 관심을 둔 기업제품 투자 및 구매 등.

　기업, 정부: 탄소세 시행[4], 정부의 기후위기 관련 정책 마련과 홍보, 친환경 신재생 에너지 개발, 기후위기와 방안에 대한 교육(학교, 연극 및 뮤지컬, 봉사 활동 가산점, 캠페인 등), 재활용 제품 생산, 종이 사용 줄이기, 나무 심기, 기업의 사회적 책임 강조 등.

Chapter 5. 공공신학으로 가는 징검다리

● **토의 질문**

1. 저자가 제시한 공공신학으로 가는 5개의 징검다리 중 가장 공감이 되는 것은 무엇이고, 그 이유는 무엇인가요?

3　기후위기와 관련하여 다음의 책을 함께 읽고 토론해도 좋을 것입니다. 마크 라이너스, 《최종경고: 6도의 멸종》, 김아림 역 (서울: 세종, 2022).
4　기후위기를 위해 이산화탄소를 배출하는 석유 · 석탄 등 각종 화석에너지 사용량에 따라 부과하는 세금.

1) 회심을 넘어 구원의 서정으로
2) 그릇된 종말론에 대한 교정 - 종말의 기간
3) 그릇된 종말론에 대한 교정 - 문화물의 보존
4) 교회의 공동체성 회복
5) 교회 교육의 실제적 변화

2. 본서에 열거된 5개 외에 필요한 또 다른 징검다리가 있다면 무엇이 있을지 얘기해 봅시다.

3. 종말론의 그릇된 오해 2가지는 무엇이고, 그에 대한 성경적으로 바른 이해는 무엇인지 자신의 말로 설명해 봅시다.

1) 성경이 가르치는 종말의 기간은 재림 직전의 특정 시점이 아니라, 초림부터 재림 사이의 전체 기간을 말합니다. 그러므로 우리의 시대가 종말의 기간에 들어와 있음을 인식하고 재림의 소망 가운데 환난을 견디고 복음을 전하며, 거룩한 삶을 추구해야 합니다.

2) 이 땅에서 우리의 문화 활동, 가치, 제도들은 재림 시에 모조리 멸절되는 것이 아니라 불연속성과 연속성을 띠며 유지됩니다. 불연속성이란 불완전한 것들이 완전해지고 추하고 더러운 것이 온전해진다는 것이고, 연속성이란 이생의 것이 멸절되지 않고 내생과 연결된다는 것입니다.

● 일상 속 공공신학 : 다문화 가정과 유학생, 매일 부딪히는 해외선교

1. 다음은 다문화 가정이 겪는 어려움을 열거한 것입니다. 자신이 생각하기 가장 높은 순위 세 개를 꼽아 보세요.
1) 언어 문제
2) 경제적 어려움
3) 한국 문화 이해

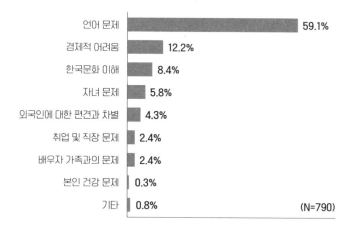

[다문화 가정이 겪는 어려움][5]

2. 최근의 선교 전략가들은 국내에 와 있는 외국인 유학생이나 노동자에 대한 선교가 해외 선교에 비하여 '저비용 고효율 선교'라고 설명합니다. 이 말이 어떤 의미인지 설명해 봅 시다.

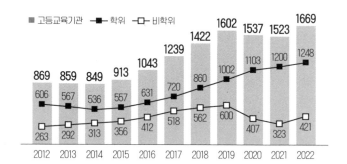

[외국인 유학생 수][6]

5 이소영, "서울시, '다문화가족' 확실하게 지원한다", 「서울 문화 투데이」, 2009. 8. 6.
6 조준영, "급증하는 외국인 유학생, 세계선교의 또다른 동력", 「기독신문」, 2022. 10. 28. http://www.

교육부가 발표한 '2022년 교육기본통계'에 따르면 전체 외국인 유학생 수(재적학생 기준)는 16만6892명으로 전년(15만2281명) 대비 1만4611명(9.6%) 증가했습니다. 유학생과 외국인 노동자들은 타국에서 정서적 외로움을 느끼는 동시에 언어와 여러 현실적인 필요들이 있습니다. 그들의 이웃이 되어 주고 사랑으로 섬긴다면, 선교사가 선교지에서 복음을 전하는 것보다 훨씬 효과적일 것입니다. 그들이 고국에 돌아갔을 때 자민족 복음화에도 기여할 수 있을 것이기 때문입니다.

안타깝게도 외국인 유학생이나 노동자들에 대한 관심이 한국 교회 안에 매우 부족한 상황입니다. 최근 선교지에서 비자발적으로 철수한 선교사들이 이 사역에 관심을 기울이고 있는 것은 무척 고무적인 일입니다. 성도 1명이 해외 단기선교를 가려면 국가에 따라 다르겠지만 백만 원 이상이 들텐데, 국내에 와 있는 외국인들에 대한 이러한 섬김은 선교적 관점에서 분명 '저비용 고효율 선교'라고 할 수도 있을 것입니다. 한국 교회가 이 사역에 관심을 갖고 이 일을 섬기는 선교사들을 협력선교사나 파송선교사로 지원한다면 보다 입체적이고 힘 있는 열매를 기대할 수 있을 것입니다.

3. 다문화 가정이나 외국인 노동자를 이해하거나 돕기 위해 우리 목장이나 청년부에서 실천할 수 있는 것에는 무엇이 있을지 얘기해 봅시다.

다문화 가정은 2000년대 이후 꾸준히 증가하여 가구만 35만 가구, 가구원 수는 2019년 기준으로 백만 명을 넘어섰습니다. 임금인상과 노동력의 부족, 국제적인 교류가 활발해짐에 따라 다문화 가정은 계속 증가할 것입니다. 2020년 다문화 가정의 이혼이 한 해 6천 건을 넘어 다문화 가정이 나타내는 다양한 문제를 반영합니다. 1번 문제에서 도표로 제시한 것처럼 이들의 가장 큰 어려움은 언어 문제에 기초합니다.

다문화 가정에 대한 도움 방안으로는 ① 결혼 이주 여성에 대한 사회·문화 적응 지원, ② 이주 여성과 자녀에 대한 언어교육 지원, ③ 취업 장려와 경제적 지원, ④ 자녀출산 및 아동 양육 지원 사업 확대, ⑤ 가정폭력에 대한 상담 지원 및 법적 장치

kidok.com/news/articleView.html?idxno=217385.

마련, ⑥ 사회적 편견 개선과 인식 전환 노력 등이 필요합니다. 정부와 지자체에서 이러한 관점에 입각하여 정책적 지원을 강화해야겠지만, 언제나 이러한 정책과 제도에 생기를 불어넣는 역할은 교회의 손길이고, 이웃의 관심일 것입니다. 주님의 시선으로 그들을 바라보고 우리도 이 땅의 나그네 된 백성임을 기억하며 그들의 이웃이 되어 주기로 마음을 쏟는다면 실천할 수 있는 크고 작은 일들이 보이기 시작할 것입니다.

[다문화 가구 추이][7]

---

7   김정현, "'다른 문화 · 인종 · 국가 혐오 안돼'…법에 첫 명시한다", 「뉴시스」, 2020. 12. 11. https://n.news.naver.com/mnews/article/003/0010237118.

참고문헌

1. 단행본

강대석. 《마을 목회》. 서울: 밥북, 2022.

고재수. 《그리스도와 교회와 문화》. 서울: 성약, 2008.

김근주. 《복음의 공공성》. 서울: 비아토르, 2014.

김난도. 《트렌드 코리아 2023》. 서울: 미래의 창, 2022.

김선일. 《전도의 유산, 오래된 복음의 미래》. 서울: SFC, 2014.

김승환. 《공공성과 공동체성-후기 세속 사회의 공공 신학과 급진 정통주의에 관한 탐구》. 서울: CLC, 2021.

김영한. 《포스트모던 시대의 세계관》. 서울: 숭실대학교 출판부, 2009.

_____. 《퀴어신학의 도전과 정통개혁신학》. 서울: CLC, 2020.

김윤희. 《FWIA HEADSTART》. 서울: 순출판사, 2020.

김장생·이혜란 공저. 《커넥션스쿨》. 서울: CCC 커넥션스쿨, 2022.

김창환. 《공공신학과 교회》. 서울: 대한기독교서회, 2021.

류영모 외 18인. 《공적 복음과 공공신학》. 서울: 킹덤북스, 2021.

민경배. 《한국기독교사 연구》. 서울: 연세대학교출판부, 1993.

성석환. 《공공신학과 한국 사회》. 서울: 새물결플러스, 2019.

손봉호. 《약자 중심의 윤리》. 서울: 세창출판사, 2015.

송영목. 《하나님 나라 복음과 교회의 공공성》. 서울: SFC, 2020.

송인규. 《새로 쓴 기독교, 세계, 관》. 서울: IVP, 2008.

_____. 《일반은총과 문화적 산물》. 서울: 부흥과개혁사, 2012.

송인규 외 5인. 《페미니즘 시대의 그리스도인》. 서울: IVP, 2018.

송인규 외 7인. 《혐오의 시대를 사는 그리스도인》. 서울: IVP, 2019.

신국원. 《니고데모의 안경》. 서울: IVP, 2015.

오성민. 《교회 구석에서 묻는 질문들》. 서울: 복있는 사람, 2022.

윤철호. 《한국 교회와 하나님 나라를 위한 공적신학》. 서울: 새물결플러스, 2019.

이만열 외. 《한국 기독교와 민족 운동》. 서울: 종로서적, 1986.

이상웅. 《요한계시록 강해》. 서울: 솔로몬, 2019.

이승구. 《광장의 신학》. 수원: 합동신학대학원 출판부, 2010.

_____. 《우리 사회 속의 기독교》. 서울: 나눔과 섬김, 2010.

_____. 《기독교 세계관이란 무엇인가》. 서울: SFC, 2018.

_____. 《하이델베르크 요리문답 강해시리즈 IV, 하나님께 아룁니다》. 서울: 말씀과 언약, 2020.

_____. 《교회, 그 그리운 이름》. 서울: 말씀과 언약, 2021.

_____. 《성경적인 종말론과 하나님 백성의 삶》. 서울: 말씀과 언약, 2022.

임성빈 외 13인. 《공공신학》. 서울: 예영 커뮤니케이션, 2009. 기윤실 엮음.

장동민. 《대화로 풀어보는 한국 교회사》. 서울: 부흥과개혁사, 2009.

_____. 《광장과 골방》. 서울: 새물결플러스, 2021.

정성구. 《아브라함 카이퍼의 사상과 삶》. 용인: 킹덤북스, 2011.

정승훈. 《공공신학과 신체정치학》. 서울: 동연, 2022.

차정식. 《예수, 한국 사회에 답하다》 서울: 새물결플러스, 2020.

최경환. 《공공신학으로 가는 길: 공공신학과 현대 정치철학의 대화》. 고양: 100, 2019.

황영철, 《그리스도인의 현실참여 어떻게 할 것인가?》. 서울: 도서출판 나비, 1990.

가트 린. 《부패한 사회를 개혁한 영국의 양심, 윌버포스》. 송준인 역. 서울: 두란노, 2001.

낸시 피어시. 《완전한 진리》. 홍병룡 역. 서울: 복있는 사람, 2008.

대로우 밀러. 《생각은 결과를 낳는다》. 윤명석 역. 서울: 예수전도단, 1998.

데이비드 반드루넨. 《자연법과 두 나라》. 김남국 역. 서울: 부흥과개혁사, 2018.

_____. 《기독교 정치학》. 박문재 역. 서울: 부흥과개혁사, 2020.

_____. 《하나님의 두 나라 국민으로 살아가기》. 윤석인 역. 서울: 부흥과개혁사, 2019.

_____. 《언약과 자연법》. 김남국 역. 서울: 부흥과개혁사, 2018.

_____. 《오직 하나님의 영광》. 박문재 역. 서울: 부흥과개혁사, 2017.

로날드 사이더. 《복음전도와 사회운동 - 총체적 복음을 위한 선행신학》. 이상원·박현국 역. 서울:

CLC, 2013.

루이스 벌코프. 《조직신학》. 권수경·이상원 역. 고양: 크리스챤 다이제스트, 2014.

리처드 니버. 《그리스도와 문화》. 홍병룡 역. 서울: IVP, 2007.

리처드 마우. 《미래의 천국과 현재의 문화》. 한화룡 역. 서울: 두란노, 1986.

_____. 《왕들이 입성하는 날》. 김동규 역. 서울: SFC, 2018.

리처드 보캄. 《요한계시록 신학》. 이필찬 역. 서울: 한들출판사, 2013.

마이클 고한·크레이그 바르톨로뮤 공저. 《세계관은 이야기다》. 윤종석 역. 서울: IVP, 2011.

마크 라이너스. 《최종경고: 6도의 멸종》. 김아림 역. 서울: 세종, 2022.

마틴 루터 킹. 《나에게는 꿈이 있습니다》. 채규철·김태복 역. 서울: 예찬사, 1990.

매튜 헨리. 《매튜 헨리 주석전집, 요한계시록》. 김영배 역. 고양: 크리스챤 다이제스트, 2007.

미로슬라브 볼프. 《행동하는 기독교》. 김명희 역. 서울: IVP, 2017.

번 포이트레스. 《요한계시록 맥잡기》. 유상섭 역. 고양: 크리스챤 출판사, 2002.

스탠리 하우어워스. 《교회됨》. 문시영 역. 서울: 북코리아, 2010.

스콧 맥나이트. 《배제의 시대 포용의 은혜》. 박세혁 역. 서울: 아바서원, 2013.

아브라함 카이퍼. 《하나님께 가까이: 아브라함 카이퍼의 경건 묵상록》. 정성구 역. 서울: 크리스챤 다이제스트, 2011.

_____. 《일반은혜》. 임원주 역. 서울: 부흥과개혁사, 2017.

_____. 《칼빈주의 강연》. 박태현 역. 군포: 다함, 2021.

아우구스티누스. 《하나님의 도성》. 조호연·김종흡 공역. 고양: 크리스챤 다이제스트, 2000.

안토니 후크마. 《개혁주의 종말론》. 이용중 역. 서울: 부흥과개혁사, 2012.

알버트 월터스. 《창조 타락 구속》. 양성만 역. 서울: IVP, 1992.

에릭 메택시스. 《어메이징 그레이스》. 김은홍 역. 서울: 국제제자훈련원, 2008.

울리케 벨커. 《젊은이를 위한 마틴 루터 킹》. 신준호 역. 서울: 새물결플러스, 2015.

웨인 그루뎀. 《성경 핵심 교리》. 박재은 역. 서울: 솔로몬, 2018.

위르겐 몰트만. 《세계 속에 있는 하나님》. 곽미숙 역. 서울: 동연, 2009.

오스 기니스. 《소명》. 홍병룡 역. 서울: IVP, 2006.

제임스 데이비슨 헌터. 《기독교는 어떻게 세상을 변화시키는가》. 배덕만 역. 서울: 새물결플러스, 2014.

제임스 스미스. 《하나님 나라를 욕망하라》. 박세혁 역. 서울: IVP, 2016.

_____. 《하나님 나라를 상상하라》. 박세혁 역. 서울: IVP, 2018.

_____. 《습관이 영성이다》. 박세혁 역. 파주: 비아토르, 2018.

_____. 《왕을 기다리며》. 박세혁 역. 서울: IVP, 2019.

존 칼빈. 《기독교 강요》. 문병호 역. 서울: 생명의 말씀사, 2020.

존 프레임. 《조직신학》. 김진운 역. 서울: 부흥과개혁사, 2019.

죠지 래드. 《요한계시록 주석》. 이남종 역. 서울: 크리스챤 서적, 1990.

줄리언 반스. 《웃으면서 죽음을 이야기하는 방법》. 서울: 다산책방, 2017.

D. A. 카슨. 《교회와 문화, 그 위태로운 관계》. 김은홍 역. 서울: 국제제자훈련원, 2009.

칼 트루먼. 《신좌파의 성혁명과 LGBTQ+ 운동이 만든 이상한 신세계》. 윤석인 역. 서울: 부흥과
개혁사. 2022.

코르넬리스 비네마. 《개혁주의 종말론 탐구》. 박승민 역. 서울: 부흥과개혁사, 2014.

클레이본 카슨. 《마틴 루터 킹 자서전, 나에게는 꿈이 있습니다》. 이순희 역. 서울: 바다출판사,
2000.

팀 켈러. 《센터 처치》. 오종향 역. 서울: 두란노, 2016.

헤르만 바빙크. 《개혁주의 종말론》. 김성봉 역. 서울: 나눔과 섬김, 1999.

Beale, G. K. *The Book of Revelation*. Grand Rapids: Eerdmans, 2013.

Bratt, James D. *Abraham Kuyper: A Centennial Reader*. Grand Rapids: Eerdmans, 1998.

Caird, G. B. *A Commentary on The Revelation of St. John The Divine*. NY: Harper & Row
Publishers, 1966.

Frame, John M. *The Escondido Theology: A Reformed Response to Two Kingdom Theology*.
SC: Whitefield Media Productions, 2011.

Hauerwas, Stanley and Willimon. William H. *Resident Aliens: Life in the Christian Colony*.
TN: Abingdon Press, 2014.

Horton, Michael. *Beyond Culture Wars*. Chicago: Moody, 1994.

Kuyper, Abraham. *The Practice of Godliness*. Grand Rapids: Eerdmans, 1948.

Lee, Francis Nigel. *The Central Significance of Culture*. N.J.: The Presbyterian and
Reformed Publishing Co., 1976.

Marty, Martin. *The Modern Schism: Three Paths to the Secular*. New York: Harper & Row,
1969.

O'Donovan, Oliver. *Resurrection and Moral Order: An Outline for Evangelical Ethics*.

Leicester, England: IVP, 1986.

Stackhouse, Max L. *Public Theology and Political Economy*. Lanham: University Press of America, 1991.

Temple, William. *Christianity and the Social Order*. Harmondsworth: Penguin, 1942.

Volf, Miroslav. *Work in the Spirit*. Eugene: Wipf and Stock, 2001.

2. 논문

김명혁. "교회사적 측면에서 본 교회와 국가". 《현대교회와 국가》. 김명혁 외. 서울: 엠마오, 1988.

김민석. "하인리히 베드포드-슈트롬이 제시한 공공신학의 특징". 「한국조직신학 논총」 63 (2021. 6): 37-75.

김영재. "교회 역사에서 본 이단과 종말론: 한국 교회 이단과 종말론의 조명을 위하여". 「개혁논총」 30 (2014): 65-92.

김회권. "성경에 포함된 혐오와 저주를 어떻게 이해할 것인가". 《혐오의 시대를 사는 그리스도 인》. 송인규 외. 서울: IVP, 2019.

문백란. "길선주의 《말세학》에 나타난 종말론". 「한국 기독교 역사 연구소 소식」 47 (2001): 23-26.

문시영. "잘되는 영성에서 사회적 영성으로: 공공신학적 조망". 「선교와 신학」 57 (2022): 37-66.

송인규. "기독교 진리는 혐오를 함의하는가". 《혐오의 시대를 사는 그리스도인》. 서울: IVP, 2019.

안덕원. "한국 개신교 상황에서 고찰하는 James, K. A. Smith의 예배신학". 「복음과 실천신학」 54 (2020): 133-65.

안수강. "길선주 교회관에 나타난 종말사상 분석". 「신학과 복음」 6 (2019): 89-115.

오경환. "제임스 스미스의 아비투스를 통한 몸의 욕망과 형성: 뉴노멀 시대의 고찰". 「신앙과 학문」 26/2 (2021. 6): 76.

유은희. "James, K. A. Smith가 제안하는 기독교 교육 및 형성에 관한 고찰". 「기독교교육 논총」 60 (2019. 12): 189.

이상웅. "아브라함 카이퍼의 생애와 사상 개관(2)". 「신학지남」 84/2 (2017): 70.

임성빈. "마틴 루터 킹의 사회철학". 《기독교와 비폭력 저항》. 교회와 사회연구원 편. 서울: 도서출 판 성지, 1989.

조용훈. "마틴 루터 킹의 비폭력 저항 개념". 《기독교와 비폭력 저항》. 교회와 사회연구원 편. 서 울: 도서출판 성지, 1989.

한국일. "복음 전도와 교회의 공적 책임". 류영모 외. 《공적 복음과 공공신학》. 서울: 킹덤북스,

2021.

황경철. "제임스 스미스와 반드루넨의 공공신학 비교연구". 철학박사 학위논문, 합동신학대학원
　　대학교, 2022.

Breitenberg Jr., E. Harold. "To Tell the Truth: Will the Real Public Theology Please Stand
　　Up." *Journal of the Society of Christian Ethics* (2003): 66.

Marty, Martin. "Reinhold Niebuhr: Public Theology and the American Experience." *The
　　Journal of Religion* 54/4 (Oct. 1974): 354-55.

Smit, Dirkie. "Does It Matter? On Whether There Is Method in the Madness." in A
　　Companion to Public Theology, edited by Sebastian Kim ans Kaite Day (Boston:
　　BRILL, 2017): 67-92.

Smith, James K. A. "Reforming Public Theology: Two Kingdoms, or Two Cities?" *CTJ* 47
　　(2012): 122-37.

Stackhouse, Max L. "Reflection on How and Why we go Public." *International Journal of
　　Public Theology* 1/1 (2007): 421-30.

VanDrunen, David. "The Importance of the Penultimate: Reformed Social Thought and
　　the Contemporary Critiques of the Liberal Society." *Journal of Markets & Morality*
　　9/2 (Fall 2006): 219-49.

Van Til, Kent. "Natural Law and the Two Kingdoms: A Study in the Development of
　　Reformed Social Thought." *Theological Studies* 72/1 (2011. 3): 233-36.

Wolters, Al. "Worldview and Textual Criticism in 2 Peter 3:10." *Westminster Theological
　　Journal*, Vol. 49/2 (Fall 1987): 407-408.

3. 인터넷 기사

김정현. "다른 문화·인종·국가 혐오 안돼"…법에 첫 명시한다". 「뉴시스」 2020. 12. 11. https://
　　n.news.naver.com/mnews/article/003/0010237118.

목회데이터연구소. "한국인 1일 37명 자살". 「목회데이터 연구소」 16. 2019. 10. 2. http://www.
　　mhdata.or.kr/bbs/board.php?bo_table=koreadata&wr_id=60.

박용규. "1차 대각성 운동과 18세기 부흥운동". 「한국기독교사 연구소」 http://www.1907revival.
　　com/news/articleView.html?idxno=10058.

송경호. "2022년 한국 교회 최우선 과제, '공동체성/오프라인 회복'". 「크리스챤투데이」 2022. 1. 13. https://www.christiantoday.co.kr/news/345026.

윤우성. "4050 중년남 덮치는 고독사…5년간 2735명 고립 속 생 마감". 「연합뉴스」 2022. 2. 21. https://www.yna.co.kr/view/AKR20220220034900004?input=1195m.

이소영. "서울시, '다문화가족' 확실하게 지원한다". 「서울 문화 투데이」 2009. 8. 6. http://www.sctoday.co.kr/news/articleView.html?idxno=2163.

이재근. "20세기 세계 기독교를 만든 사람들". 뉴스앤조이. https://www.newsnjoy.or.kr/news/articleView.html?idxno=218543.

조준영. "급증하는 외국인 유학생, 세계선교의 또다른 동력". 「기독신문」 2022. 10. 28. http://www.kidok.com/news/articleView.html?idxno=217385.